18 וְשַׁבְתֶּם֙ וּרְאִיתֶ֔ם בֵּ֥ין צַדִּ֖יק לְרָשָׁ֑ע בֵּ֚ין עֹבֵ֣ד אֱלֹהִ֔ים לַאֲשֶׁ֖ר ג פסוק בין בין . ה[23]
[לֹ֥א עֲבָדֽוֹ׃ ס
19 כִּֽי־הִנֵּ֤ה הַיּוֹם֙ בָּ֔א בֹּעֵ֖ר כַּתַּנּ֑וּר[a] וְהָי֨וּ כָל־זֵדִ֜ים וְכָל־עֹשֵׂ֤ה[b] ג . ד
וְלִהַ֨ט אֹתָ֜ם הַיּ֣וֹם הַבָּ֗א אָמַר֙ יְהוָ֣ה צְבָא֔וֹת [רִשְׁעָה֙ קַ֔שׁ ל
אֲשֶׁ֛ר לֹא־יַעֲזֹ֥ב[c] לָהֶ֖ם שֹׁ֥רֶשׁ וְעָנָֽף׃ ל
20 וְזָרְחָ֨ה לָכֶ֜ם יִרְאֵ֤י שְׁמִי֙ שֶׁ֣מֶשׁ צְדָקָ֔ה וּמַרְפֵּ֖א בִּכְנָפֶ֑יהָ ל[24] . ג[25]
וִיצָאתֶ֥ם וּפִשְׁתֶּ֖ם כְּעֶגְלֵ֥י מַרְבֵּֽק׃ ב[26] . ד[27]
21 וְעַסּוֹתֶ֣ם רְשָׁעִ֔ים כִּֽי־יִהְי֣וּ אֵ֔פֶר תַּ֖חַת כַּפּ֣וֹת רַגְלֵיכֶ֑ם ל
בַּיּוֹם֙ אֲשֶׁ֣ר אֲנִ֣י עֹשֶׂ֔ה אָמַ֖ר יְהוָ֥ה צְבָאֽוֹת׃ פ כב[22]

22 [a]זִכְר֕וּ תּוֹרַ֖ת מֹשֶׁ֣ה עַבְדִּ֑י אֲשֶׁר֩ צִוִּ֨יתִי אוֹת֤וֹ ל . כד מל ד מנה בתרי עשר
בְחֹרֵב֙ עַל־כָּל־יִשְׂרָאֵ֔ל חֻקִּ֖ים וּמִשְׁפָּטִֽים׃ כ[28]
23 [a]הִנֵּ֤ה אָנֹכִי֙ שֹׁלֵ֣חַ לָכֶ֔ם אֵ֖ת אֵלִיָּ֣ה הַנָּבִ֑יא ה[29] וכל כתיב דכות ב מ א
לִפְנֵ֗י בּ֚וֹא י֣וֹם יְהוָ֔ה הַגָּד֖וֹל וְהַנּוֹרָֽא׃ יד[30] מל וכל שמואל וכתיב דכות ב מ ה
24 [a]וְהֵשִׁ֤יב לֵב־אָבוֹת֙ עַל־בָּנִ֔ים וְלֵ֥ב בָּנִ֖ים עַל־אֲבוֹתָ֑ם
פֶּן־אָב֕וֹא וְהִכֵּיתִ֥י אֶת־הָאָ֖רֶץ חֵֽרֶם׃ ב ס״פ

סכום הפסוקים
חמשים
וחמשה

סכום הפסוקים של שנים עשר
אלף וחמשים
וחציו לכן בגללכם ציון שדה[31]
וסדרים כֹאֹ
סכום הפסוקים של נביאים
תשעת אלפים ומאתים
ושמונים וחמשה:
טֹרֹפֹהֹ
כל סדרי הנביאים
מאתים וארבעה:
קֹקֹדֹ
חצי המקרא כהקיר
בור מימיה כן[32]

[23] Mm 3594. [24] Mm 520. [25] Mm 2653. [26] Mm 1527. [27] Mm 2715. [28] Mp sub loco. [29] Mm 3192. [30] Mm 169. [31] Mi 3,12, cf Mp sub loco. [32] Jer 6,7, cf Mp sub loco.

19 [a] 𝔊* + *καὶ φλέξει αὐτούς* ‖ [b] prp c mlt Mss Edd Vrs עֹשֵׂי ‖ [c] 𝔊 *ὑπολειφθῇ* = יֵעָזֵב ‖ **22** [a] 22 add; 𝔊* tr 22 post 24 ‖ **23/24** [a] 23sq add.

3,6—17 MALEACHI 1085

6 כִּ֛י אֲנִ֥י יְהוָ֖ה לֹ֣א שָׁנִ֑יתִי וְאַתֶּ֥ם בְּנֵֽי־יַעֲקֹ֖ב לֹ֥א כְלִיתֶֽם׃

7 לְמִימֵ֨י אֲבֹתֵיכֶ֜ם סַרְתֶּ֤ם מֵֽחֻקַּי֙ וְלֹ֣א שְׁמַרְתֶּ֔ם[a] ב

שׁ֤וּבוּ אֵלַי֙ וְאָשׁ֣וּבָה אֲלֵיכֶ֔ם אָמַ֖ר יְהוָ֣ה צְבָא֑וֹת

[b]וַאֲמַרְתֶּ֖ם בַּמֶּ֥ה נָשֽׁוּב[b]׃

8 הֲיִקְבַּ֨ע[a] אָדָ֜ם אֱלֹהִ֗ים כִּ֤י אַתֶּם֙ קֹבְעִ֣ים[b] אֹתִ֔י ל. ב

וַאֲמַרְתֶּ֖ם בַּמֶּ֣ה קְבַעֲנ֑וּךָ[c] [d]הַֽמַּעֲשֵׂ֖ר וְהַתְּרוּמָֽה[d][e]׃ ל. ל

9 בַּמְּאֵרָה֙ אַתֶּ֣ם נֵֽאָרִ֔ים וְאֹתִ֖י אַתֶּ֣ם קֹבְעִ֑ים[a] [b]הַגּ֖וֹי כֻּלּֽוֹ[b]׃ ב. ו כת ו ול בסיפ וכל אורית וכתיב דכות[9]

10 הָבִ֨יאוּ אֶת־כָּל־הַֽמַּעֲשֵׂ֜ר אֶל־בֵּ֣ית הָאוֹצָ֗ר וִיהִ֥י טֶ֙רֶף֙ בְּבֵיתִ֔י ג[10]. יא[11]. לב

וּבְחָנ֤וּנִי נָא֙ בָּזֹ֔את אָמַ֖ר יְהוָ֣ה צְבָא֑וֹת [בְּרָכָ֖ה עַד־בְּלִי־דָֽי׃ ל. ג[12]

אִם־לֹ֧א אֶפְתַּ֣ח לָכֶ֗ם אֵ֚ת אֲרֻבּ֣וֹת הַשָּׁמַ֔יִם וַהֲרִיקֹתִ֥י לָכֶ֛ם ב[13]

11 וְגָעַרְתִּ֤י לָכֶם֙ בָּֽאֹכֵ֔ל וְלֹֽא־יַשְׁחִ֥ת לָכֶ֖ם אֶת־פְּרִ֣י הָאֲדָמָ֑ה ל. ז[14] חס ב מנה בליש

וְלֹא־תְשַׁכֵּ֨ל לָכֶ֤ם הַגֶּ֙פֶן֙ בַּשָּׂדֶ֔ה אָמַ֖ר יְהוָ֥ה צְבָאֽוֹת׃ ג[15]

12 וְאִשְּׁר֥וּ אֶתְכֶ֖ם כָּל־הַגּוֹיִ֑ם כִּֽי־תִהְי֤וּ אַתֶּם֙ אֶ֣רֶץ חֵ֔פֶץ ל

אָמַ֖ר יְהוָ֥ה צְבָאֽוֹת׃ ס

13 חָזְק֥וּ עָלַ֛י דִּבְרֵיכֶ֖ם אָמַ֣ר יְהוָ֑ה[a] ג[16]. ג[17] ב בליש ובסיפ

וַאֲמַרְתֶּ֕ם מַה־נִּדְבַּ֖רְנוּ עָלֶֽיךָ׃ ל

14 אֲמַרְתֶּ֕ם שָׁ֖וְא עֲבֹ֣ד אֱלֹהִ֑ים וּמַה־בֶּ֗צַע כִּ֤י שָׁמַ֙רְנוּ֙ מִשְׁמַרְתּ֔וֹ ל ר״פ[18]. ל. לא פסוק כי וכי[19]. ג

וְכִ֤י הָלַ֙כְנוּ֙ קְדֹ֣רַנִּ֔ית מִפְּנֵ֖י יְהוָ֥ה צְבָאֽוֹת׃

15 וְעַתָּ֕ה אֲנַ֖חְנוּ מְאַשְּׁרִ֣ים זֵדִ֑ים ל. ד

גַּם־נִבְנוּ֙ עֹשֵׂ֣י רִשְׁעָ֔ה גַּ֧ם בָּחֲנ֛וּ אֱלֹהִ֖ים וַיִּמָּלֵֽטוּ׃ יו כת ו[20]

16 אָ֧ז[a] נִדְבְּר֛וּ יִרְאֵ֥י יְהוָ֖ה אִ֣ישׁ אֶת־רֵעֵ֑הוּ וַיַּקְשֵׁ֤ב יְהוָה֙ וַיִּשְׁמָ֔ע ב קמ

וַ֠יִּכָּתֵב סֵ֨פֶר זִכָּר֤וֹן לְפָנָיו֙ [b]לְיִרְאֵ֣י יְהוָ֔ה וּלְחֹשְׁבֵ֖י שְׁמֽוֹ[b]׃ ל

17 וְהָ֣יוּ לִ֗י אָמַר֙ יְהוָ֣ה צְבָא֔וֹת לַיּ֕וֹם אֲשֶׁ֥ר אֲנִ֖י עֹשֶׂ֣ה סְגֻלָּ֑ה כ[21]. כב[22]

וְחָמַלְתִּ֣י עֲלֵיהֶ֔ם כַּאֲשֶׁר֙ יַחְמֹ֣ל אִ֔ישׁ עַל־בְּנ֖וֹ הָעֹבֵ֥ד אֹתֽוֹ׃

[9] Mm 2480 et Mm 2264. [10] Mm 313. [11] Mm 324. [12] Mm 3190. [13] Lv 26,33. [14] Mm 1757. [15] Mm 3191. [16] Mm 1336. [17] Mm 2379. [18] Mm 978. [19] Mm 2059. [20] Mm 627. [21] Mm 875. [22] Mm 475.

7 [a] frt ins מִשְׁמַרְתִּי cf 14 ‖ [b–b] add? ‖ **8** [a] prb l הֲיַעֲקֹב cf 𝔊 *εἰ πτερνιεῖ* ‖ [b] 𝔊 *πτερνίζετε*, prb l עֹקְבִים ‖ [c] 𝔊 *ἐπτερνίκαμέν σε*, prb l עֲקַבְנוּךָ ‖ [d–d] frt l בַּמעשׂר וּבַתּרומה cf 𝔖𝔗𝔙, sed cf 9[b–b] ‖ [e] 𝔊 + *μεθ' ὑμῶν εἰσι* ‖ **9** [a] 𝔊 *πτερνίζετε*, l עֹקְבִים ‖ [b–b] add? prb l הֲגַם כלו et tr ad fin 8 ‖ **13** [a] prb ins צְבָאוֹת cf $𝔊^{L}$ ‖ **16** [a] 𝔊(𝔖) *ταῦτα*, frt l זֹה vel זֹאת ‖ [b–b] prp לְיִרְאָיו ול׳ שׁ׳ aut לי׳ י׳ וּלְחֹסֵי בשמו.

14 וַאֲמַרְתֶּ֖ם עַל־מָ֑ה עַ֡ל כִּֽי־יְהוָה֩ הֵעִ֨יד בֵּינְךָ֜ וּבֵ֣ין ׀ אֵ֣שֶׁת נְעוּרֶ֗יךָ
אֲשֶׁ֤ר אַתָּה֙ בָּגַ֣דְתָּה בָּ֔הּ וְהִ֥יא חֲבֶרְתְּךָ֖ וְאֵ֥שֶׁת בְּרִיתֶֽךָ׃
15 [a]וְלֹא־אֶחָ֣ד[b] עָשָׂ֗ה וּשְׁאָ֥ר ר֙וּחַ֙ ל֔וֹ וּמָה֙ הָֽאֶחָ֔ד[b] מְבַקֵּ֖שׁ זֶ֣רַע
אֱלֹהִ֑ים וְנִשְׁמַרְתֶּם֙ בְּר֣וּחֲכֶ֔ם[a]
[c]וּבְאֵ֥שֶׁת נְעוּרֶ֖יךָ אַל־יִבְגֹּֽד[d]׃
16 כִּֽי־שָׂנֵ֣א[a] שַׁלַּ֗ח [b]אָמַ֤ר יְהוָה֙ אֱלֹהֵ֣י יִשְׂרָאֵ֔ל[b]
וְכִסָּ֤ה[c] חָמָס֙ עַל־לְבוּשׁ֔וֹ אָמַ֖ר יְהוָ֣ה צְבָא֑וֹת
[d]וְנִשְׁמַרְתֶּ֥ם בְּרוּחֲכֶ֖ם וְלֹ֥א תִבְגֹּֽדוּ[d]׃ ס
17 הוֹגַעְתֶּ֤ם יְהוָה֙ בְּדִבְרֵיכֶ֔ם וַאֲמַרְתֶּ֖ם בַּמָּ֣ה הוֹגָ֑עְנוּ[a]
בֶּאֱמָרְכֶ֗ם כָּל־עֹ֨שֵׂה רָ֜ע ט֣וֹב ׀ בְּעֵינֵ֣י יְהוָ֗ה
וּבָהֶם֙ ה֣וּא חָפֵ֔ץ א֥וֹ אַיֵּ֖ה אֱלֹהֵ֥י הַמִּשְׁפָּֽט׃
3 1 הִנְנִ֤י שֹׁלֵחַ֙ מַלְאָכִ֔י וּפִנָּה־דֶ֖רֶךְ לְפָנָ֑י
וּפִתְאֹם֩ יָב֨וֹא אֶל־הֵיכָל֜וֹ הָאָד֣וֹן ׀ אֲשֶׁר־אַתֶּ֣ם מְבַקְשִׁ֗ים
[a]וּמַלְאַ֨ךְ הַבְּרִ֜ית אֲשֶׁר־אַתֶּ֤ם חֲפֵצִים֙ הִנֵּה־בָ֔א אָמַ֖ר יְהוָ֥ה
2 וּמִ֤י מְכַלְכֵּל֙ אֶת־י֣וֹם בּוֹא֔וֹ וּמִ֥י הָעֹמֵ֖ד בְּהֵרָאוֹת֑וֹ [צְבָאֽוֹת[a]׃
כִּֽי־הוּא֙[a] כְּאֵ֣שׁ מְצָרֵ֔ף וּכְבֹרִ֖ית מְכַבְּסִֽים׃
3 [a]וְיָשַׁ֨ב מְצָרֵ֣ף וּמְטַהֵר֮ כֶּסֶף֒ וְטִהַ֤ר אֶת־בְּנֵֽי־לֵוִי֙ וְזִקַּ֣ק אֹתָ֔ם
כַּזָּהָ֖ב וְכַכָּ֑סֶף וְהָיוּ֙ לַֽיהוָ֔ה מַגִּישֵׁ֥י מִנְחָ֖ה בִּצְדָקָֽה׃ 4 [a]וְעָֽרְבָה֙
לַֽיהוָ֔ה מִנְחַ֥ת יְהוּדָ֖ה וִירוּשָׁלָ֑͏ִם כִּימֵ֣י עוֹלָ֔ם וּכְשָׁנִ֖ים קַדְמֹנִיֹּֽת׃
5 וְקָרַבְתִּ֣י אֲלֵיכֶם֮ לַמִּשְׁפָּט֒ וְהָיִ֣יתִי ׀ עֵ֣ד מְמַהֵ֗ר
בַּֽמְכַשְּׁפִים֙ וּבַמְנָ֣אֲפִ֔ים וּבַנִּשְׁבָּעִ֖ים[a] לַשָּׁ֑קֶר
וּבְעֹשְׁקֵ֣י שְׂכַר־[b]שָׂכִ֡יר אַלְמָנָ֣ה וְיָת֣וֹם [c]וּמַטֵּי־[d]גֵ֗ר[c]
וְלֹ֣א יְרֵא֔וּנִי אָמַ֖ר יְהוָ֥ה צְבָאֽוֹת׃

כא פסוק על ומילה חדה ביניה[10] . ה קמ דסמיכ[11] . ו
ל מל[12] . ו
ג ר״פ . ב[13]
ה[14]
ב
ב . ה[15] . ג[16] ול בליש ובסיפ
ה[14]
ל . ח קמ[17] . ל
כל עשייה רע פת במ ז[18] קמ
ל
ב[1]
ל
ב פת וכל דסמיכ לאדכרא דכות[2]
ד פסוק ומי ומי . ל ומל[3]
ל
ל
ג[4] . ל . ב[5]
ל . ל
ה[6]
ל
ה[7] . ו כת י ס״ת וקר ה[8]

[10]Mm 686. [11]Mm 592. [12]Mm 1713. [13]Mm 3431. [14]Mm 1070. [15]Mm 1150. [16]Mm 2379. [17]Mm 96. [18]Mm 824. **Cp 3** [1]Mm 3181. [2]Mm 3187. [3] וחד בְּהַרְאֹתוֹ Est 1,4. [4]Mm 3188. [5]Mm 3189. [6]Mm 1035. [7]Mm 524. [8]Mm 1344.

15 [a–a] prb add ‖ [b] 𝔊 ἄλλο(ς) ‖ [c] exc hemist praecedens (vel compl)? ‖ [d] frt l c nonn Mss 𝔊𝔗𝔙 תִּבְגֹּד ‖ **16** [a] prb l שָׂנֵאתִי ‖ [b–b] add? ‖ [c] frt l כְּכַסֵּה, prp וְכַסֵּה ‖ [d–d] prb add cf 15bα ‖ **17** [a] prp הוֹגַעְנֻהוּ cf 𝔊[Mss]𝔖𝔗𝔙 ‖ **Cp 3,1** [a–a] prb add ‖ **2** [a] 𝔊 + εἰσπορεύεται = בָּא ‖ **3/4** [a] prb add ‖ **5** [a] mlt Mss 𝔊 + בִּשְׁמִי ‖ [b] dl, dttg? ‖ [c–c] prb tr ante אלמנה et frt l (וּ)בְמַטֵּי־גר, al dl אלמנה ויתום ‖ [d] 𝔊 + κρίσιν = מִשְׁפַּט?

2,3—13 MALEACHI 1083

בִּרְכוֹתֵיכֶם[b] וְגַם אָרוֹתִיהָ כִּי אֵינְכֶם שָׂמִים עַל־לֵב׃ ל
3 הִנְנִי גֹעֵר[a] לָכֶם אֶת־הַזֶּרַע[b] וְזֵרִיתִי פֶרֶשׁ עַל־פְּנֵיכֶם ב חד מל וחד חס . ג[2]
[c]פֶּרֶשׁ חַגֵּיכֶם[c] [d]וְנָשָׂא אֶתְכֶם אֵלָיו[d]׃ ג[2] . יז
4 וִידַעְתֶּם כִּי[a] שִׁלַּחְתִּי אֲלֵיכֶם אֵת הַמִּצְוָה הַזֹּאת
לִהְיוֹת[b] בְּרִיתִי אֶת־לֵוִי אָמַר יְהוָה צְבָאוֹת׃ ל
5 בְּרִיתִי ׀ הָיְתָה אִתּוֹ הַחַיִּים וְהַשָּׁלוֹם וָאֶתְּנֵם־לוֹ ב
מוֹרָא[a] וַיִּירָאֵנִי וּמִפְּנֵי שְׁמִי נִחַת[b] הוּא׃
6 תּוֹרַת אֱמֶת הָיְתָה בְּפִיהוּ וְעַוְלָה לֹא־נִמְצָא בִשְׂפָתָיו כב ול בליש בסיפ . ב
בְּשָׁלוֹם וּבְמִישׁוֹר הָלַךְ אִתִּי וְרַבִּים הֵשִׁיב מֵעָוֺן׃ י[3] מל ול בסיפ . ו[4]
7 [a]כִּי־שִׂפְתֵי כֹהֵן יִשְׁמְרוּ־דַעַת וְתוֹרָה יְבַקְשׁוּ מִפִּיהוּ ה[5] . כב ול בליש
כִּי מַלְאַךְ יְהוָה־צְבָאוֹת הוּא׃
8 וְאַתֶּם סַרְתֶּם מִן־הַדֶּרֶךְ הִכְשַׁלְתֶּם רַבִּים בַּתּוֹרָה
שִׁחַתֶּם בְּרִית הַלֵּוִי אָמַר יְהוָה צְבָאוֹת׃ ל
9 וְגַם־אֲנִי נָתַתִּי אֶתְכֶם נִבְזִים וּשְׁפָלִים לְכָל־הָעָם[a] ל . ל
כְּפִי אֲשֶׁר[b] אֵינְכֶם שֹׁמְרִים אֶת־דְּרָכַי וְנֹשְׂאִים פָּנִים בַּתּוֹרָה׃ פ ל
10 הֲלוֹא אָב אֶחָד לְכֻלָּנוּ הֲלוֹא אֵל אֶחָד בְּרָאָנוּ ב . ל
מַדּוּעַ נִבְגַּד[a] אִישׁ בְּאָחִיו לְחַלֵּל בְּרִית אֲבֹתֵינוּ׃
11 בָּגְדָה[a] יְהוּדָה וְתוֹעֵבָה נֶעֶשְׂתָה [b]בְיִשְׂרָאֵל וּבִירוּשָׁלָ͏ִם[b] כא
[c]כִּי ׀ חִלֵּל יְהוּדָה קֹדֶשׁ יְהוָה אֲשֶׁר אָהֵב[d] וּבָעַל בַּת־אֵל נֵכָר׃ ט[6] . ל
12 יַכְרֵת יְהוָה לָאִישׁ אֲשֶׁר יַעֲשֶׂנָּה עֵר[e] וְעֹנֶה מֵאָהֳלֵי יַעֲקֹב ב . לב[7] . ב
וּמַגִּישׁ[f] מִנְחָה לַיהוָה צְבָאוֹת[c]׃ פ 13 [a]וְזֹאת שֵׁנִית תַּעֲשׂוּ[a] ל . כה יו[8] מנה ר"פ
כַּסּוֹת[b] דִּמְעָה אֶת־מִזְבַּח יְהוָה בְּכִי וַאֲנָקָה ל
מֵאֵין[c] עוֹד פְּנוֹת אֶל־הַמִּנְחָה וְלָקַחַת רָצוֹן מִיֶּדְכֶם׃ ב . ד רפי[9]

[2] Mm 3186. [3] Mm 2021. [4] Mm 4248. [5] Mm 2797. [6] Mm 3212. [7] Mm 319. [8] Mm 856. [9] Mm 216.

2 [b] 𝔊 sg, l בְּרְכַּתְכֶם cf אֲרוּתִיהָ ‖ **3** [a] prb l גֹּדֵעַ cf 𝔊 *ἀφορίζω* = גרע ‖ [b] 𝔊 (α′𝔙) *τὸν ὦμον*, prb l הַזְּרֹעַ ‖ [c–c] gl, dl ‖ [d–d] add; prp וְנשׂאתי אתכם מֵעָלַי cf 𝔊𝔖 ‖ **4** [a] 𝔊 + *ἐγώ* ‖ [b] prp לְחַיּוֹת aut לְהָחֵת vel מִהְיוֹת ‖ **5** [a] frt l וְהַמּוֹרא; exc vb? ‖ [b] prp נֶחָת ‖ **7** [a] 7 prb add ‖ **9** [a] mlt Mss 𝔊𝔙 pl ‖ [b] dl m cs? ‖ **10** [a] prp נבגד, 𝔊 *ἐγκατελίπετε* ‖ **11/12** [a] prp בָּגַד ‖ [b–b] prb dl, var lect ‖ [c–c] prb add ‖ [d] prp אֲהֵבוֹ (ו hpgr), al dl אשר ‖ [e] prp עֵד cf Ms 𝔊 (*ἕως* = עַד) ‖ [f] prp וּמִמַּגִּישֵׁי cf 𝔊 ‖ **13** [a–a] prb add cf 11/12 [c–c], al dl sol שֵׁנִית ‖ [b] prp תְּכַסּוּ cf 𝔊 *ἐκαλύπτετε* ‖ [c] prb l מֵאֵן et frt ins יְהוָה vel l pro עוד.

וַאֲמַרְתֶּם בַּמֶּה בָזִינוּ אֶת־שְׁמֶךָ׃
7 מַגִּישִׁים עַל־מִזְבְּחִי לֶחֶם מְגֹאָל   ג̇[11] ב̇ חס וחד מל . ח̇[12]
וַאֲמַרְתֶּם בַּמֶּה גֵאַלְנוּךָ[a]   ל̇
בֶּאֱמָרְכֶם שֻׁלְחַן יְהוָה נִבְזֶה הוּא׃
8 וְכִי־תַגִּשׁוּן עִוֵּר לִזְבֹּחַ אֵין רָע   ב̇ ר״פ בסיפ̇ וכי וכי[13] . י̇ו̇ מ״פ אין אין
וְכִי תַגִּישׁוּ פִּסֵּחַ וְחֹלֶה אֵין רָע   ל̇
הַקְרִיבֵהוּ נָא לְפֶחָתֶךָ הֲיִרְצְךָ[a] אוֹ הֲיִשָּׂא פָנֶיךָ [b]אָמַר יְהוָה [צְבָאוֹת[b]׃   ל̇ . ב̇
9 וְעַתָּה חַלּוּ־נָא פְנֵי־אֵל וִיחָנֵנוּ[a]   כ̇ בטע̇ . ל̇
מִיֶּדְכֶם הָיְתָה זֹּאת הֲיִשָּׂא מִכֶּם פָּנִים [b]אָמַר יְהוָה צְבָאוֹת[b]׃   ב̇
10 מִי גַם־בָּכֶם וְיִסְגֹּר דְּלָתַיִם וְלֹא־תָאִירוּ מִזְבְּחִי חִנָּם   ל̇ . ח̇[12]
אֵין־לִי חֵפֶץ בָּכֶם [a]אָמַר יְהוָה צְבָאוֹת[a] וּמִנְחָה לֹא־אֶרְצֶה [מִיֶּדְכֶם׃
11 [a]כִּי מִמִּזְרַח־שֶׁמֶשׁ וְעַד־מְבוֹאוֹ גָּדוֹל שְׁמִי בַּגּוֹיִם   ל̇ . ד̇ ג̇ מל וחד חס̇[14]
וּבְכָל־מָקוֹם מֻקְטָר מֻגָּשׁ לִשְׁמִי וּמִנְחָה[b] טְהוֹרָה כִּי־גָדוֹל שְׁמִי   ל̇ . ל̇ . ה̇[15]
בַּגּוֹיִם אָמַר יְהוָה צְבָאוֹת׃ 12 [a]וְאַתֶּם מְחַלְּלִים אוֹתוֹ בֶּאֱמָרְכֶם   ב̇[16] . כ̇ד̇ מל ד̇ מנה בתרי עשר
שֻׁלְחַן אֲדֹנָי מְגֹאָל הוּא [b]וְנִיבוֹ נִבְזֶה[b] אָכְלוֹ[c]׃ 13 [a]וַאֲמַרְתֶּם הִנֵּה   ל̇
מַתְּלָאָה וְהִפַּחְתֶּם אוֹתוֹ[b] אָמַר יְהוָה צְבָאוֹת וַהֲבֵאתֶם גָּזוּל[c]   ל̇ . ל̇ . כ̇ד̇ מל ד̇ מנה בתרי עשר
וְאֶת־[d]הַפִּסֵּחַ וְאֶת־הַחוֹלֶה וַהֲבֵאתֶם אֶת־הַמִּנְחָה הַאֶרְצֶה אוֹתָהּ   ב̇ מל[17] . ל̇ . י̇ב̇[18] מל וכל יהושע שפטים ויחזק דכות ב̇ מ̇ ג̇
מִיֶּדְכֶם אָמַר יְהוָה[e]׃ ס   כ̇[19] ס״פ ג̇[20] מנה בליש ובסיפ̇
14 [a]וְאָרוּר נוֹכֵל וְיֵשׁ בְּעֶדְרוֹ זָכָר[b] וְנֹדֵר וְזֹבֵחַ מָשְׁחָת לַאדֹנָי[c] כִּי   ג̇[21] . ב̇ . ל̇ כת א[22]
מֶלֶךְ גָּדוֹל אָנִי אָמַר יְהוָה צְבָאוֹת וּשְׁמִי נוֹרָא בַגּוֹיִם׃
2 1 וְעַתָּה אֲלֵיכֶם הַמִּצְוָה הַזֹּאת הַכֹּהֲנִים׃
2 [a]אִם־לֹא תִשְׁמְעוּ וְאִם־לֹא תָשִׂימוּ עַל־לֵב לָתֵת כָּבוֹד לִשְׁמִי   ח̇[1] ר״פ וכל איוב דכות ב̇ מ̇ ב̇ . י̇ז̇ מ״פ
אָמַר יְהוָה צְבָאוֹת וְשִׁלַּחְתִּי בָכֶם אֶת־הַמְּאֵרָה וְאָרוֹתִי אֶת־   ב̇ . ל̇

[11] Mm 2053. [12] Mm 2410. [13] Mm 3157. [14] Mm 3372. [15] Mm 1140. [16] Mm 1872. [17] Mm 3934. [18] Mm 1009. [19] Mm 2481. [20] Mm 2379. [21] Mm 3184. [22] Mm 2305. **Cp 2** [1] Mm 3185.

7 [a] 𝔊 *ἠλισγήσαμεν αὐτούς*, l גאלנוהו ‖ **8** [a] 𝔊[Mss](𝔙) *εἰ προσδέξεται αὐτό*, frt l הירצֵהו ‖ [b–b] dl m cs ‖ **9** [a] sic L, mlt Mss Edd ־נּנו ‖ [b–b] dl ‖ **10** [a–a] add ‖ **11** [a] 11–13 prb add ‖ [b] prp מנחה ‖ **12** [a] cf 11[a] ‖ [b–b] prb l וְנִבְזֶה (ניבו ortum ex dttg נב) cf 𝔖𝔗 ‖ [c] prp כָּלוֹ ‖ **13** [a] cf 11[a] ‖ [b] l אוֹתִי (Tiq soph) ‖ [c] add; prp אֶת־הַגּזול (sed cf [d]), al add hab (והבאתם את־הַ ואת־הפסח ואת־החולה ‖ [d] l c mlt Mss Edd את cf 𝔖 ‖ [e] frt ins c pc Mss 𝔊𝔖[W] צְבָאוֹת ‖ **14** [a] 14 add ‖ [b] prp זָכֶה ‖ [c] prp c mlt Mss לַיהוָה vel לִי ‖ **Cp 2,2** [a] 2 add.

הַסֻּכּֽוֹת[b]׃ 19 זֹ֥את תִּהְיֶ֖ה חַטַּ֣את מִצְרָ֑יִם וְחַטַּאת֙ כָּל־הַגּוֹיִ֔ם אֲשֶׁר֙ ל
לֹ֣א יַעֲל֔וּ לָחֹ֖ג אֶת־חַ֥ג הַסֻּכּֽוֹת׃
20 בַּיּ֣וֹם הַה֗וּא יִהְיֶה֙ עַל־[a]מְצִלּ֣וֹת הַסּ֔וּס קֹ֖דֶשׁ לַיהוָ֑ה וְהָיָ֤ה ל
הַסִּירוֹת֙ בְּבֵ֣ית יְהוָ֔ה כַּמִּזְרָקִ֖ים לִפְנֵ֥י הַמִּזְבֵּֽחַ׃ 21 וְֽהָיָ֩ה כָּל־ לט . ל . ג בטע ר״פ בסיפ — כא[22]
סִ֨יר בִּירוּשָׁלִַ֜ם וּבִֽיהוּדָ֗ה קֹ֚דֶשׁ לַיהוָ֣ה צְבָא֔וֹת וּבָ֙אוּ֙ כָּל־ ה[23]
הַזֹּ֣בְחִ֔ים וְלָקְח֥וּ מֵהֶ֖ם וּבִשְּׁל֣וּ בָהֶ֑ם וְלֹא־יִהְיֶ֨ה כְנַעֲנִ֥י ע֛וֹד ב[24]
בְּבֵית־יְהוָ֥ה צְבָא֖וֹת בַּיּ֥וֹם הַהֽוּא׃ לט

סכום הפסוקים
מאתים
ואחד עשר

MALEACHI מלאכי

1 1 מַשָּׂ֥א דְבַר־יְהוָ֖ה אֶל־יִשְׂרָאֵ֑ל בְּיַ֖ד מַלְאָכִֽי[a]׃ מא . ז[1] וכל משחתיך למלך דכות ב מ א . ב[2]
2 אָהַ֤בְתִּי אֶתְכֶם֙ אָמַ֣ר יְהוָ֔ה וַאֲמַרְתֶּ֖ם בַּמָּ֣ה אֲהַבְתָּ֑נוּ [עֵשָׂ֣ו שָׂנֵ֔אתִי ח קמ[3]
הֲלוֹא־אָ֨ח עֵשָׂ֤ו לְיַעֲקֹב֙ [a]נְאֻם־יְהוָ֔ה[a] וָאֹהַ֖ב אֶֽת־יַעֲקֹֽב׃ 3 וְאֶת־ ל . ב[4]
וָאָשִׂ֤ים אֶת־הָרָיו֙ שְׁמָמָ֔ה וְאֶת־נַחֲלָת֖וֹ לְתַנּ֥וֹת[a] מִדְבָּֽר׃ ט[5] . ב
4 כִּֽי־תֹאמַ֨ר אֱד֜וֹם רֻשַּׁ֗שְׁנוּ וְנָשׁוּב֙ וְנִבְנֶ֣ה חֳרָב֔וֹת ל . ל
כֹּ֤ה אָמַר֙ יְהוָ֣ה צְבָא֔וֹת הֵ֥מָּה יִבְנ֖וּ וַאֲנִ֣י אֶהֱר֑וֹס ג מל בליש[6]
וְקָרְא֤וּ לָהֶם֙ גְּב֣וּל רִשְׁעָ֔ה וְהָעָ֥ם אֲשֶׁר־זָעַ֖ם יְהוָ֥ה עַד־עוֹלָֽם׃
5 וְעֵינֵיכֶ֖ם תִּרְאֶ֑ינָה וְאַתֶּ֤ם תֹּֽאמְרוּ֙ יִגְדַּ֣ל יְהוָ֔ה מֵעַ֖ל לִגְב֥וּל[a] ב חד חס וחד מל[7] . ל
יִשְׂרָאֵֽל׃]
6 בֵּ֛ן יְכַבֵּ֥ד אָ֖ב וְעֶ֣בֶד אֲדֹנָ֑יו
וְאִם־אָ֣ב אָ֔נִי אַיֵּ֨ה כְבוֹדִ֜י ח פסוק ואם ואם[8]
וְאִם־אֲדוֹנִ֣ים אָ֗נִי אַיֵּ֤ה מוֹרָאִי֙ ו מל בליש[9] . ל
אָמַ֣ר׀ יְהוָ֣ה צְבָא֔וֹת לָכֶם֙ הַכֹּהֲנִ֣ים בּוֹזֵ֣י שְׁמִ֔י ב[10]

[22] Mp sub loco. [23] Mm 2147. [24] Mm 3180.
Cp 1 [1] Mm 1021. [2] Mm 3181. [3] Mm 96. [4] Mm 1378. [5] Mm 1918. [6] Mm 2454. [7] Mm 2926. [8] Mm 4191. [9] Mm 3182. [10] Mm 3183.

20 [a] prp c pc Mss כָּל־.
Cp 1,1 [a] 𝔊 *ἀγγέλου αὐτοῦ*, + *θέσθε δὴ ἐπὶ τὰς καρδίας ὑμῶν* ex Hag 2,15.18 ‖ **2** [a–a] dl m cs ‖ **3** [a] frt l נָתַתִּי, prp נְוֹת cf 𝔖 ‖ **5** [a] frt l c pc Mss גְּבוּל, dttg.

1080 זכריה 14,9—18

חֶצְיָ֗ם אֶל־הַיָּם֙ הַקַּדְמוֹנִ֔י וְחֶצְיָ֖ם אֶל־הַיָּ֣ם הָאַחֲר֑וֹן
בַּקַּ֥יִץ וּבָחֹ֖רֶף יִהְיֶ֑ה[a]׃
9 וְהָיָ֧ה יְהוָ֛ה לְמֶ֖לֶךְ עַל־כָּל־הָאָ֑רֶץ
בַּיּ֣וֹם הַה֗וּא יִהְיֶ֧ה יְהוָ֛ה אֶחָ֖ד וּשְׁמ֥וֹ אֶחָֽד׃
10 יִסּ֨וֹב[a] כָּל־הָאָ֤רֶץ כָּֽעֲרָבָה֙ מִגֶּ֣בַע לְרִמּ֔וֹן נֶ֖גֶב [b]יְרוּשָׁלִָ֑ם וְרָאֲמָ֞ה[b]
וְיָשְׁבָ֣ה תַחְתֶּ֗יהָ לְמִשַּׁ֨עַר בִּנְיָמִ֜ן [c]עַד־מְק֨וֹם שַׁ֤עַר הָרִאשׁוֹן֙[c] עַד־שַׁ֣עַר
הַפִּנִּ֔ים וּמִגְדַּ֣ל[d] חֲנַנְאֵ֔ל עַ֖ד יִקְבֵ֥י הַמֶּֽלֶךְ׃ 11 [a]וְיָ֣שְׁבוּ[b] בָ֔הּ[a]
וְחֵ֖רֶם לֹ֣א יִֽהְיֶה־ע֑וֹד וְיָשְׁבָ֥ה יְרוּשָׁלִַ֖ם לָבֶֽטַח׃
12 וְזֹ֣את ׀ תִּהְיֶ֣ה הַמַּגֵּפָ֗ה אֲשֶׁ֨ר יִגֹּ֤ף יְהוָה֙ אֶת־כָּל־הָ֣עַמִּ֔ים אֲשֶׁ֥ר
צָבְא֖וּ עַל־יְרוּשָׁלִָ֑ם הָמֵ֣ק[a] ׀ בְּשָׂר֗וֹ וְהוּא֙ עֹמֵ֣ד עַל־רַגְלָ֔יו וְעֵינָיו֙
תִּמַּ֣קְנָה בְחֹֽרֵיהֶ֔ן וּלְשׁוֹנ֖וֹ תִּמַּ֥ק בְּפִיהֶֽם[b]׃
13 וְהָיָה֙ בַּיּ֣וֹם הַה֔וּא תִּהְיֶ֧ה מְהֽוּמַת־יְהוָ֛ה רַבָּ֖ה בָּהֶ֑ם
וְהֶחֱזִ֗יקוּ אִ֚ישׁ יַ֣ד[a] רֵעֵ֔הוּ וְעָלְתָ֥ה יָד֖וֹ עַל־יַ֥ד רֵעֵֽהוּ׃
14 [a]וְגַ֙ם־יְהוּדָ֔ה תִּלָּחֵ֖ם בִּירוּשָׁלִָ֑ם[a]
וְאֻסַּף֩ חֵ֨יל כָּל־הַגּוֹיִ֜ם סָבִ֗יב זָהָ֥ב וָכֶ֛סֶף וּבְגָדִ֖ים לָרֹ֥ב מְאֹֽד׃
15 וְכֵ֨ן תִּֽהְיֶ֜ה מַגֵּפַ֣ת הַסּ֗וּס הַפֶּ֙רֶד֙ הַגָּמָ֣ל וְהַחֲמ֔וֹר וְכָל־הַבְּהֵמָ֔ה
אֲשֶׁ֥ר יִהְיֶ֖ה בַּמַּחֲנ֣וֹת הָהֵ֑מָּה כַּמַּגֵּפָ֖ה הַזֹּֽאת׃
16 וְהָיָ֗ה כָּל־הַנּוֹתָר֙ מִכָּל־הַגּוֹיִ֔ם הַבָּאִ֖ים עַל־יְרוּשָׁלִָ֑ם
וְעָל֞וּ מִדֵּ֧י שָׁנָ֣ה בְשָׁנָ֗ה לְהִֽשְׁתַּחֲוֺת֙ לְמֶ֙לֶךְ֙ יְהוָ֣ה צְבָא֔וֹת
וְלָחֹ֖ג אֶת־חַ֥ג הַסֻּכּֽוֹת׃
17 וְהָיָ֡ה אֲשֶׁר֩ לֹא־יַעֲלֶ֨ה מֵאֵ֜ת מִשְׁפְּח֤וֹת הָאָ֙רֶץ֙ אֶל־יְר֣וּשָׁלִַ֔ם
לְהִֽשְׁתַּחֲוֺ֔ת לְמֶ֖לֶךְ יְהוָ֣ה צְבָא֑וֹת וְלֹ֥א עֲלֵיהֶ֖ם יִהְיֶ֥ה הַגָּֽשֶׁם׃
18 וְאִם־מִשְׁפַּ֨חַת מִצְרַ֧יִם לֹֽא־תַעֲלֶ֛ה וְלֹ֥א בָאָ֖ה [a]וְלֹ֣א עֲלֵיהֶ֑ם[a] תִּֽהְיֶ֣ה
הַמַּגֵּפָ֗ה אֲשֶׁ֨ר יִגֹּ֤ף יְהוָה֙ אֶת־הַגּוֹיִ֔ם [b]אֲשֶׁר֙ לֹ֣א יַעֲל֔וּ לָחֹ֖ג אֶת־חַ֥ג

ד מל
ל
ו[10]. כט וכל משיחה מצרים אשור ישראל דכות[11]. ז וכל תלים דכות ב מ ב
ב. ל
ל. ל. סד
ל. ז[12]. ל
כה ײ[13] מנה ר״פ
ל. ד. יא
ל. ל. ז מל בליש
ג
ה ר״פ בסיפ וכל וגם אני וגם אנכי בסיפ דכות[14]
ב וחס[15]. ה[16]
ל. יב[17]
כט וכל משיחה מצרים אשור ישראל דכות[11]
ל
ג בטע ר״פ בסיפ. ל. יא[18] וכל כל אלה בני דכות ב מ ב. יג[19] וכל עזרא דכות ב מ א
כט וכל משיחה מצרים אשור ישראל דכות[11]
ג ר״פ בסיפ[20]. ב פסוק לא ולא ולא לא. יא[21] בטע וכל מלכים ויחזק דכות ב מ ב

[10]Mm 2154. [11]Mm 958. [12]Mm 1330. [13]Mm 856. [14]Mm 3167. [15]Mm 2332. [16]Mm 3179. [17]Mm 891. [18]Mm 3361. [19]Mm 2682. [20]Mm 3075. [21]Mm 279.

8 [a] prp יהיו vel יִחְיוּ ‖ **10** [a] frt l וְתִסֹּב vel תִּסּוֹב ‖ [b–b] l וִירושלם ראמה vel וראמה ירושלם; tr ‸ ad תחתיה ‖ [c–c] gl ad vb sqq, prb dl ‖ [d] l c 𝔊 mlt Mss 𝔖𝔙 וּמִמִּגדל ‖ **11** [a–a] cj c 10 ‖ [b] 𝔊* *κατοικήσουσιν*, l יֵשְׁבוּ ‖ **12** [a] frt l הַמֵּק, prp הָמֵק יָמַק ‖ [b] l בפיהו cf 𝔙 ‖ **13** [a] frt l c mlt Mss בְּיַד cf 𝔗 ‖ **14** [a–a] prb add ‖ **18** [a–a] l c pc Mss 𝔊𝔖 (וְ)עליהם cf 𝔗 ‖ [b–b] dl, homark ex 19.

13,7—14,8 SACHARIA 1079

7 חֶ֗רֶב[a] ע֚וּרִי עַל־רֹעִ֔י וְעַל־גֶּ֥בֶר עֲמִיתִ֖י נְאֻ֣ם יְהוָ֣ה צְבָא֑וֹת — ה חרב על[5] . ה[6] . כו
הַ֤ךְ אֶת־הָֽרֹעֶה֙[b] וּתְפוּצֶ֣יןָ הַצֹּ֔אן וַהֲשִׁבֹתִ֥י יָדִ֖י עַל־הַצֹּעֲרִֽים[c]׃ — ל . ל[7]
8 וְהָיָ֤ה[a] בְכָל־הָאָ֙רֶץ֙ נְאֻם־יְהוָ֔ה פִּֽי־שְׁנַ֣יִם בָּ֔הּ[b] יִכָּרְת֖וּ יִגְוָ֑עוּ[c] — ג
[וְהַשְּׁלִשִׁ֖ית יִוָּ֥תֶר בָּֽהּ׃
9 וְהֵבֵאתִ֣י[a] אֶת־הַשְּׁלִשִׁית֮ בָּאֵשׁ֒ וּצְרַפְתִּים֙ כִּצְרֹ֣ף אֶת־הַכֶּ֔סֶף — ל . ב
ה֣וּא ׀ יִקְרָ֣א בִשְׁמִ֗י וַאֲנִי֙ אֶעֱנֶ֣ה אֹת֔וֹ [וּבְחַנְתִּ֖ים כִּבְחֹ֣ן אֶת־הַזָּהָ֑ב — ב[8] . ו[9]
אָמַ֙רְתִּי֙[b] עַמִּ֣י ה֔וּא וְה֥וּא יֹאמַ֖ר יְהוָ֥ה[c] אֱלֹהָֽי׃ ס — ל

14 1 הִנֵּ֥ה יוֹם־בָּ֖א לַיהוָ֑ה[a] וְחֻלַּ֥ק שְׁלָלֵ֖ךְ בְּקִרְבֵּֽךְ׃ — ל[1]
2 וְאָסַפְתִּ֨י[a] אֶת־כָּל־הַגּוֹיִ֥ם ׀ אֶל־יְרוּשָׁלִַ֘ם֮ לַמִּלְחָמָה֒ — יג[2] וכל עזרא דכות ב מ א
וְנִלְכְּדָ֣ה הָעִ֗יר וְנָשַׁ֙סּוּ֙ הַבָּ֣תִּ֔ים וְהַנָּשִׁ֖ים תִּשָּׁגַ֑לְנָה — ל . תשכבנה ק
וְיָצָ֞א חֲצִ֤י הָעִיר֙ בַּגּוֹלָ֔ה וְיֶ֣תֶר הָעָ֔ם לֹ֥א יִכָּרֵ֖ת מִן־הָעִֽיר׃
3 וְיָצָ֣א יְהוָ֔ה וְנִלְחַ֖ם [a]בַּגּוֹיִ֣ם הָהֵ֑ם[a] כְּי֥וֹם הִֽלָּחֲמ֖וֹ בְּי֥וֹם קְרָֽב׃ — ה[3] . יא[4]
4 וְעָמְד֣וּ רַגְלָיו֩ [a]בַּיּוֹם־הַה֨וּא[a] עַל־הַ֣ר הַזֵּתִ֗ים [מֵחֶצְיוֹ֙
[b]אֲשֶׁ֣ר עַל־פְּנֵ֣י יְרוּשָׁלִַם֮ מִקֶּדֶם֒[b] וְנִבְקַע֩ הַ֨ר הַזֵּיתִ֤ים
[c]מִזְרָ֙חָה֙ וָיָ֔מָּה גֵּ֖יא גְּדוֹלָ֣ה מְאֹ֑ד וּמָ֨שׁ חֲצִ֥י הָהָ֛ר צָפ֖וֹנָה וְחֶצְי֥וֹ נֶֽגְבָּה׃ — ג[5] . ל . נג . כז
5 וְנַסְתֶּ֣ם[d] [e]גֵּיא־הָרַ֗י[e] כִּֽי־יַגִּ֣יעַ [e]גֵּי־הָרִים֮[e] [f]אֶל־אָצַל֒[f] [g]וְנַסְתֶּ֗ם כַּאֲשֶׁ֤ר — ג[6] . ט כת י[7] . ג[8] . ג[6]
נַסְתֶּם֙ מִפְּנֵ֣י הָרַ֔עַשׁ בִּימֵ֖י עֻזִּיָּ֣ה מֶֽלֶךְ־יְהוּדָ֑ה[g]
וּבָא֙ יְהוָ֣ה אֱלֹהַ֔י[h] כָּל־[i]קְדֹשִׁ֖ים עִמָּֽךְ[k]׃ — ל
6 וְהָיָ֖ה בַּיּ֣וֹם הַה֑וּא לֹא־יִהְיֶ֣ה א֔וֹר[a] [b]יְקָר֖וֹת יְקִפָּאֽוֹן[b]׃ — וקפאון ק
7 וְהָיָ֣ה יוֹם־אֶחָ֗ד [a]ה֛וּא יִוָּדַ֥ע לַיהוָ֖ה[a] לֹא־י֣וֹם וְלֹא־לָ֑יְלָה — י
וְהָיָ֥ה לְעֵת־עֶ֖רֶב יִֽהְיֶה־אֽוֹר׃
8 וְהָיָ֣ה ׀ בַּיּ֣וֹם הַה֗וּא יֵצְא֤וּ מַֽיִם־חַיִּים֙ מִיר֣וּשָׁלִַ֔ם — ו בטע בסיפ . יד[9]

[5]Mm 2748. [6]Mm 3232. [7]Mp sub loco. [8]Mm 3178. [9]Mm 1904. **Cp 14** [1]Mm 3816. [2]Mm 2682. [3]Mm 373. [4]Mm 1630. [5]Mm 89. [6]Mm 819. [7]Mm 3989. [8]Mm 4055. [9]Mm 98.

7 [a] 7–9 tr al post 11,14 al post 11,17 ‖ [b] prb l m cs הַכֵּה אַכֶּה cf 𝔊^Mss *(πατάξω)* 𝔄 Arm Mt 26,31 ‖ [c] prp הַצְּעִרִים ‖ **8** [a] cf 7[a] ‖ [b] > 𝔊* ‖ [c] frt l c mlt Mss ויִגועו (hpgr) cf 𝔊𝔖𝔗𝔙 ‖ **9** [a] cf 7[a] ‖ [b] 𝔊𝔖 pr cop, l וְא׳ ‖ [c] > pc Mss, frt dl ‖ **Cp 14,1** [a] frt l לִי cf 2 ואספתי, sed etiam 2[a] ‖ **2** [a] prp ואָסַף [יהוה], frt l ואִסְפוּ ‖ **3** [a–a] prb add ‖ **4/5** [a–a] prb add ‖ [b–b] prb add ‖ [c–c] prb add ‖ [d] l c pc Mss 𝔊 σ′𝔗 וְנִסְתַּם ‖ [e–e] prb l גֵּ(א)י־הִנֹּם ‖ [f–f] prb l אֶל־אֶצְלוֹ ‖ [g–g] add ‖ [h] pc Mss אלהים, frt l אֱלֹהַיִךְ (hpgr cf 1) vel c Ms אלהי י[שׂראל] ‖ [i] l c mlt Mss 𝔊𝔖𝔗^Mss וְכל ‖ [k] l c mlt Mss Vrs עִמּוֹ ‖ **6** [a] l קֹור cf Gn 8,22 ‖ [b–b] 𝔊 *καὶ ψύχη καὶ πάγος*, l וְקָרוּת וְקִפָּאוֹן cf σ′𝔖𝔗𝔙 ‖ **7** [a–a] add.

7 [a]וְהוֹשִׁיעַ יְהוָה אֶת־אָהֳלֵי יְהוּדָה בָּרִאשֹׁנָה לְמַעַן לֹא־תִגְדַּל 7 — ב חד חס וחד מל[4]. כב[5]
תִּפְאֶרֶת בֵּית־דָּוִיד וְתִפְאֶרֶת יֹשֵׁב[b] יְרוּשָׁלִָם עַל־יְהוּדָה׃ 8 [a]בַּיּוֹם 8 — ב חס בסיפ . ל
הַהוּא יָגֵן יְהוָה בְּעַד יוֹשֵׁב[b] יְרוּשָׁלִַם וְהָיָה הַנִּכְשָׁל בָּהֶם [c]בַּיּוֹם הַהוּא[c] — מט מל בנביא . ל
כְּדָוִיד וּבֵית דָּוִיד כֵּאלֹהִים [d]כְּמַלְאַךְ יְהוָה[d] לִפְנֵיהֶם׃ — ג מיחד וכל עשייה דכות[6] . ב[7] . ג[8]
9 וְהָיָה בַּיּוֹם הַהוּא אֲבַקֵּשׁ לְהַשְׁמִיד אֶת־כָּל־הַגּוֹיִם הַבָּאִים עַל־ 9
יְרוּשָׁלִָם׃ 10 וְשָׁפַכְתִּי עַל־בֵּית דָּוִיד וְעַל ׀ יוֹשֵׁב[a] יְרוּשָׁלִַם רוּחַ חֵן 10 — מט מל בנביא . ל . ל
וְתַחֲנוּנִים וְהִבִּיטוּ [b]אֵלַי אֵת[b] אֲשֶׁר־דָּקָרוּ וְסָפְדוּ עָלָיו כְּמִסְפֵּד עַל־ — ב[9]
הַיָּחִיד וְהָמֵר[c] עָלָיו כְּהָמֵר עַל־הַבְּכוֹר׃ 11 בַּיּוֹם הַהוּא יִגְדַּל הַמִּסְפֵּד 11 — ל . ל
בִּירוּשָׁלִַם כְּמִסְפַּד הֲדַד־רִמּוֹן בְּבִקְעַת מְגִדּוֹן׃ 12 וְסָפְדָה הָאָרֶץ 12 — ג . ל
מִשְׁפָּחוֹת מִשְׁפָּחוֹת לְבָד מִשְׁפַּחַת בֵּית־דָּוִיד לְבָד וּנְשֵׁיהֶם לְבָד — ט
מִשְׁפַּחַת בֵּית־נָתָן לְבָד וּנְשֵׁיהֶם לְבָד׃ 13 מִשְׁפַּחַת בֵּית־לֵוִי לְבָד 13 — ט
וּנְשֵׁיהֶם לְבָד מִשְׁפַּחַת הַשִּׁמְעִי[a] לְבָד וּנְשֵׁיהֶם לְבָד׃ 14 כֹּל הַמִּשְׁפָּחוֹת 14 — ט . ט
הַנִּשְׁאָרוֹת מִשְׁפָּחֹת מִשְׁפָּחֹת לְבָד וּנְשֵׁיהֶם לְבָד׃ ס **13** 1 בַּיּוֹם **13** — ב חס . ב חס . ט
הַהוּא יִהְיֶה מָקוֹר נִפְתָּח לְבֵית דָּוִיד [a]וּלְיֹשְׁבֵי יְרוּשָׁלִָם לְחַטָּאת[b] — ל . ל . ג בליש וחד מן ג[1] חס בליש . ו
וּלְנִדָּה[a]׃

2 וְהָיָה בַיּוֹם הַהוּא נְאֻם ׀ יְהוָה צְבָאוֹת אַכְרִית אֶת־שְׁמוֹת 2 — כו
הָעֲצַבִּים מִן־הָאָרֶץ וְלֹא יִזָּכְרוּ עוֹד וְגַם אֶת־הַנְּבִיאִים וְאֶת־רוּחַ — ד
הַטֻּמְאָה אַעֲבִיר מִן־הָאָרֶץ׃ 3 וְהָיָה כִּי־יִנָּבֵא אִישׁ עוֹד וְאָמְרוּ אֵלָיו 3 — ב . ג
אָבִיו וְאִמּוֹ יֹלְדָיו לֹא תִחְיֶה כִּי שֶׁקֶר דִּבַּרְתָּ בְּשֵׁם יְהוָה וּדְקָרֻהוּ — ב
אָבִיהוּ וְאִמּוֹ יֹלְדָיו בְּהִנָּבְאוֹ׃ 4 וְהָיָה ׀ בַּיּוֹם הַהוּא יֵבֹשׁוּ הַנְּבִיאִים 4 — ל מל[2] . ב . ו בטע בסיפ
אִישׁ מֵחֶזְיֹנוֹ בְּהִנָּבְאֹתוֹ[a] וְלֹא יִלְבְּשׁוּ אַדֶּרֶת שֵׂעָר לְמַעַן כַּחֵשׁ׃ 5 וְאָמַר 5 — ל . ל . ל בסיפ
לֹא נָבִיא אָנֹכִי אִישׁ־עֹבֵד אֲדָמָה אָנֹכִי כִּי [a]אָדָם הִקְנַנִי[a] מִנְּעוּרָי׃ — ב . יא[3] . ל
6 וְאָמַר אֵלָיו מָה הַמַּכּוֹת הָאֵלֶּה בֵּין יָדֶיךָ וְאָמַר אֲשֶׁר הֻכֵּיתִי בֵּית 6 — ל בסיפ . ל . יא[4] מל וכל תלים דכות ב מ ה חס . ל בסיפ . ל
מְאַהֲבָי׃ ס

[4]Mm 3176 contra textum. [5]Mm 1743. [6]Mm 1654. [7]Mm 4092. [8]Mm 21. [9]Mm 3177. **Cp 13** [1]Mm 2747. [2]Mm 1483. [3]Mm 512. [4]Mm 477.

7/8 [a] 7sq prb add || [b] prb l c nonn Mss Vrs יֹשְׁבֵי || [c–c] add? || [d–d] frt gl || **10** [a] prb l c mlt Mss Vrs יֹשְׁבֵי || [b–b] var lect; l אֶל־ vel אֱלֵי־ || [c] l והמרו || **13** [a] frt l c 2 Mss 𝔖𝔗 בֵּית־שִׁמְעִי || **Cp 13,1** [a–a] > 𝔊* || [b] prp לְחַטָּאת || **4** [a] l בהנבאו || **5** [a–a] l אֲדָמָה קִנְיָנִי.

13 שְׁלֹשִׁים כָּסֶף׃ 13 וַיֹּאמֶר יְהוָה אֵלַי הַשְׁלִיכֵהוּ אֶל־הַיּוֹצֵר[a] אֶדֶר ב מל. ב
הַיְקָר אֲשֶׁר יָקַרְתִּי[b] מֵעֲלֵיהֶם וָאֶקְחָה שְׁלֹשִׁים הַכֶּסֶף וָאַשְׁלִיךְ אֹתוֹ ל. ב חד מל וחד חס[15]
14 בֵּית יְהוָה אֶל־הַיּוֹצֵר[a]׃ 14 וָאֶגְדַּע אֶת־מַקְלִי הַשֵּׁנִי אֵת הַחֹבְלִים[a]
15 לְהָפֵר אֶת־הָאַחֲוָה בֵּין יְהוּדָה וּבֵין יִשְׂרָאֵל[b]׃ ס 15 [a]וַיֹּאמֶר יְהוָה ל
16 אֵלָי עוֹד קַח־לְךָ כְּלִי רֹעֶה אֱוִלִי׃ 16 [a]כִּי הִנֵּה־אָנֹכִי מֵקִים רֹעֶה י זקף קמ בנ״ך. ה חס[16]
בָּאָרֶץ הַנִּכְחָדוֹת[b] לֹא־יִפְקֹד הַנַּעַר[c] לֹא יְבַקֵּשׁ וְהַנִּשְׁבֶּרֶת לֹא יְרַפֵּא ל[17]. ה פסוק לא לא לא לא[18]
הַנִּצָּבָה[d] לֹא יְכַלְכֵּל וּבְשַׂר הַבְּרִיאָה יֹאכַל וּפַרְסֵיהֶן[e] יְפָרֵק׃ ס ד. ב[19]. ל

17 הוֹי רֹעִי הָאֱלִיל[a] עֹזְבִי הַצֹּאן ה[20]. ל
חֶרֶב עַל־זְרוֹעוֹ וְעַל־עֵין יְמִינוֹ ב מל[21]
זְרֹעוֹ יָבוֹשׁ תִּיבָשׁ [b]וְעֵין יְמִינוֹ[b] כָּהֹה תִכְהֶה[c]׃ ס ל מל. ה[22]. ל

ס[1] **12** 1 מַשָּׂא דְבַר־יְהוָה עַל־יִשְׂרָאֵל נְאֻם־יְהוָה מא
נֹטֶה שָׁמַיִם וְיֹסֵד אָרֶץ וְיֹצֵר רוּחַ־אָדָם בְּקִרְבּוֹ׃ פ יד[2] קמ וכל אתנח וס״פ דכות ב מ ד. ל חס[1]
2 הִנֵּה אָנֹכִי שָׂם אֶת־יְרוּשָׁלִַם סַף־רַעַל לְכָל־הָעַמִּים סָבִיב[a] [b]וְגַם ל
3 עַל־יְהוּדָה יִהְיֶה בַמָּצוֹר[b] [c]עַל־יְרוּשָׁלִָם[c a]׃ 3 וְהָיָה בַיּוֹם־הַהוּא אָשִׂים
אֶת־יְרוּשָׁלִַם אֶבֶן מַעֲמָסָה לְכָל־הָעַמִּים כָּל־עֹמְסֶיהָ שָׂרוֹט יִשָּׂרֵטוּ ל
4 [a]וְנֶאֶסְפוּ עָלֶיהָ כֹּל גּוֹיֵי הָאָרֶץ[a]׃ 4 בַּיּוֹם הַהוּא נְאֻם־יְהוָה אַכֶּה כָל־ ד. ג מל וכל אורית דכות[3]
סוּס בַּתִּמָּהוֹן וְרֹכְבוֹ בַּשִּׁגָּעוֹן [a]וְעַל־בֵּית יְהוּדָה אֶפְקַח אֶת־עֵינַי[a] וְכֹל ל. ל
5 סוּס[b] הָעַמִּים אַכֶּה בַּעִוָּרוֹן׃ 5 וְאָמְרוּ אַלֻּפֵי[a] יְהוּדָה בְּלִבָּם אַמְצָה ל. ט. ה חס בליש. ל
6 [b]לִי יֹשְׁבֵי[b] יְרוּשָׁלִַם בַּיהוָה צְבָאוֹת אֱלֹהֵיהֶם׃ 6 [a]בַּיּוֹם הַהוּא אָשִׂים
אֶת־אַלֻּפֵי[b] יְהוּדָה כְּכִיּוֹר אֵשׁ בְּעֵצִים וּכְלַפִּיד אֵשׁ בְּעָמִיר וְאָכְלוּ ה חס בליש. ל
עַל־יָמִין וְעַל־שְׂמֹאול אֶת־כָּל־הָעַמִּים סָבִיב[a] וְיָשְׁבָה יְרוּשָׁלִַם עוֹד
תַּחְתֶּיהָ בִּירוּשָׁלִָם[c]׃ פ

[15] Mm 1105. [16] Mm 3383. [17] Mp sub loco. [18] Mm 3132. [19] Mm 2927. [20] Mm 3232. [21] Mm 3175. [22] Mm 3900. **Cp 12** [1] Mp sub loco. [2] Mm 1234. [3] Mm 2656.

13 [a] prp הָאוֹצָר cf 𝔖, 1 𝔐𝔖 || [b] prp יקרתָּ || **14** [a] prp חֲבָלִים || [b] cf 13,7[a] || **15/16** [a] 15sq add una c 6 || [b] l הַנִּכְחֶדֶת || [c] l הַנֶּעְדֶּרֶת || [d] crrp? prp הַנַּחֲלָה vel הָרְעֵבָה || [e] prb l וּפַרְצֵיהֶן || **17** [a] prp הָאֱוִלִי cf 𝔖𝔗 || [b–b] frt l m cs ועינוֹ || [c] cf 13,7[a] || **Cp 12,2** [a–a] 2b. 3b. 4bα. 6a prb add || [b–b] textus mixtus ex וגם על־יהודה יהיה מצור (cf 𝔊𝔖) et וגם יהודה יהיה במצור (cf 𝔗𝔙) || [c–c] gl vel var lect || **3** [a–a] cf 2[a] || **4** [a–a] cf 2[a] || [b] add || **5** [a] prb l אַלְפֵי || [b–b] l c Ms 𝔗 לְיֹשְׁבֵי || **6** [a–a] cf 2[a] || [b] cf 5[a] || [c] > Ms 𝔊*, dl; prp בְּשָׁלוֹם.

11 וְעָבַ֨ר[a] [b]בַּיָּ֜ם צָרָ֗ה[b] [c]וְהִכָּ֤ה בַיָּם֙ גַּלִּ֔ים[c] וְהֹבִ֕ישׁוּ כֹּ֖ל מְצוּל֣וֹת יְאֹ֑ר
וְהוּרַד֙ גְּא֣וֹן אַשּׁ֔וּר וְשֵׁ֥בֶט מִצְרַ֖יִם יָסֽוּר׃
12 וְגִבַּרְתִּים֙[a] בַּֽיהוָ֔ה וּבִשְׁמ֖וֹ יִתְהַלָּ֑כוּ[b] [c]נְאֻ֖ם יְהוָֽה[c]׃ ס

11 1 פְּתַ֥ח לְבָנ֖וֹן דְּלָתֶ֑יךָ וְתֹאכַ֥ל אֵ֖שׁ בַּאֲרָזֶֽיךָ׃
2 הֵילֵ֤ל בְּרוֹשׁ֙ כִּֽי־נָ֣פַל אֶ֔רֶז אֲשֶׁ֥ר[a] אַדִּרִ֖ים שֻׁדָּ֑דוּ
הֵילִ֙ילוּ֙ אַלּוֹנֵ֣י בָשָׁ֔ן כִּ֥י יָרַ֖ד יַ֥עַר הַבָּצֽוּר׃
3 ק֚וֹל יִלְלַ֣ת הָרֹעִ֔ים כִּ֥י שֻׁדְּדָ֖ה אַדַּרְתָּ֑ם
ק֚וֹל שַׁאֲגַ֣ת כְּפִירִ֔ים כִּ֥י שֻׁדַּ֖ד גְּא֥וֹן הַיַּרְדֵּֽן׃ ס

4 5 4 כֹּ֥ה אָמַ֖ר יְהוָ֣ה אֱלֹהָ֑י[a] רְעֵ֖ה אֶת־צֹ֥אן הַהֲרֵגָֽה׃ 5 אֲשֶׁ֨ר קֹנֵיהֶ֜ן
יַהֲרְגֻן֙ וְלֹ֣א יֶאְשָׁ֔מוּ וּמֹכְרֵיהֶ֣ן יֹאמַ֔ר[a] בָּר֥וּךְ יְהוָ֖ה וַאעְשִׁ֑ר[b] וְרֹ֣עֵיהֶ֔ם[c] לֹ֥א
6 יַחְמ֖וֹל[d] עֲלֵיהֶֽן׃ 6 [a]כִּ֠י לֹ֨א אֶחְמ֥וֹל ע֛וֹד עַל־יֹשְׁבֵ֥י הָאָ֖רֶץ נְאֻם־יְהוָ֑ה
וְהִנֵּ֨ה אָנֹכִ֜י מַמְצִ֣יא אֶת־הָאָדָ֗ם אִ֣ישׁ בְּיַד־רֵעֵ֙הוּ֙[b] וּבְיַ֣ד מַלְכּ֔וֹ וְכִתְּתוּ֙
7 אֶת־הָאָ֔רֶץ וְלֹ֥א אַצִּ֖יל מִיָּדָֽם׃ 7 וָאֶרְעֶה֙ אֶת־צֹ֣אן הַהֲרֵגָ֔ה[a] לָכֵ֖ן עֲנִיֵּ֣י[a]
הַצֹּ֑אן וָאֶֽקַּֽח־לִ֞י שְׁנֵ֣י מַקְל֗וֹת לְאַחַ֞ד קָרָ֣אתִי נֹ֗עַם וּלְאַחַ֤ד קָרָ֙אתִי֙
8 חֹֽבְלִ֔ים[b] וָאֶרְעֶ֖ה אֶת־הַצֹּֽאן׃ 8 [a]וָאַכְחִ֛ד אֶת־שְׁלֹ֥שֶׁת הָרֹעִ֖ים בְּיֶ֣רַח
9 אֶחָ֑ד[a] וַתִּקְצַ֤ר נַפְשִׁי֙ בָּהֶ֔ם וְגַם־נַפְשָׁ֖ם בָּחֲלָ֥ה[b] בִֽי׃ 9 וָאֹמַ֕ר לֹ֥א אֶרְעֶ֖ה
אֶתְכֶ֑ם הַמֵּתָ֨ה תָמ֜וּת וְהַנִּכְחֶ֣דֶת תִּכָּחֵ֗ד וְהַנִּ֨שְׁאָר֔וֹת תֹּאכַ֕לְנָה אִשָּׁ֖ה אֶת־
10 בְּשַׂ֥ר רְעוּתָֽהּ׃ 10 וָאֶקַּ֤ח אֶת־מַקְלִי֙ אֶת־נֹ֔עַם וָאֶגְדַּ֖ע אֹת֑וֹ לְהָפֵיר֙ אֶת־
11 בְּרִיתִ֔י[a] אֲשֶׁ֥ר כָּרַ֖תִּי[b] אֶת־כָּל־הָעַמִּֽים[c]׃ 11 וַתֻּפַ֖ר בַּיּ֣וֹם הַה֑וּא וַיֵּדְע֣וּ
12 [a]כֵ֩ן עֲנִיֵּ֨י[a] הַצֹּ֜אן הַשֹּׁמְרִ֣ים אֹתִ֗י כִּ֛י דְבַר־יְהוָ֖ה הֽוּא׃ 12 וָאֹמַ֣ר אֲלֵיהֶ֗ם
אִם־ט֧וֹב בְּעֵינֵיכֶ֛ם הָב֥וּ שְׂכָרִ֖י וְאִם־לֹ֣א ׀ חֲדָ֑לוּ וַיִּשְׁקְל֥וּ אֶת־שְׂכָרִ֖י

ל מל
ב . ה[12]
[13]ג
ד[1] . ו[1] רפי[2]
ב . ו כת כן[3] . ל כת כן[4]
הבציר ק
ב[5] . ד . ל
ל . מח[6] כת א לא קר ול בליש
ד מל . ז וכל כלית דכות[7] . ה מל . ח[8] ה מנה בליש
ה[9] . ל . ג[10]
ד
ז[11] . ז[11] וחד מן ב בליש חד פת וחד קמ
ל . ד
ד[12] . כג פסוק וגם ובתר תלת מילין[13] . ל
ל . ל . ל
ה . יו פסוק את את את את . ל מל
[14]ו
יח . יז מ״פ

[12] Mm 2755. [13] Mm 3170. **Cp 11** [1] Mm 2121. [2] Mm 3171. [3] Mm 1237. [4] Mm 2534. [5] Mm 3108. [6] Mm 898. [7] Mm 1197. [8] Mm 3172. [9] Mm 1377. [10] Mm 3173. [11] Mm 1207. [12] Mm 1492. [13] Mm 1629. [14] Mm 3174.

11 [a] l וְעָבְרוּ ‖ [b–b] l בְּיַם מִצְרַיִם ‖ [c–c] add (l חִילָה pro גלים? cf 9,4) ‖ **12** [a] l וּגְבַרְתָּם ‖ [b] l c Ms 𝔊(𝔖) יְהַלָּלוּ– ‖ [c–c] add, an v a add? ‖ **Cp 11,2** [a] prb add cf 𝔖 ‖ **4** [a] prb l אֵלַי ‖ **5** [a] l יֹאמְרוּ cf 𝔊 *ἔλεγον* ‖ [b] l וְאֶעְשַׁר ‖ [c] prb l c nonn Mss 𝔖 (𝔗 omnia suff m) –הֶן ‖ [d] l יַחְמְלוּ cf 𝔊 *ἔπασχον* ‖ **6** [a] 6 add cf 15[a] ‖ [b] prp רֹעֵהוּ ‖ **7** [a–a] l לִכְנַעֲנִיֵּי cf 𝔊 *(εἰς τὴν Χαναανῖτιν)* et 11 ‖ [b] prp חֲבָלִים ‖ **8** [a–a] add ‖ [b] prp גָּעֲלָה ‖ **10** [a] l בְּרִית י[הוה] cf 𝔖𝔗 (om suff) ‖ [b] l כָּרַת vel כָּרַת י[הוה] ‖ [c] prb l הָעָם ‖ **11** [a–a] 𝔊 *οἱ Χαναναῖοι*, l כְּנַעֲנִיֵּי cf 7[a–a].

10 1 שַׁאֲלוּ מֵיְהוָה מָטָר בְּעֵת מַלְקוֹשׁ
יְהוָה עֹשֶׂה חֲזִיזִים וּמְטַר־[a]גֶּשֶׁם — כב̇[1] . ל̇[2]
יִתֵּן לָהֶם[b] לְאִישׁ[c] עֵשֶׂב בַּשָּׂדֶה׃
2 כִּי הַתְּרָפִים דִּבְּרוּ־אָוֶן וְהַקּוֹסְמִים חָזוּ שֶׁקֶר — ב̇ חד מל̇ וחד חס̇
וַחֲלֹמוֹת הַשָּׁוא[a] יְדַבֵּרוּ הֶבֶל יְנַחֵמוּן[b] — ל̇
עַל־כֵּן נָסְעוּ[c] כְמוֹ־צֹאן יַעֲנוּ[d] כִּי־אֵין רֹעֶה׃ פ
3 [a]עַל־הָרֹעִים חָרָה אַפִּי וְעַל־הָעַתּוּדִים אֶפְקוֹד[a] — ב̇ מל̇
כִּי־פָקַד יְהוָה צְבָאוֹת[b] אֶת־עֶדְרוֹ [c]אֶת־בֵּית יְהוּדָה[c] וְשָׂם אוֹתָם — כו̇ פסוק את את ומילה חדה ביניה יט̇ מנה בנביא . ח̇[3]
כְּסוּס הוֹדוֹ בַּמִּלְחָמָה[d]׃ — ה̇[4] ג̇[5] מנה בסיפ̇
4 מִמֶּנּוּ פִנָּה [a]מִמֶּנּוּ יָתֵד[a] מִמֶּנּוּ קֶשֶׁת מִלְחָמָה — יא̇ זוגין דמטע̇ בטע̇[6]
[b]מִמֶּנּוּ יֵצֵא כָל־נוֹגֵשׂ[b] — ב̇ מל̇
[c]יַחְדָּו׃ 5 וְהָיוּ[c] כְגִבֹּרִים בּוֹסִים בְּטִיט[d] חוּצוֹת בַּמִּלְחָמָה[e] — ז̇ חס̇[7] . ל̇[8]
וְנִלְחֲמוּ כִּי יְהוָה עִמָּם וְהֹבִישׁוּ רֹכְבֵי סוּסִים׃
6 וְגִבַּרְתִּי ׀ אֶת־בֵּית יְהוּדָה וְאֶת־בֵּית יוֹסֵף אוֹשִׁיעַ
וְהוֹשְׁבוֹתִים[a] כִּי רִחַמְתִּים וְהָיוּ כַּאֲשֶׁר לֹא־זְנַחְתִּים — ל̇ ומל̇ . ג̇ ול̇ בליש̇ . ל̇
[b]כִּי אֲנִי יְהוָה אֱלֹהֵיהֶם וְאֶעֱנֵם[b]׃ — ח̇
7 וְהָיוּ כְגִבּוֹר אֶפְרַיִם וְשָׂמַח לִבָּם כְּמוֹ־יָיִן — ב̇[9]
וּבְנֵיהֶם יִרְאוּ וְשָׂמֵחוּ יָגֵל לִבָּם בַּיהוָה׃
8 אֶשְׁרְקָה לָהֶם וַאֲקַבְּצֵם [a]כִּי פְדִיתִים[a] וְרָבוּ כְּמוֹ רָבוּ׃ — ל̇ . ל̇
9 וְאֶזְרָעֵם[a] [b]בָּעַמִּים וּבַמֶּרְחַקִּים[b] יִזְכְּרוּנִי וְחָיוּ[c] אֶת־בְּנֵיהֶם וָשָׁבוּ׃ — ל̇ . ב̇[5] . ל̇
10 וַהֲשִׁיבוֹתִים מֵאֶרֶץ מִצְרַיִם וּמֵאַשּׁוּר אֲקַבְּצֵם
וְאֶל־אֶרֶץ גִּלְעָד וּלְבָנוֹן[a] אֲבִיאֵם וְלֹא[b] יִמָּצֵא לָהֶם[c]׃ — ב̇ וכל בארץ דכות̇ ב̇ מ̇ ב̇[10] . ב̇ . ד̇[11]

Cp 10 [1] Mm 475. [2] Mm 2321. [3] Mm 224. [4] Mm 3121. [5] Mp sub loco. [6] Mm 794. [7] Mm 3633. [8] Mm 3966. [9] Mm 3375. [10] Jdc 10,4 et 1 Ch 2,22. [11] Mm 2318.

Cp 10,1 [a] prb l וּמַמְטִיר cf 𝔗 || [b] l לֶחֶם || [c] l לְאִישׁ || **2** [a] sic L, mlt Mss Edd וְא– || [b] Ms יאמנון || [c] prb l נִתְּעוּ, prp נָסוּ vel נָעוּ || [d] frt l יָנֻעוּ || **3** [a–a] prb add || [b] > Ms, add || [c–c] prb dl m cs, gl || [d] prb dl m cs, gl; al ins דֹּהֵר || **4/5** [a–a] frt l ויתד m cs || [b–b] prb dl, gl || [c–c] cj et l יחדו יִהְיוּ || [d] frt l c pc Mss ′כְּ cf 𝔗 || [e] prb dl m cs, gl || **6** [a] l וַהֲשִׁיבוֹתִים cf 𝔖𝔗𝔙; mlt Mss 𝔊 *(καὶ κατοικιῶ αὐτούς)* וְהוֹשַׁבְתִּים, sed cf 10 || [b–b] prb add || **8** [a–a] prb dl m cs, gl || **9** [a] frt l וַאֲזַעֲקֵם, prp וְאֶזְרָם || [b–b] dl aut ו בעמים aut ובמרחקים, var lect || [c] prb l וְחִוּוּ, prp וְחִיּוּ || **10** [a] frt tr ante לא (ולבנון לא), al add hab || [b] frt l לא cf [a] || [c] 𝔊 + *οὐδὲ εἷς*.

וְהִכְרַתִּ֖י גְּא֥וֹן פְּלִשְׁתִּֽים[a]׃ 7 וַהֲסִרֹתִ֨י דָמָ֜יו מִפִּ֗יו וְשִׁקֻּצָיו֙ מִבֵּ֣ין שִׁנָּ֔יו — ג חס[6]
וְנִשְׁאַ֥ר גַּם־ה֖וּא לֵאלֹהֵ֑ינוּ וְהָיָה֙ כְּאַלֻּ֣ף[a] בִּֽיהוּדָ֔ה וְעֶקְר֖וֹן כִּיבוּסִֽי׃ — ה חס בליש. ל
8 וְחָנִ֨יתִי לְבֵיתִ֤י מִצָּבָה֙[a] [b]מֵעֹבֵ֣ר וּמִשָּׁ֔ב[b] וְלֹא־יַעֲבֹ֥ר עֲלֵיהֶ֛ם[c] ע֖וֹד נֹגֵ֑שׂ — ב[7]
[כִּ֥י עַתָּ֖ה רָאִ֥יתִי בְעֵינָֽי[d]׃ ס — יב[8] יא מנה בנביא

9 גִּילִ֨י מְאֹ֜ד בַּת־צִיּ֗וֹן הָרִ֙יעִי֙ בַּ֣ת יְרוּשָׁלִַ֔ם
הִנֵּ֤ה מַלְכֵּךְ֙ יָ֣בוֹא לָ֔ךְ צַדִּ֥יק וְנוֹשָׁ֖ע[a] ה֑וּא — ל
עָנִי֙ וְרֹכֵ֣ב עַל־חֲמ֔וֹר וְעַל־עַ֖יִר בֶּן־אֲתֹנֽוֹת׃ — ב[9]
10 וְהִכְרַתִּֽי[a]־רֶ֣כֶב מֵֽאֶפְרַ֗יִם וְסוּס֙ מִיר֣וּשָׁלִַ֔ם
וְנִכְרְתָה֙ קֶ֣שֶׁת מִלְחָמָ֔ה וְדִבֶּ֥ר שָׁל֖וֹם לַגּוֹיִ֑ם — ל
וּמָשְׁלוֹ֙ מִיָּ֣ם עַד־יָ֔ם וּמִנָּהָ֖ר עַד־אַפְסֵי־אָֽרֶץ׃ — ל[10]. ג[11]. ב

11 גַּם־אַ֣תְּ בְּדַם־בְּרִיתֵ֗ךְ שִׁלַּ֤חְתִּי אֲסִירַ֙יִךְ֙ מִבּ֔וֹר [a]אֵ֥ין מַ֖יִם בּֽוֹ[a]׃ — ל
12 [a]שׁ֚וּבוּ לְבִצָּר֔וֹן[ab] אֲסִירֵ֖י הַתִּקְוָ֑ה
[c]גַּם־הַיּ֕וֹם מַגִּ֖יד[c] מִשְׁנֶ֥ה[d] אָשִׁ֥יב לָֽךְ׃
13 כִּֽי־דָרַ֨כְתִּי לִ֜י יְהוּדָ֗ה קֶ֚שֶׁת מִלֵּ֣אתִי אֶפְרַ֔יִם
וְעוֹרַרְתִּ֤י בָנַ֙יִךְ֙ צִיּ֔וֹן [a]עַל־בָּנַ֖יִךְ יָוָ֑ן[a] וְשַׂמְתִּ֖יךְ כְּחֶ֥רֶב גִּבּֽוֹר׃ — יח. יח. ג
14 וַֽיהוָה֙ עֲלֵיהֶ֣ם יֵרָאֶ֔ה וְיָצָ֥א כַבָּרָ֖ק חִצּ֑וֹ — ה ר״פ בסיפ[12]. ד[13]. יג[14]
וַֽאדֹנָ֤י[a] יְהוִה֙ בַּשּׁוֹפָ֣ר יִתְקָ֔ע וְהָלַ֖ךְ בְּסַעֲר֥וֹת תֵּימָֽן׃ — ד[15]. ל זקף קמ
15 יְהוָ֣ה צְבָאוֹת֮[a] יָגֵ֣ן עֲלֵיהֶם֒ וְאָֽכְלוּ[b] וְכָבְשׁוּ֙[c] [d]אַבְנֵי־קֶ֔לַע[d]
וְשָׁת֥וּ הָמ֖וּ[e] כְּמוֹ־יָ֑יִן וּמָֽלְאוּ֙ [f]כַּמִּזְרָ֔ק כְּזָוִיּ֖וֹת[f] מִזְבֵּֽחַ׃ — ד. ב
16 וְהוֹשִׁיעָ֞ם יְהוָ֧ה אֱלֹהֵיהֶ֛ם[a] [b]בַּיּ֥וֹם הַה֖וּא[b] [c]כְּצֹ֣אן עַמּ֑וֹ[c] [d]כִּ֚י אַבְנֵי־ — ב ומל[16]. ז
[נֵ֔זֶר מִֽתְנוֹסְס֖וֹת[d] עַל־אַדְמָתֽוֹ׃ — ל
17 כִּ֥י מַה־טּוּב֖וֹ וּמַה־יָפְי֑וֹ דָּגָן֙ בַּֽחוּרִ֔ים[a] וְתִיר֕וֹשׁ יְנוֹבֵ֖ב בְּתֻלֽוֹת[a]׃ — ג ומל[17]. ל. ב חס

[6] Mm 2190. [7] Mm 2313. [8] Mm 230. [9] Mm 3168. [10] וחד משלו Hi 41,25. [11] Mm 3169. [12] Mp sub loco. [13] Mm 405. [14] Mm 150. [15] Mm 2508. [16] Mm 1402. [17] Mm 3499.

6 [a] l c Ms פלשתי cf suff 7 || **7** [a] l כְּאֶלֶף || **8** [a] prb l מַצֵּבָה cf 𝔊 *ἀνάστημα* 𝔖 *qjwm'* || [b–b] dl, gl || [c] dl m cs? et cf [d] || [d] l בְּעָנְיָם vel potius (cf [c]) בְּעָנְיוֹ || **9** [a] 𝔊 *σῴζων* = 𝔖 *(w)prwq'* = 𝔗 *(w)prjq* = 𝔙 *salvator* || **10** [a] 𝔊(𝔖) *καὶ ἐξολεθρεύσει*, l והכרית cf sq || **11** [a–a] add || **12** [a–a] prp וְשָׁבוּ לָךְ בַּת־צִיּוֹן || [b] crrp; frt exc nonn vb || [c–c] prp גְּמוּל יוֹם מְגֻרַיִךְ cf 𝔊 || [d] frt exc nonn vb, inter alia אֲנִי (cf 2 Mss אַגִּיד) || **13** [a–a] gl, dl; al dl sol ציון et בניך || **14** [a] prb dl אדני m cs cf Ms || **15** [a] prb dl m cs || [b] prp וְיָכְלוּ cf 𝔊 || [c] frt l בָּשָׂר || [d–d] prp בְּנֵי קֶבַע vel בְּנֵי קלע || [e] 𝔊$^{-BWS}$ *τὸ αἷμα αὐτῶν*, frt l דָּמָם vel דָּם || [f–f] dl aut כמזרק aut כזויות; var lect cf 𝔊 sol *ὡς φιάλας* α'σ'θ' sol *ὡς γωνίας* || **16** [a] > 𝔊* || [b–b] add || [c–c] prb l כַּצֹּאן יִרְעֵם || [d–d] l כְּאַבְנֵי־ נ׳ מ׳ et dl, gl || **17** [a] add.

18 וַיְהִי[a] דְּבַר־יְהוָה צְבָאוֹת אֵלַי לֵאמֹר׃ 19 כֹּה־אָמַר[a] יְהוָה צְבָאוֹת — ל̇ בטע ר״פ[23] . ב̇ בטע בסיפ[24]
צוֹם הָרְבִיעִי וְצוֹם הַחֲמִישִׁי וְצוֹם הַשְּׁבִיעִי וְצוֹם הָעֲשִׂירִי — י̇ח̇ פסוק דמיין[25]
יִהְיֶה לְבֵית־יְהוּדָה לְשָׂשׂוֹן וּלְשִׂמְחָה וּלְמֹעֲדִים טוֹבִים — ג̇[26] . ב̇ חד מל̇ וחד מן ג̇ חס בליש
[b]וְהָאֱמֶת וְהַשָּׁלוֹם אֱהָבוּ׃[b] פ — ג̇[27] . ב̇

20 כֹּה אָמַר יְהוָה צְבָאוֹת
עֹד אֲשֶׁר[a] יָבֹאוּ עַמִּים[b] וְיֹשְׁבֵי עָרִים רַבּוֹת׃ — יד̇ חס[28]
21 וְהָלְכוּ יֹשְׁבֵי אַחַת אֶל־אַחַת לֵאמֹר — ל̇ד̇ מל̇[29] . ב̇[30]
נֵלְכָה הָלוֹךְ לְחַלּוֹת אֶת־פְּנֵי יְהוָה
וּלְבַקֵּשׁ אֶת־יְהוָה צְבָאוֹת אֵלְכָה גַּם־אָנִי׃ — ל̇[31]
22 וּבָאוּ עַמִּים רַבִּים וְגוֹיִם עֲצוּמִים [יְהוָה׃ ס
לְבַקֵּשׁ אֶת־יְהוָה צְבָאוֹת בִּירוּשָׁלִָם[a] וּלְחַלּוֹת אֶת־פְּנֵי — ל̇
ס ט̇[32] 23 כֹּה[a] אָמַר יְהוָה צְבָאוֹת בַּיָּמִים הָהֵמָּה אֲשֶׁר יַחֲזִיקוּ עֲשָׂרָה — ה̇ בטע בסיפ[33] . ח̇[34] . יב̇[35]
אֲנָשִׁים מִכֹּל לְשֹׁנוֹת הַגּוֹיִם וְהֶחֱזִיקוּ בִּכְנַף אִישׁ יְהוּדִי לֵאמֹר — ג̇
נֵלְכָה עִמָּכֶם כִּי שָׁמַעְנוּ אֱלֹהִים עִמָּכֶם׃ ס — ב̇[36]

9 1 מַשָּׂא — מ̇א
דְּבַר־יְהוָה בְּאֶרֶץ[a] חַדְרָךְ וְדַמֶּשֶׂק מְנֻחָתוֹ כִּי לַיהוָה [b]עֵין אָדָם[b] — ל̇ . ד̇ חס בליש[1]
[c]וְכֹל שִׁבְטֵי יִשְׂרָאֵל׃[c] 2 וְגַם־חֲמָת תִּגְבָּל־בָּהּ צֹר[a] וְצִידוֹן כִּי — ל̇ . ה̇ ר״פ בסיפ̇ וכל וגם אני וגם אנכי בסיפ̇ דכות[2]
[חָכְמָה מְאֹד׃ — ל̇
3 וַתִּבֶן צֹר מָצוֹר לָהּ וַתִּצְבָּר־כֶּסֶף כֶּעָפָר וְחָרוּץ כְּטִיט חוּצוֹת׃ — ב̇[3] . ב̇
4 הִנֵּה אֲדֹנָי[a] יוֹרִשֶׁנָּה וְהִכָּה בַיָּם חֵילָהּ וְהִיא בָּאֵשׁ תֵּאָכֵל׃ — ב̇ . ל̇ . ט̇[4]
5 תֵּרֶא אַשְׁקְלוֹן וְתִירָא וְעַזָּה וְתָחִיל מְאֹד וְעֶקְרוֹן כִּי־הֹבִישׁ מֶבָּטָהּ[a] — ל̇ ר״פ . ל̇
וְאָבַד מֶלֶךְ מֵעַזָּה וְאַשְׁקְלוֹן לֹא תֵשֵׁב׃ 6 וְיָשַׁב מַמְזֵר בְּאַשְׁדּוֹד — ב̇[5]

[23] Mm 1017. [24] Mm 3150. [25] Mm 3911. [26] Mm 1494. [27] Mm 4245. [28] Mm 62. [29] Mp contra textum, cf Mp sub loco. [30] Mm 631. [31] Mm 3165. [32] Mp sub loco. [33] Mm 3166. [34] Mm 2738. [35] Mm 891. [36] Mm 359. **Cp 9** [1] Mm 360. [2] Mm 3167. [3] 1 Ch 7,24. [4] Mm 690. [5] Dt 23,3.

18/19 [a] prb cj c 7,1–3 ∥ [b–b] add? ∥ **20** [a] add? cf 𝔊 hic et 23 ∥ [b] 2 Mss 𝔊 + רַבִּים ∥ **22** [a] > Ms, add? ∥ **23** [a] add? frt 20–23 add ∥ **Cp 9,1** [a] prp בָּא אֶרֶץ vel בָּא צַר ∥ [b–b] prp עָווּ אֲרָם ∥ [c–c] crrp; frt l נִבְהֲלוּ שֹׁפְטֵי צֹמֶר vel וְרָאוּ כל ש׳ צ׳ cf 2[a]; prp וכל ישראל שָׁאטֵי (contemptores) ∥ **2** [a] l צֶמֶר et tr ad fin 1 cf 1[c–c]; al dl aut צר aut וצידון cf חכמה ∥ **4** [a] mlt Mss יְהוָה ∥ **5** [a] prp מִבְטָחָהּ cf 𝔊[Mss] *ἀπὸ τῆς ἐλπίδος αὐτῆς*.

9 כֹּֽה־אָמַר֮ יְהוָ֣ה צְבָאוֹת֒ ה֘ בטע בסיפ[7]
תֶּחֱזַ֙קְנָה֙ יְדֵיכֶ֔ם הַשֹּׁמְעִים֙ בַּיָּמִ֣ים הָאֵ֔לֶּה ה֘ . ה[8]
אֵ֚ת הַדְּבָרִ֣ים הָאֵ֔לֶּה מִפִּי֙ הַנְּבִיאִ֔ים ז֘ דמטע בטע[9]
[a]אֲשֶׁ֗ר בְּי֞וֹם יֻסַּ֛ד בֵּית־יְהוָ֥ה צְבָא֖וֹת הַֽהֵיכָ֥ל לְהִבָּנֽוֹת[a]׃ ד[10] . ב
10 כִּ֗י לִפְנֵי֙ הַיָּמִ֣ים הָהֵ֔ם[a]
שְׂכַ֤ר הָֽאָדָם֙ לֹ֣א נִֽהְיָ֔ה וּשְׂכַ֥ר הַבְּהֵמָ֖ה אֵינֶ֑נָּה ח[11] . ב
וְלַיּוֹצֵ֨א וְלַבָּ֤א אֵין־שָׁלוֹם֙ מִן־הַצָּ֔ר ג ב קמ וחד פת[12]
וַאֲשַׁלַּ֥ח[b] [c]אֶֽת־כָּל־[c]הָאָדָ֖ם אִ֥ישׁ בְּרֵעֵֽהוּ׃ ל[13]
11 וְעַתָּ֗ה לֹ֤א כַיָּמִים֙ הָרִ֣אשֹׁנִ֔ים אֲנִ֖י לִשְׁאֵרִ֣ית הָעָ֣ם הַזֶּ֑ה ד[14] . כי
נְאֻ֖ם יְהוָ֥ה צְבָאֽוֹת׃ כו
12 כִּי־[a]זֶ֣רַע הַשָּׁל֗וֹם[a] הַגֶּ֜פֶן תִּתֵּ֣ן פִּרְיָ֗הּ ד[15]
וְהָאָ֙רֶץ֙ תִּתֵּ֣ן אֶת־יְבוּלָ֔הּ וְהַשָּׁמַ֖יִם יִתְּנ֣וּ טַלָּ֑ם ב
וְהִנְחַלְתִּ֗י אֶת־שְׁאֵרִ֛ית הָעָ֥ם הַזֶּ֖ה אֶת־כָּל־אֵֽלֶּה׃
13 וְהָיָ֡ה כַּאֲשֶׁר֩ הֱיִיתֶ֨ם קְלָלָ֜ה בַּגּוֹיִ֗ם
[a]בֵּ֤ית יְהוּדָה֙ וּבֵ֣ית יִשְׂרָאֵ֔ל[a] ב[16]
כֵּ֚ן אוֹשִׁ֣יעַ אֶתְכֶ֔ם וִהְיִיתֶ֖ם בְּרָכָ֑ה
אַל־תִּירָ֖אוּ תֶּחֱזַ֥קְנָה יְדֵיכֶֽם׃ ס ה
14 כִּ֣י כֹ֣ה אָמַר֮ יְהוָ֣ה צְבָאוֹת֒ ה֘ בטע בסיפ[7]
כַּאֲשֶׁ֨ר זָמַ֜מְתִּי[a] לְהָרַ֣ע לָכֶ֗ם בְּהַקְצִ֤יף אֲבֹֽתֵיכֶם֙ אֹתִ֔י אָמַ֖ר ו[17] . ל . ז[18] וכל מלאכי דכות ב מ ג
יְהוָ֣ה צְבָא֑וֹת וְלֹ֖א נִחָֽמְתִּי׃ 15 כֵּ֣ן שַׁ֤בְתִּי זָמַ֙מְתִּי֙ בַּיָּמִ֣ים הָאֵ֔לֶּה ה[8]
לְהֵיטִ֥יב אֶת־יְרוּשָׁלִַ֖ם וְאֶת־בֵּ֣ית יְהוּדָ֑ה אַל־תִּירָֽאוּ׃ ג מיחד[19]
16 אֵ֥לֶּה הַדְּבָרִ֖ים אֲשֶׁ֣ר תַּעֲשׂ֑וּ [בְּשַׁעֲרֵיכֶֽם׃ ז ר״פ בנביא[20] . ה[21]
דַּבְּר֤וּ אֱמֶת֙ אִ֣ישׁ אֶת־רֵעֵ֔הוּ אֱמֶת֙[a] וּמִשְׁפַּ֣ט שָׁל֔וֹם שִׁפְט֖וּ
17 וְאִ֣ישׁ ׀ אֶת־רָעַ֣ת רֵעֵ֗הוּ אַֽל־תַּחְשְׁבוּ֙ בִּלְבַבְכֶ֔ם
וּשְׁבֻ֥עַת שֶׁ֖קֶר אַל־תֶּאֱהָ֑בוּ כִּ֣י אֶת־כָּל־אֵ֧לֶּה אֲשֶׁ֛ר[a] שָׂנֵ֖אתִי ל[22]
[נְאֻם־יְהוָֽה׃ ס

[7] Mm 3166. [8] Mm 3163. [9] Mm 2139. [10] Mm 1905. [11] Mm 3609. [12] Mm 893. [13] Mm 425. [14] Mm 3162. [15] Mm 2094. [16] Mm 2776. [17] Mm 227. [18] Mm 2379. [19] Mm 2526. [20] Mm 3164. [21] Mm 617. [22] Mm 1833.

9 [a–a] add (gl; ביום contra בימים האלה) ‖ **10** [a] prb l הָאֵלֶּה cf 𝔗[f] hic = 9 ‖ [b] 𝔙 *et dimisi*, l וָאֲשַׁלַּח ‖ [c–c] frt dl m cs ‖ **12** [a–a] crrp; prb l אֶזְרְעָה שָׁלוֹם (cf 𝔊 *δείξω εἰρήνην*), prp הַזֶּרַע שָׁלוֹם, al זַרְעָהּ שׁ׳ cf 𝔖𝔗 ‖ **13** [a–a] prb add ‖ **14** [a] sic L, mlt Mss Edd זִמֹּתִי ‖ **16** [a] > 𝔊*, dl (dttg) ‖ **17** [a] > pc Mss 𝔊𝔖, dl.

11 וַיְמָאֲנ֣וּ לְהַקְשִׁ֔יב וַיִּתְּנ֥וּ כָתֵ֖ף סֹרָ֑רֶת וְאָזְנֵיהֶ֖ם הִכְבִּ֥ידוּ מִשְּׁמֽוֹעַ׃ ג̇[11]. ג̇ ב חס וחד מל[12]. ה̇ מל[13]
12 וְלִבָּ֞ם שָׂ֣מוּ שָׁמִ֗יר מִשְּׁמ֨וֹעַ אֶת־הַתּוֹרָ֜ה וְאֶת־הַדְּבָרִ֗ים אֲשֶׁ֨ר שָׁלַ֜ח ה̇ מל[13]. ג̇[14]
יְהוָ֤ה צְבָאוֹת֙ בְּרוּח֔וֹ בְּיַ֖ד הַנְּבִיאִ֣ים הָרִאשֹׁנִ֑ים וַֽיְהִי֙ קֶ֣צֶף גָּד֔וֹל מֵאֵ֖ת כ̇י
13 יְהוָ֥ה צְבָאֽוֹת׃ 13 וַיְהִ֥י כַאֲשֶׁר־קָרָ֖אa וְלֹ֣א שָׁמֵ֑עוּ כֵּ֤ן יִקְרְאוּ֙ וְלֹ֣א אֶשְׁמָ֔ע ג̇. ל̇ זקף קמ̇
14 אָמַ֖ר יְהוָ֥ה צְבָאֽוֹת׃ 14 וְאֵסָעֲרֵ֗םa עַ֤ל כָּל־הַגּוֹיִם֙ אֲשֶׁ֣ר לֹֽא־יְדָע֔וּם ז̇[15] וכל מלאכי דכות ב̇ מ̇ ג̇. ה̇ בטע[16]
וְהָאָ֙רֶץ֙ נָשַׁ֣מָּה אַחֲרֵיהֶ֔ם מֵעֹבֵ֖ר וּמִשָּׁ֑ב וַיָּשִׂ֛ימוּ אֶֽרֶץ־חֶמְדָּ֖ה לְשַׁמָּֽה׃ פ ל̇ה

8 1 וַיְהִ֛י דְּבַר־יְהוָ֥ה צְבָא֖וֹת לֵאמֹֽר׃ 2 כֹּ֤ה אָמַר֙ יְהוָ֣ה צְבָא֔וֹת כ̇ בטע ר״פ[1]. ל̇
קִנֵּ֥אתִי לְצִיּ֛וֹן קִנְאָ֣ה גְדוֹלָ֑ה וְחֵמָ֥ה גְדוֹלָ֖ה קִנֵּ֥אתִי לָֽהּ׃
3 כֹּ֚ה אָמַ֣ר יְהוָ֔הa
שַׁ֣בְתִּי אֶל־צִיּ֔וֹן וְשָׁכַנְתִּ֖י בְּת֣וֹךְ יְרוּשָׁלִָ֑ם [הַקֹּֽדֶשׁ׃ ס ל̇[2]
וְנִקְרְאָ֤ה יְרוּשָׁלִַ֙ם֙ עִ֣יר־הָֽאֱמֶ֔ת וְהַר־יְהוָ֥ה צְבָא֖וֹת הַ֥ר ב̇[3]. ל̇
4 כֹּ֤ה אָמַר֙ יְהוָ֣ה צְבָא֔וֹת
עֹ֤ד יֵֽשְׁבוּ֙ זְקֵנִ֣ים וּזְקֵנ֔וֹת בִּרְחֹב֖וֹת יְרוּשָׁלִָ֑ם יד חס[4]. כ̇[5]
וְאִ֧ישׁ מִשְׁעַנְתּ֛וֹ בְּיָד֖וֹ מֵרֹ֥ב יָמִֽים׃
5 וּרְחֹב֤וֹת הָעִיר֙ יִמָּ֣לְא֔וּ יְלָדִ֖ים וִֽילָד֑וֹת
מְשַׂחֲקִ֖ים בִּרְחֹבֹתֶֽיהָ׃ ס
6 כֹּ֤ה אָמַר֙ יְהוָ֣ה צְבָא֔וֹת
כִּ֣י יִפָּלֵ֗א בְּעֵינֵי֙ שְׁאֵרִית֙ הָעָ֣ם הַזֶּ֔ה aבַּיָּמִ֖ים הָהֵ֑םa
גַּם־bבְּעֵינַ֣י יִפָּלֵ֔א נְאֻ֖ם יְהוָ֥ה צְבָאֽוֹת׃ פ כ̇ו
7 כֹּ֤ה אָמַר֙ יְהוָ֣ה צְבָא֔וֹת
הִנְנִ֥י מוֹשִׁ֛יעַ אֶת־עַמִּ֖י מֵאֶ֣רֶץ מִזְרָ֑ח וּמֵאֶ֖רֶץ מְב֥וֹא הַשָּֽׁמֶשׁ׃ ז̇[6]
8 וְהֵבֵאתִ֣י אֹתָ֔ם וְשָׁכְנ֖וּ בְּת֣וֹךְ יְרוּשָׁלִָ֑ם
וְהָיוּ־לִ֣י לְעָ֗ם
וַאֲנִ֞י אֶהְיֶ֥ה לָהֶ֛ם לֵֽאלֹהִ֖ים בֶּאֱמֶ֥ת וּבִצְדָקָֽה׃ ס

[11] Mm 1568. [12] Mm 3158. [13] Mm 3159. [14] Mm 2674. [15] Mm 2379. [16] Mm 3160. Cp 8 [1] Mm 1017. [2] וחד על ציון Ps 2,6. [3] Mm 3161. [4] Mm 62. [5] Mm 534. [6] Mm 1698.

13 a prp קָרָאתִי cf S, l 𝔐 ‖ **14** a prp וָאֶסְעָרֵם, l 𝔐 ‖ **Cp 8,3** a ins c nonn Mss 𝔊[Mss] Syh𝔗 צְבָאוֹת cf 2.4.6.7.9.14 ‖ **6** a–a add ‖ b prb l הֲגַם, hpgr.

וְהָיָ֤ה כֹהֵן֙ עַל־כִּסְא֔וֹ[b] [b]וַעֲצַ֣ת שָׁל֔וֹם תִּהְיֶ֖ה בֵּ֥ין שְׁנֵיהֶֽם׃

14 [a]וְהָעֲטָרֹ֗ת[b] תִּֽהְיֶה֙ לְחֵ֣לֶם[c] וּלְטוֹבִיָּ֔ה וְלִידַעְיָ֖ה [d]וּלְחֵ֣ן בֶּן־צְפַנְיָ֑ה[d] ס̄[יח] 14

ז . ז[10] מל ב מנה בליש . ל — 15 לְזִכָּר֖וֹן בְּהֵיכַ֥ל יְהוָֽה׃ 15 [a]וּרְחוֹקִ֣ים ׀ יָבֹ֗אוּ וּבָנוּ֙ בְּהֵיכַ֣ל יְהוָ֔ה [b]וִֽידַעְתֶּ֕ם 15

ו[11] — כִּֽי־יְהוָ֥ה צְבָא֖וֹת שְׁלָחַ֣נִי אֲלֵיכֶ֑ם[b] וְהָיָה֙ אִם־שָׁמ֣וֹעַ תִּשְׁמְע֔וּן בְּק֖וֹל יְהוָ֥ה

אֱלֹהֵיכֶֽם׃ ס

7 1 וַֽיְהִי֙ בִּשְׁנַ֣ת אַרְבַּ֔ע לְדָרְיָ֖וֶשׁ הַמֶּ֑לֶךְ [a]הָיָ֨ה דְבַר־יְהוָ֜ה אֶל־ 7

ג חס[1] . ב חס[2] . כן למדינ[2] — 2 זְכַרְיָ֗ה[a] בְּאַרְבָּעָ֛ה לַחֹ֥דֶשׁ הַתְּשִׁעִ֖י בְּכִסְלֵֽו׃[b] 2 וַיִּשְׁלַח֙ [a]בֵּֽית־אֵ֔ל שַׂר־ 2

כה . ט ר״פ[3] — 3 אֶ֔צֶר[a] [b]וְרֶ֥גֶם מֶ֖לֶךְ[b] וַאֲנָשָׁ֑יו לְחַלּ֖וֹת אֶת־פְּנֵ֥י יְהוָֽה׃ 3 לֵאמֹ֗ר אֶל־ 3

ל — הַכֹּהֲנִים֙ אֲשֶׁ֣ר לְבֵית־יְהוָ֣ה צְבָא֔וֹת וְאֶל־הַנְּבִיאִ֖ים לֵאמֹ֑ר הַאֶבְכֶּה֙

ג חס[4] . ג[5] — בַּחֹ֣דֶשׁ הַחֲמִשִׁ֔י הִנָּזֵ֕ר כַּאֲשֶׁ֣ר עָשִׂ֔יתִי זֶ֖ה כַּמֶּ֥ה שָׁנִֽים[a]׃ פ

כ בטע ר״פ[6] — 4 וַיְהִ֛י דְּבַר־יְהוָ֥ה צְבָא֖וֹת[a] אֵלַ֥י לֵאמֹֽר׃

ב בסיפ[7] — 5 אֱמֹר֙ אֶל־כָּל־עַ֣ם הָאָ֔רֶץ וְאֶל־הַכֹּהֲנִ֖ים לֵאמֹ֑ר

ג מל — כִּֽי־צַמְתֶּ֨ם וְסָפ֜וֹד בַּחֲמִישִׁ֣י וּבַשְּׁבִיעִ֗י

ל . ל — וְזֶה֙ שִׁבְעִ֣ים שָׁנָ֔ה הֲצ֥וֹם צַמְתֻּ֖נִי אָֽנִי׃

ב ר״פ בסיפ וכי וכי[8] — 6 וְכִ֥י תֹאכְל֖וּ וְכִ֣י תִשְׁתּ֑וּ הֲל֤וֹא אַתֶּם֙ הָאֹ֣כְלִ֔ים וְאַתֶּ֖ם הַשֹּׁתִֽים׃

כי — 7 [a]הֲל֣וֹא אֶת־הַדְּבָרִ֗ים אֲשֶׁ֨ר קָרָ֤א יְהוָה֙ בְּיַד֙ הַנְּבִיאִ֣ים הָרִֽאשֹׁנִ֔ים

ח חס[9] — בִּֽהְי֤וֹת יְרֽוּשָׁלִַ֨ם֙ יֹשֶׁ֣בֶת וּשְׁלֵוָ֔ה וְעָרֶ֖יהָ סְבִיבֹתֶ֑יהָ וְהַנֶּ֥גֶב וְהַשְּׁפֵלָ֖ה

ב חס בסיפ — יֹשֵֽׁב׃ פ

8 [a]וַֽיְהִי֙ דְּבַר־יְהוָ֔ה אֶל־זְכַרְיָ֖ה לֵאמֹֽר׃

9 כֹּ֥ה אָמַ֛ר יְהוָ֥ה צְבָא֖וֹת [ab]לֵאמֹ֑ר[a] מִשְׁפַּ֤ט אֱמֶת֙ שְׁפֹ֔טוּ

ל — וְחֶ֣סֶד וְֽרַחֲמִ֔ים עֲשׂ֖וּ אִ֥ישׁ אֶת־אָחִֽיו׃

ה[10] — 10 וְאַלְמָנָ֧ה וְית֛וֹם גֵּ֥ר וְעָנִ֖י אַֽל־תַּעֲשֹׁ֑קוּ

וְרָעַת֙ אִ֣ישׁ אָחִ֔יו אַֽל־תַּחְשְׁב֖וּ בִּלְבַבְכֶֽם׃

[10] Mm 3780. [11] Mm 3155. Cp 7 [1] Mm 2670. [2] Mp sub loco. [3] Mm 3072. [4] Mm 2853. [5] Mm 3156. [6] Mm 1017. [7] Hag 2,12. [8] Mm 3157. [9] Mm 2184. [10] Mm 524.

13 [b–b] prb l וְהָיָה יְהוֹשֻׁעַ כֹּהֵן עַל־יְמִינוֹ cf 𝔊 *καὶ ἔσται ὁ ἱερεὺς ἐκ δεξιῶν αὐτοῦ* || **14** [a] 14 add || [b] 𝔊(𝔖𝔗) *ὁ δὲ στέφανος*, l וְהָעֲטֶרֶת || [c] l חֶלְדַּי cf 𝔖 et 10 || [d–d] l aut וּלְיֹאשִׁיָּה ב׳ צ׳ (cf 𝔖 et 10) aut וּלְבֶן צפניה לְחֵן ו, al add hab || **15** [a] 15 add? || [b–b] prb add || **Cp 7,1** [a–a] add || [b] dl, gl || **2** [a–a] prp בית־אל־שר־אצר (unum nomen) || [b–b] 𝔖 Syh (𝔄) *wrbmg*, frt l וְרַב־מָג et הַמֶּלֶךְ cf 𝔊* *(καὶ Αρβεσεερ ὁ βασιλεύς)* 𝔖 Syh 𝔄; al prp וְרֶגֶם־מֶלֶךְ (unum nomen) || **3** [a] 8,18 sq prb excipit 1–3 || **4** [a] > pc Mss 𝔊*𝔖𝔗 || **7** [a] 7 fragmentum, exc fin v; al l אֵלֶּה pro אֶת־ (cf 𝔊𝔖) et dl 8.9a || **8/9** [a–a] dl? cf 7[a] || [b] > 2 Mss, dl.

10 וָאֹמַ֕ר אֶל־הַמַּלְאָ֖ךְ הַדֹּבֵ֣ר בִּ֑י אָ֛נָּה הֵ֥מָּה מֽוֹלִכ֖וֹת אֶת־הָאֵיפָֽה׃ ו̇[13] חס י ול בליש
11 וַיֹּ֣אמֶר אֵלַ֔י לִבְנֽוֹת־לָ֥הּ בַ֖יִת בְּאֶ֣רֶץ שִׁנְעָ֑ר וְהוּכַ֛ן[a] וְהֻנִּ֥יחָה[b] שָּׁ֖ם עַל־ ג̇ לא מפק ה[14] . ג̇ ב̇ מל וחד חס[15] . ל̇
מְכֻנָתָֽהּ׃ ס

6 1 וָאָשֻׁ֗ב וָאֶשָּׂ֤א עֵינַי֙ וָֽאֶרְאֶ֔ה וְהִנֵּ֨ה אַרְבַּ֤ע מַרְכָּבוֹת֙ יֹֽצְא֔וֹת מִבֵּ֖ין ג̇[1]
2 שְׁנֵ֣י הֶהָרִ֑ים וְהֶהָרִ֖ים הָרֵ֥י נְחֹֽשֶׁת׃ 2 בַּמֶּרְכָּבָ֥ה הָרִאשֹׁנָ֖ה סוּסִ֣ים אֲדֻמִּ֑ים ל̇ . ח̇
3 וּבַמֶּרְכָּבָ֥ה הַשֵּׁנִ֖ית סוּסִ֥ים שְׁחֹרִֽים׃ 3 וּבַמֶּרְכָּבָ֥ה הַשְּׁלִשִׁ֖ית סוּסִ֣ים
4 לְבָנִ֑ים וּבַמֶּרְכָּבָה֙ הָרְבִעִ֔ית סוּסִ֖ים בְּרֻדִּ֥ים אֲמֻצִּֽים[a]׃ 4 וָאַ֙עַן֙ וָֽאֹמַ֔ר ל̇ . ל̇
5 אֶל־הַמַּלְאָ֖ךְ הַדֹּבֵ֣ר בִּ֑י מָה־אֵ֖לֶּה אֲדֹנִֽי׃ 5 וַיַּ֥עַן הַמַּלְאָ֖ךְ וַיֹּ֣אמֶר אֵלָ֑י
אֵ֗לֶּה אַרְבַּע֙ רֻח֣וֹת הַשָּׁמַ֔יִם יוֹצְא֕וֹת מֵהִתְיַצֵּ֖ב עַל־אֲד֥וֹן כָּל־הָאָֽרֶץ׃ ב̇ מל[2] . ב̇
6 אֲשֶׁר־בָּ֞הּ [a]הַסּוּסִ֣ים[a] הַשְּׁחֹרִ֗ים יֹֽצְאִים֙ אֶל־אֶ֣רֶץ צָפ֔וֹן וְהַלְּבָנִ֔ים יָצְא֖וּ
7 [b]אֶל־אַחֲרֵיהֶ֑ם[b] וְהַבְּרֻדִּ֣ים יָצְא֖וּ אֶל־אֶ֥רֶץ הַתֵּימָֽן׃ 7 [a]וְהָאֲמֻצִּ֣ים ג̇ בליש . ל̇
יָצְא֗וּ[a] וַיְבַקְשׁוּ֙ לָלֶ֙כֶת֙ לְהִתְהַלֵּ֣ךְ[b] בָּאָ֔רֶץ וַיֹּ֕אמֶר לְכ֖וּ הִתְהַלְּכ֣וּ בָאָ֑רֶץ י̇ב̇ סביר . ל̇
8 וַתִּתְהַלַּ֖כְנָה בָּאָֽרֶץ׃ 8 וַיַּזְעֵ֣ק אֹתִ֔י וַיְדַבֵּ֥ר אֵלַ֖י לֵאמֹ֑ר רְאֵ֗ה הַיּֽוֹצְאִים֙ ל̇ . ד̇ . ד̇ מל
אֶל־אֶ֣רֶץ צָפ֔וֹן הֵנִ֥יחוּ אֶת־רוּחִ֖י[a] בְּאֶ֥רֶץ צָפֽוֹן׃ ס

9 וַיְהִ֥י דְבַר־יְהוָ֖ה אֵלַ֥י לֵאמֹֽר׃ 10 לָק֙וֹחַ֙ מֵאֵ֣ת[a] הַגּוֹלָ֔ה מֵחֶלְדַּ֕י ד̇[3] . ל̇
וּמֵאֵ֥ת טֽוֹבִיָּ֖ה וּמֵאֵ֣ת יְדַֽעְיָ֑ה [b]וּבָאתָ֤ אַתָּה֙ בַּיּ֣וֹם הַה֔וּא[b] [c]וּבָ֗אתָ בֵּ֤ית[c] ז̇ בטע[4] . ג̇ בטע[5]
11 יֹאשִׁיָּה֙ בֶן־צְפַנְיָ֔ה אֲשֶׁר־בָּ֖אוּ מִבָּבֶֽל׃ 11 וְלָקַחְתָּ֥ כֶסֶף־וְזָהָ֖ב וְעָשִׂ֣יתָ כו̇ פסוק דאית בהון א״ב
12 עֲטָר֑וֹת[a] וְשַׂמְתָּ֗ בְּרֹאשׁ֙ [b]יְהוֹשֻׁ֣עַ בֶּן־יְהוֹצָדָ֔ק הַכֹּהֵ֖ן הַגָּדֽוֹל[b]׃ 12 וְאָמַרְתָּ֤ ל̇ה̇[6]
אֵלָיו֙ לֵאמֹ֔ר כֹּ֤ה אָמַר֙ יְהוָ֣ה צְבָא֔וֹת לֵאמֹ֑ר[a]
הִנֵּה־אִ֞ישׁ[b] צֶ֤מַח שְׁמוֹ֙ וּמִתַּחְתָּ֣יו יִצְמָ֔ח ב̇[7] . ל̇ . ל̇ זקף קמ̇
[c]וּבָנָ֖ה אֶת־הֵיכַ֥ל יְהוָֽה[c]׃ [עַל־כִּסְא֖וֹ
13 וְה֡וּא יִבְנֶה֩ אֶת־הֵיכַ֨ל יְהוָ֜ה [a]וְהֽוּא־יִשָּׂ֣א ה֗וֹד[a] וְיָשַׁ֛ב וּמָשַׁ֥ל ל̇ג̇ ר״פ וחד מן ז̇[8] פסוק והוא והוא . ל̇ז̇ . ג̇[9]

[13] Mm 1871. [14] Mm 3154. [15] Mm 2266. Cp 6 [1] Mm 3151. [2] Mm 3153. [3] Mm 1229. [4] Mm 50. [5] Mm 2016. [6] Mm 2840. [7] Mm 1812. [8] Mm 2017. [9] Mm 3871.

11 [a] var lect ad vb sq? prp וְהֵכִנוּ מְכֻנָה || [b] 𝔊(𝔖^{W}) *καὶ θήσουσιν αὐτό*, l וְהִנִּיחֻהָ || **Cp 6,3** [a] dl, var lect aut gl cf 𝔖 || **6** [a–a] prb add (cf parallelismum) in lacuna (exc equi rufi); l exempli cs (הסוסים) הָאֲדֻמִּים יֹצְאִים אֶל־אֶרֶץ (הַ)קֶּדֶם וְ || [b–b] prb l אֶל־אֶרֶץ הַיָּם || **7** [a–a] var lect ad והברדים יצאו 6b (cf 3[a]), al ins אֶל־אֶרֶץ הַמַּעֲרָב aut הַקֶּדֶם aut הַתֵּימָן || [b] sic L, mlt Mss Edd ־ךְ || **8** [a] l ’רוּחַ י = רוּחַ יְהוָה || **10** [a] prb l מַשְׂאֹת vel מַתְּנֹת || [b–b] prb dl || [c–c] prb l (בית) וּמֵאֵת || **11** [a] l c pc Mss 𝔊^{LC}𝔖𝔗 עֲטֶרֶת cf 14 || [b–b] prb l זְרֻבָּבֶל בֶּן־שְׁאַלְתִּיאֵל || **12** [a] > pc Mss 𝔊𝔖, dl || [b] prb l הָאִישׁ (hpgr) || [c–c] var lect ad 13aα? cf 𝔊𝔖 || **13** [a–a] prb var lect.

ל̇ בסיפ̇ . ל̇ — 10 כִּי מִי בַז לְיוֹם קְטַנּוֹת וְשָׂמְחוּ וְרָאוּ אֶת־הָאֶבֶן הַבְּדִיל[a]
בְּיַד זְרֻבָּבֶל [b]שִׁבְעָה־
ל̇ — אֵלֶּה עֵינֵי יְהוָה הֵמָּה מְשׁוֹטְטִים בְּכָל־הָאָרֶץ׃ 11 וָאַעַן וָאֹמַר אֵלָיו 11
ל̇ . ג̇ ב מל̇ וחד חס̇[8] — מַה־שְּׁנֵי הַזֵּיתִים הָאֵלֶּה[a] עַל־יְמִין הַמְּנוֹרָה וְעַל־שְׂמֹאולָהּ׃ 12 וָאַעַן[a] 12
ל̇ . ל̇ — שֵׁנִית וָאֹמַר אֵלָיו מַה־שְׁתֵּי שִׁבֲּלֵי הַזֵּיתִים [b]אֲשֶׁר בְּיַד שְׁנֵי צַנְתְּרוֹת
ל̇ — הַזָּהָב הַמְרִיקִים מֵעֲלֵיהֶם הַזָּהָב[b]׃ 13 וַיֹּאמֶר אֵלַי לֵאמֹר הֲלוֹא יָדַעְתָּ 13
יא בתור̇ ובנביא — מָה־אֵלֶּה וָאֹמַר לֹא אֲדֹנִי׃ 14 וַיֹּאמֶר אֵלֶּה שְׁנֵי בְנֵי־הַיִּצְהָר הָעֹמְדִים 14
עַל־אֲדוֹן כָּל־הָאָרֶץ׃
ג̇[1] — 5 1 וָאָשׁוּב וָאֶשָּׂא עֵינַי וָאֶרְאֶה וְהִנֵּה מְגִלָּה עָפָה׃ 2 וַיֹּאמֶר אֵלַי 5
ד̇[2] — מָה אַתָּה רֹאֶה וָאֹמַר אֲנִי רֹאֶה מְגִלָּה עָפָה אָרְכָּהּ עֶשְׂרִים בָּאַמָּה
ה̇ מל̇ — וְרָחְבָּהּ עֶשֶׂר בָּאַמָּה׃ 3 וַיֹּאמֶר אֵלַי זֹאת הָאָלָה הַיּוֹצֵאת עַל־פְּנֵי 3
יג̇ פסוק̇ כל כל וכל . ד̇[3] . ד̇[3] — כָל־הָאָרֶץ כִּי כָל־הַגֹּנֵב מִזֶּה[a] כָּמוֹהָ נִקָּה וְכָל־הַנִּשְׁבָּע[b] מִזֶּה[a] כָּמוֹהָ
נִקָּה׃
ל̇ . כו̇ — 4 הוֹצֵאתִיהָ נְאֻם יְהוָה צְבָאוֹת
יא̇[4] ג̇ מנה בסיפ̇ . יא̇[4] ג̇ מנה בסיפ̇ — וּבָאָה אֶל־בֵּית הַגַּנָּב וְאֶל־בֵּית הַנִּשְׁבָּע בִּשְׁמִי לַשָּׁקֶר
ל̇ . ל̇ . ב̇ . ל̇ — וְלָנֶה בְּתוֹךְ בֵּיתוֹ וְכִלַּתּוּ וְאֶת־עֵצָיו וְאֶת־אֲבָנָיו׃
5 וַיֵּצֵא הַמַּלְאָךְ הַדֹּבֵר בִּי וַיֹּאמֶר אֵלַי שָׂא נָא עֵינֶיךָ וּרְאֵה [a]מָה 5
ה̇ מל̇ . ד̇[5] — הַיּוֹצֵאת[a] הַזֹּאת׃ 6 וָאֹמַר מַה־הִיא וַיֹּאמֶר זֹאת [a]הָאֵיפָה הַיּוֹצֵאת[a] 6
ב̇[6] . ב̇ ר״פ בסיפ̇ . ד̇ חס̇ . ג̇[7] . כה — [b]וַיֹּאמֶר זֹאת[b] עֵינָם[c] בְּכָל־הָאָרֶץ׃ 7 וְהִנֵּה כִּכַּר עֹפֶרֶת נִשֵּׂאת וְזֹאת[a] 7
ו̇[8] זקף פת̇ וכל חקה מדה שנה תורה וא ס פ דכות ב מ א — אִשָּׁה אַחַת יוֹשֶׁבֶת בְּתוֹךְ הָאֵיפָה׃ 8 וַיֹּאמֶר זֹאת הָרִשְׁעָה וַיַּשְׁלֵךְ אֹתָהּ 8
ל̇ . ס[9] — אֶל־תּוֹךְ הָאֵיפָה וַיַּשְׁלֵךְ אֶת־אֶבֶן הָעֹפֶרֶת אֶל־פִּיהָ׃ ס 9 וָאֶשָּׂא 9
ג̇[10] . ב̇ מל̇[11] . ה̇[12] — עֵינַי וָאֵרֶא וְהִנֵּה שְׁתַּיִם נָשִׁים יוֹצְאוֹת וְרוּחַ בְּכַנְפֵיהֶם וְלָהֵנָּה כְנָפַיִם
ל̇ . ב̇ — כְּכַנְפֵי הַחֲסִידָה וַתִּשֶּׂאנָה אֶת־הָאֵיפָה בֵּין הָאָרֶץ וּבֵין הַשָּׁמָיִם׃

[8] Mm 3576. Cp 5 [1] Mm 3151. [2] Mm 2960. [3] Mm 588. [4] Mm 324. [5] Mm 908. [6] Mm 2256. [7] Mm 3152. [8] Mm 492. [9] L lectio def contra Mp Sach 5,7, cf Mp sub loco. [10] Mm 1886. [11] Mm 3153. [12] Mm 2769.

10 [a] crrp? sed cf הראשה 7 ‖ [b] abhinc usque ad fin 14 cj c 6aα (cf 6[a]); tr ‸ ad זרבבל ‖ **11** [a] sic L, mlt Mss Edd –לה ‖ **12** [a] 12 add ‖ [b–b] crrp; prp al אשר ביד שני צנתרות הזהב המריקים מעליהם הַיִּצְהָר (pro הזהב²), al ביד שני צנתרות הזהב מְרִיקִים מעליהם אֶת־הַיִּצְהָר לְנֵרוֹת הזהב ‖ **Cp 5,3** [a] prp מִי זֶה ‖ [b] ins (בִּשְׁמִי) לַשֶּׁקֶר cf 4 ‖ **5** [a–a] prb l הָאֵיפָה היוצאת cf 6[a–a] ‖ **6** [a–a] dl (textus emendatus pro 5[a–a]) ‖ [b–b] add ‖ [c] l c Ms 𝔊𝔖 עֲוֹנָם ‖ **7** [a] 𝔊 *καὶ ἰδού.*

וְגַם־אַתָּה֙ תָּדִ֣ין אֶת־בֵּיתִ֔י וְגַ֖ם תִּשְׁמֹ֣ר אֶת־חֲצֵרָ֑י ג̇[7]. ב̇
וְנָתַתִּ֤י לְךָ֙ מַהְלְכִ֔ים[a] בֵּ֥ין הָעֹמְדִ֖ים הָאֵֽלֶּה׃ [לְפָנֶ֗יךָ ל̇. יא בתור ובנביא
8 שְֽׁמַֽע־נָ֞א יְהוֹשֻׁ֣עַ ׀ הַכֹּהֵ֣ן הַגָּד֗וֹל אַתָּה֙ וְרֵעֶ֙יךָ֙ הַיֹּשְׁבִ֣ים ב מל בנביא[8]
כִּֽי־אַנְשֵׁ֥י מוֹפֵ֖ת הֵ֑מָּה[a] כִּֽי־הִנְנִ֥י מֵבִ֛יא אֶת־עַבְדִּ֖י צֶֽמַח׃
9 כִּ֣י ׀ הִנֵּ֣ה הָאֶ֗בֶן אֲשֶׁ֤ר נָתַ֙תִּי֙ [a]לִפְנֵ֣י יְהוֹשֻׁ֔עַ[a] עַל־אֶ֥בֶן אַחַ֖ת
הִנְנִ֧י מְפַתֵּ֣חַ פִּתֻּחָ֗הּ נְאֻם֙ יְהוָ֣ה צְבָא֔וֹת [שִׁבְעָ֣ה עֵינָ֑יִם ל̇. כו̇ [כח
וּמַשְׁתִּ֛י אֶת־עֲוֺ֥ן הָאָֽרֶץ־הַהִ֖יא בְּי֥וֹם אֶחָֽד׃ ל̇
10 [a]בַּיּ֣וֹם הַה֗וּא נְאֻם֙ יְהוָ֣ה צְבָא֔וֹת תִּקְרְא֖וּ אִ֣ישׁ לְרֵעֵ֑הוּ אֶל־ כו̇. ל̇ בסיפ
תַּ֥חַת גֶּ֖פֶן וְאֶל־תַּ֥חַת תְּאֵנָֽה׃

4 1 וַיָּ֕שָׁב הַמַּלְאָ֖ךְ הַדֹּבֵ֣ר בִּ֑י וַיְעִירֵ֕נִי כְּאִ֖ישׁ אֲשֶׁר־יֵע֥וֹר מִשְּׁנָתֽוֹ׃ ל̇. כ̇׳
ס 2 וַיֹּ֣אמֶר אֵלַ֔י מָ֥ה אַתָּ֖ה רֹאֶ֑ה וָיֹּאמַ֡ר[a] רָאִ֣יתִי ׀ וְהִנֵּ֣ה מְנוֹרַת֩ זָהָ֨ב כֻּלָּ֜הּ ואמר ק̇ חד מן ד̇[2] כת כן וקר ב מל
וְגֻלָּ֣הּ[b] עַל־רֹאשָׁ֗הּ וְשִׁבְעָ֤ה נֵרֹתֶ֙יהָ֙[c] עָלֶ֔יהָ שִׁבְעָ֤ה[d] וְשִׁבְעָה֙ מֽוּצָק֔וֹת ל̇. ז̇. ח̇ פסוק דמיין[4]. ל̇
לַנֵּר֖וֹת אֲשֶׁ֥ר עַל־רֹאשָֽׁהּ׃ 3 וּשְׁנַ֥יִם זֵיתִ֖ים עָלֶ֑יהָ אֶחָד֙ [a]מִימִ֣ין הַגֻּלָּ֔ה[a] ז̇. ל̇
4 וְאֶחָ֖ד עַל־שְׂמֹאלָֽהּ׃ 4 וָאַ֙עַן֙ וָֽאֹמַ֔ר אֶל־הַמַּלְאָ֛ךְ הַדֹּבֵ֥ר בִּ֖י לֵאמֹ֑ר ג̇ ב מל וחד חס[5]
5 מָה־אֵ֖לֶּה אֲדֹנִֽי׃ 5 וַ֠יַּעַן הַמַּלְאָ֞ךְ הַדֹּבֵ֣ר בִּ֗י וַיֹּ֣אמֶר אֵלַ֔י הֲל֥וֹא יָדַ֖עְתָּ
6 מָה־הֵ֣מָּה אֵ֑לֶּה וָאֹמַ֖ר לֹ֥א אֲדֹנִֽי׃ 6 וַ֠יַּעַן וַיֹּ֤אמֶר אֵלַי֙ לֵאמֹ֔ר[a]
זֶ֚ה דְּבַר־יְהוָ֔ה אֶל־זְרֻבָּבֶ֖ל לֵאמֹ֑ר
לֹ֤א בְחַ֙יִל֙ וְלֹ֣א בְכֹ֔חַ כִּ֣י אִם־בְּרוּחִ֔י ל̇. ל̇
אָמַ֖ר יְהוָ֥ה צְבָאֽוֹת׃ ז̇[6] וכל מלאכי דכות ב מ ג
7 מִֽי־אַתָּ֧ה [a]הַר־הַגָּד֛וֹל לִפְנֵ֥י זְרֻבָּבֶ֖ל לְמִישֹׁ֑ר
[b]וְהוֹצִיא֙ אֶת־הָאֶ֣בֶן[b] הָרֹאשָׁ֔ה תְּשֻׁא֕וֹת חֵ֥ן חֵ֖ן לָֽהּ׃ פ ל̇. ד̇ כת כן[7]
8 וַיְהִ֥י דְבַר־יְהוָ֖ה אֵלַ֥י לֵאמֹֽר׃
9 יְדֵ֣י זְרֻבָּבֶ֗ל יִסְּד֛וּ הַבַּ֥יִת הַזֶּ֖ה וְיָדָ֣יו תְּבַצַּ֑עְנָה ל̇. ד̇. ל̇
[a]וְיָֽדַעְתָּ֕[b] כִּֽי־יְהוָ֥ה צְבָא֖וֹת שְׁלָחַ֥נִי אֲלֵיכֶֽם׃[a]

[7] Mm 142. [8] Mm 1762. **Cp 4** [1] Mm 1514. [2] Mm 3960. [3] Mp sub loco. [4] Mm 3838. [5] Mm 3576. [6] Mm 2379. [7] Mm 2282.

7 [a] l מַהֲלָכִים ‖ **8** [a] 𝔖 2 pl ‖ **9** [a–a] frt l לְפָנֶיךָ, prp לְפָנָיו ‖ **10** [a] 10 prb add ‖ **Cp 4,2** [a] ℭ mlt Mss Vrs ut Q ‖ [b] l c mlt Mss 𝔊𝔖𝔗 וְגֻלָּה ‖ [c] 𝔊(𝔖) *λύχνοι*, prb l נֵרוֹת ‖ [d] > 𝔊, dl ‖ **3** [a–a] prb l מִימִינָהּ cf 11 ‖ **6** [a] cf 10[b] ‖ **7** [a–a] l אַתָּ הָהָר ‖ [b–b] 𝔊* *καὶ ἐξοίσω τὸν λίθον (τῆς κληρονομίας)*, prp וְהוֹצֵאתִי אבן ‖ **9** [a–a] prb add ‖ [b] l c ℭ pc Mss 𝔖𝔗𝔙 וִידַעְתֶּם (cf אליכם).

12 כִּי כֹה אָמַר יְהוָה צְבָאוֹת [a]אַחַר כָּבוֹד[b] שְׁלָחַנִי[a] אֶל־[c] — ה̇ בטע̇ בסיפ̇[7]. ה̇
הַגּוֹיִם הַשֹּׁלְלִים אֶתְכֶם — ל̇
[d]כִּי הַנֹּגֵעַ בָּכֶם נֹגֵעַ בְּבָבַת עֵינוֹ[de]׃ — ל̇. ט̇[8]
13 כִּי הִנְנִי מֵנִיף אֶת־יָדִי עֲלֵיהֶם וְהָיוּ שָׁלָל לְעַבְדֵיהֶם — ל̇
[a]וִידַעְתֶּם כִּי־יְהוָה צְבָאוֹת שְׁלָחָנִי[a]׃ ס
14 רָנִּי וְשִׂמְחִי בַּת־צִיּוֹן
כִּי הִנְנִי־בָא וְשָׁכַנְתִּי בְתוֹכֵךְ נְאֻם־יְהוָה׃
15 וְנִלְווּ גוֹיִם רַבִּים אֶל־יְהוָה בַּיּוֹם הַהוּא וְהָיוּ לִי[a] לְעָם — ד̇[9]. ב̇[10]
וְשָׁכַנְתִּי[b] בְתוֹכֵךְ[c] וְיָדַעַתְּ כִּי־יְהוָה צְבָאוֹת שְׁלָחַנִי אֵלָיִךְ[c]׃ — ז̇[11]. כט̇
16 וְנָחַל יְהוָה אֶת־יְהוּדָה חֶלְקוֹ עַל אַדְמַת הַקֹּדֶשׁ וּבָחַר — ל̇[12]
עוֹד בִּירוּשָׁלָםִ׃
17 הַס כָּל־בָּשָׂר מִפְּנֵי יְהוָה כִּי נֵעוֹר מִמְּעוֹן קָדְשׁוֹ׃ ס — ל̇

3 1 וַיַּרְאֵנִי אֶת־יְהוֹשֻׁעַ הַכֹּהֵן הַגָּדוֹל עֹמֵד לִפְנֵי מַלְאַךְ יְהוָה **3**
וְהַשָּׂטָן עֹמֵד עַל־יְמִינוֹ לְשִׂטְנוֹ׃ 2 וַיֹּאמֶר יְהוָה[a] אֶל־הַשָּׂטָן יִגְעַר יְהוָה 2 — ל̇[1]. ל̇. ל̇
בְּךָ הַשָּׂטָן וְיִגְעַר יְהוָה בְּךָ הַבֹּחֵר בִּירוּשָׁלָםִ הֲלוֹא זֶה אוּד מֻצָּל מֵאֵשׁ׃ — ל̇. ל̇. יד̇ בטע̇[2]. ב̇[3]
3 וִיהוֹשֻׁעַ הָיָה לָבֻשׁ בְּגָדִים צוֹאִים [a]וְעֹמֵד לִפְנֵי הַמַּלְאָךְ[a]׃ 4 וַיַּעַן 3 4 — ל̇
וַיֹּאמֶר אֶל־הָעֹמְדִים לְפָנָיו לֵאמֹר הָסִירוּ הַבְּגָדִים הַצֹּאִים מֵעָלָיו — י̇א̇ בתור̇ ובנביא̇. ל̇ בסיפ̇
[a]וַיֹּאמֶר אֵלָיו רְאֵה הֶעֱבַרְתִּי מֵעָלֶיךָ עֲוֺנֶךָ[a] [b]וְהַלְבֵּשׁ אֹתְךָ[b] מַחֲלָצוֹת׃ — ל̇
5 [a]וָאֹמַר יָשִׂימוּ[a] צָנִיף טָהוֹר עַל־רֹאשׁוֹ וַיָּשִׂימוּ הַצָּנִיף הַטָּהוֹר עַל־ 5 — ל̇. ל̇ב̇ בנביא̇. ל̇ה̇. ל̇
רֹאשׁוֹ [b]וַיַּלְבִּשֻׁהוּ בְּגָדִים[b] [c]וּמַלְאַךְ יְהוָה עֹמֵד[c]׃ 6 וַיָּעַד מַלְאַךְ יְהוָה 6 — ל̇ב̇ בנביא̇. ד̇[4] חס̇ ול̇ בליש̇. ב̇[5]
בִּיהוֹשֻׁעַ לֵאמֹר׃ 7 כֹּה־אָמַר יְהוָה צְבָאוֹת 7 — ל̇. ב̇ בטע̇ בסיפ̇[6]
אִם־בִּדְרָכַי תֵּלֵךְ וְאִם אֶת־מִשְׁמַרְתִּי תִשְׁמֹר

[7]Mm 3166. [8]Mm 3145. [9]Mm 3146. [10]Mm 2740. [11]Mm 2392. [12]Mm 3147. **Cp 3** [1]Mm 3148. [2]Mm 3948. [3]Mm 3149. [4]Mm 3833. [5]Mm 2146. [6]Mm 3150.

12 a–a crrp; add? prp א׳ כ׳ שְׁלָחַ אֲנִי ‖ b–b prp אֲשֶׁר כְּבֹדוֹ ‖ c = עַל ‖ d–d add? ‖ e Tiq soph pro עֵינִי cf 𝔊^W Tert 𝔙 ‖ **13** a–a prb add ‖ **15** a 𝔊(𝔖) *αὐτῷ*, l לוֹ ‖ b 𝔊(𝔖 3sg) *καὶ κατασκηνώσουσιν*, prb l וְשָׁכְנוּ; al ול׳ בת׳ add hab (> Ms) ‖ c–c prb add ‖ **Cp 3,2** a 𝔖 *ml'kh dmrj'*, l מַלְאַךְ יהוה ‖ **3** a–a frt dl ‖ **4** a–a nonn tr post 5 ‖ b–b 𝔊 *καὶ ἐνδύσατε αὐτόν*, l aut וְהַלְבִּשׁוּ אֹתוֹ aut potius וַיַּלְבִּישׁוּ אֹתוֹ ‖ **5** a–a 𝔙 *Et dixit: Ponite*, prb l וַיֹּאמֶר שִׂימוּ cf 𝔖𝔗; al dl ואמר et l וְשִׂימוּ cf 𝔊 *καὶ ἐπίθετε* ‖ b–b prb dl cf 4 b–b ‖ c–c add?

16 לָכֵ֞ן כֹּֽה־אָמַ֣ר יְהוָ֗ה[a]   ג̇ בטע̇ בסיפ̇ . כ̇[19]
שַׁ֤בְתִּי לִירוּשָׁלִַ֙ם֙ בְּֽרַחֲמִ֔ים בֵּיתִי֙ יִבָּ֣נֶה בָּ֔הּ   ה̇ שובה לירושלם[20]
[b]נְאֻ֖ם יְהוָ֣ה צְבָא֑וֹת[b] וְקָוֶ֥ה יִנָּטֶ֖ה עַל־יְרוּשָׁלִָֽם׃   כו̇ . יקו ק̇
17 ע֣וֹד ׀ קְרָ֣א לֵאמֹ֗ר
כֹּ֤ה אָמַר֙ יְהוָ֣ה צְבָא֔וֹת ע֛וֹד תְּפוּצֶ֥ינָה עָרַ֖י מִטּ֑וֹב   ל̇ כת̇ כן
וְנִחַ֨ם[a] יְהוָ֥ה עוֹד֙ אֶת־צִיּ֔וֹן וּבָחַ֥ר ע֖וֹד בִּירוּשָׁלִָֽם׃ ס   ו̇ פת̇ וכל ישעיה דכות[21]

2 1 וָאֶשָּׂ֥א אֶת־עֵינַ֖י וָאֵ֑רֶא וְהִנֵּ֖ה אַרְבַּ֥ע קְרָנֽוֹת׃ 2 וָאֹמַ֗ר אֶל־   ב̇
הַמַּלְאָ֛ךְ הַדֹּבֵ֥ר בִּ֖י מָה־אֵ֑לֶּה[a] וַיֹּ֣אמֶר אֵלַ֗י אֵ֤לֶּה הַקְּרָנוֹת֙ אֲשֶׁ֣ר זֵר֣וּ   ב̇
3 אֶת־יְהוּדָ֔ה [cb]אֶת־יִשְׂרָאֵ֖ל[c] וִירוּשָׁלִָֽם[bd]׃ ס 3 וַיַּרְאֵ֣נִי יְהוָ֔ה אַרְבָּעָ֖ה   כו̇ פסוק את את ומילה חדה ביניה̇ יט̇ מנה̇ בנביא
4 חָרָשִֽׁים׃ 4 וָאֹמַ֕ר מָ֛ה אֵ֥לֶּה בָאִ֖ים לַעֲשׂ֑וֹת וַיֹּ֣אמֶר לֵאמֹ֗ר אֵ֣לֶּה [a]הַקְּרָנ֞וֹת
אֲשֶׁר־זֵ֣רוּ אֶת־יְהוּדָ֗ה כְּפִי־אִישׁ֙ לֹא־נָשָׂ֣א רֹאשׁ֔וֹ[a] [b]וַיָּבֹ֣אוּ אֵ֗לֶּה[b]   ב̇ . ל̇ב̇ בנביא
[c]לְהַחֲרִ֣יד אֹתָ֔ם[c] לְיַדּ֞וֹת אֶת־קַֽרְנ֣וֹת הַגּוֹיִ֗ם הַנֹּשְׂאִ֥ים קֶ֛רֶן אֶל־אֶ֥רֶץ   ל̇
יְהוּדָ֖ה לְזָרוֹתָֽהּ׃ ס   ל̇
5 וָאֶשָּׂ֥א עֵינַ֛י וָאֵ֖רֶא וְהִנֵּה־אִ֑ישׁ וּבְיָד֖וֹ חֶ֥בֶל מִדָּֽה׃ 6 וָאֹמַ֕ר[a] אָ֖נָה
אַתָּ֣ה[b] הֹלֵ֑ךְ וַיֹּ֣אמֶר אֵלַ֗י לָמֹד֙ אֶת־יְר֣וּשָׁלִַ֔ם לִרְא֥וֹת כַּמָּה־רָחְבָּ֖הּ   ב̇ בתרי לישנ̇[1]
7 וְכַמָּ֥ה אָרְכָּֽהּ׃ 7 וְהִנֵּ֗ה הַמַּלְאָ֛ךְ הַדֹּבֵ֥ר בִּ֖י יֹצֵ֑א[a] וּמַלְאָ֣ךְ אַחֵ֔ר יֹצֵ֖א   ב̇ ר״פ בסיפ̇
8 לִקְרָאתֽוֹ׃ 8 וַיֹּ֣אמֶר אֵלָ֔ו רֻ֕ץ דַּבֵּ֛ר אֶל־הַנַּ֥עַר הַלָּ֖ז לֵאמֹ֑ר   אליו[2] ק̇ חד מן ג̇ כת̇ כן בליש̇ . ב̇ חס̇[3]
פְּרָזוֹת֙ תֵּשֵׁ֣ב יְרוּשָׁלִַ֔ם מֵרֹ֥ב אָדָ֛ם וּבְהֵמָ֖ה בְּתוֹכָֽהּ׃   ג̇[4]
9 וַאֲנִ֤י אֶֽהְיֶה־לָּהּ֙ [a]נְאֻם־יְהוָ֔ה[a] ח֥וֹמַת אֵ֖שׁ סָבִ֑יב   ס̇ז̇ ר״פ
וּלְכָב֖וֹד אֶהְיֶ֥ה בְתוֹכָֽהּ׃ פ   ל̇ בסיפ̇
10 ה֣וֹי ה֗וֹי וְנֻ֛סוּ מֵאֶ֥רֶץ צָפ֖וֹן נְאֻם־יְהוָ֑ה
[a]כִּ֞י כְּאַרְבַּ֨ע רוּח֧וֹת הַשָּׁמַ֛יִם פֵּרַ֥שְׂתִּי[b] אֶתְכֶ֖ם נְאֻם־יְהוָֽה[a]׃   ד̇[5] . ג̇[6]
11 ה֥וֹי צִיּ֖וֹן [a]הִמָּלְטִ֑י יוֹשֶׁ֖בֶת בַּת־[a]בָּבֶֽל׃ ס

[19] Mm 2168. [20] Mm 3963. [21] Mm 1775. **Cp 2** [1] Mm 2527. [2] Q addidi, cf Mp sub loco. [3] Mm 1645. [4] Mm 2947. [5] Mm 3144. [6] Mm 3434.

16 [a] Ms S + צבאות ‖ [b–b] > 2 Mss, dl vel potius tr ad fin ‖ **17** [a] 𝔊 *καὶ ἐλεήσει* = וְרִחַם? ‖ **Cp 2,2** [a] 𝔊(S) + *κύριε* cf 1,9 ‖ [b–b] var lect an tot dl? cf fin 4 ‖ [c–c] > Ms 𝔊*, dl? ‖ [d] sic L, mlt Mss Edd –ִָם; > Ms ‖ **4** [a–a] crrp, ortum ex 2b cf 𝔊, dl (dttg) ‖ [b–b] prb l בָּאוּ ‖ [c–c] var lect vel gl ad vb sqq ‖ **6** [a] 𝔊(S) + *πρὸς αὐτόν* ‖ [b] frt l זֶה vel הוּא ‖ **7** [a] 𝔊 *εἱστήκει*, frt l עֹמֵד ‖ **9** [a–a] dl m cs? ‖ **10** [a–a] add ‖ [b] 𝔊 *συνάξω* = כָּנַשְׂתִּי? ‖ **11** [a–a] frt l (בַּת) הִמָּלְטוּ יוֹשְׁבֵי אֶת cf 𝔊.

4 אַל־תִּהְי֣וּ כַאֲבֹתֵיכֶ֗ם אֲשֶׁ֣ר קָרְאֽוּ־אֲלֵיהֶם֩ הַנְּבִיאִ֨ים הָרִאשֹׁנִ֜ים לֵאמֹ֗ר 4 — כ׳
כֹּ֤ה אָמַר֙ יְהוָ֣ה צְבָא֔וֹת שׁ֤וּבוּ נָא֙ מִדַּרְכֵיכֶ֣ם הָֽרָעִ֔ים וּמַעַלְלֵיכֶ֖ם[a] — ומעלליכם ק
הָרָעִ֑ים וְלֹ֥א שָׁמְע֛וּ וְלֹא־הִקְשִׁ֥יבוּ אֵלַ֖י נְאֻם־יְהוָֽה׃ — ז[6] מל ג מנה בסיפ וכל יהושע שפטים מלכים ירמיה יחזק וכתיב דכות ב מ ח . ל חס בסיפ . ז[7]
5 אֲבוֹתֵיכֶ֖ם אַיֵּה־הֵ֑ם וְהַנְּבִאִ֔ים הַלְעוֹלָ֖ם יִחְיֽוּ׃
6 אַ֣ךְ ׀ דְּבָרַ֣י וְחֻקַּ֗י אֲשֶׁ֤ר צִוִּ֙יתִי֙ אֶת־עֲבָדַ֣י הַנְּבִיאִ֔ים — ב[8]
הֲל֥וֹא הִשִּׂ֖יגוּ אֲבֹתֵיכֶ֑ם[a]
וַיָּשׁ֣וּבוּ וַיֹּאמְר֗וּ כַּאֲשֶׁ֣ר זָמַם֩ יְהוָ֨ה צְבָא֜וֹת לַעֲשׂ֣וֹת לָ֗נוּ כִּדְרָכֵ֙ינוּ֙ — ו מל בנביא
וּכְמַ֣עֲלָלֵ֔ינוּ כֵּ֖ן עָשָׂ֥ה אִתָּֽנוּ׃ ס

7 בְּיוֹם֩ עֶשְׂרִ֨ים וְאַרְבָּעָ֜ה לְעַשְׁתֵּֽי־עָשָׂ֥ר חֹ֙דֶשׁ֙ [a]ה֣וּא־חֹ֣דֶשׁ שְׁבָ֔ט[a] 7 — ל
בִּשְׁנַ֥ת שְׁתַּ֖יִם לְדָרְיָ֑וֶשׁ הָיָ֣ה דְבַר־יְהוָ֗ה אֶל־זְכַרְיָה֙ [b]בֶּן־בֶּ֣רֶכְיָ֔הוּ[b] בֶּן־ — ד
עִדּ֥וֹא הַנָּבִ֖יא לֵאמֹֽר׃ 8 רָאִ֣יתִי ׀ הַלַּ֗יְלָה וְהִנֵּה־אִישׁ֙ רֹכֵב֙ עַל־ס֣וּס 8 — ל מל בסיפ וכל עזרא דכות[9]
אָדֹ֔ם וְה֣וּא עֹמֵ֔ד בֵּ֥ין הַהֲדַסִּ֖ים[a] [b]אֲשֶׁ֣ר בַּמְּצֻלָ֑ה[b] וְאַחֲרָיו֙ סוּסִ֣ים אֲדֻמִּ֔ים[c] — ד . ל וחס
שְׂרֻקִּ֖ים[d] וּלְבָנִֽים׃ 9 וָאֹמַ֖ר מָה־אֵ֣לֶּה אֲדֹנִ֑י [a]וַיֹּ֣אמֶר אֵלַ֗י הַמַּלְאָךְ֙ 9
הַדֹּבֵ֣ר בִּ֔י אֲנִ֥י אַרְאֶ֖ךָּ מָה־הֵ֥מָּה אֵֽלֶּה[a]׃ 10 וַיַּ֗עַן [a]הָאִ֛ישׁ הָעֹמֵ֥ד בֵּין־ 10 — ב[10]
הַהֲדַסִּ֖ים[a] וַיֹּאמַ֑ר אֵ֚לֶּה אֲשֶׁ֣ר שָׁלַ֣ח יְהוָ֔ה לְהִתְהַלֵּ֖ךְ בָּאָֽרֶץ׃ 11 וַיַּעֲנ֞וּ[a] 11 — צא
[b]אֶת־מַלְאַ֣ךְ יְהוָ֗ה הָעֹמֵד֙ בֵּ֣ין הַהֲדַסִּ֔ים[b] וַיֹּאמְר֖וּ[a] הִתְהַלַּ֣כְנוּ בָאָ֑רֶץ
וְהִנֵּ֥ה כָל־הָאָ֖רֶץ יֹשֶׁ֥בֶת וְשֹׁקָֽטֶת׃ 12 וַיַּ֣עַן [a]מַלְאַךְ־יְהוָה֮[a] וַיֹּאמַר֒ יְהוָ֣ה 12 — ה[11] . ח חס[12] . צא
צְבָא֔וֹת עַד־מָתַ֗י אַתָּה֙ לֹֽא־תְרַחֵ֣ם אֶת־יְרוּשָׁלִַ֔ם וְאֵ֖ת עָרֵ֣י יְהוּדָ֑ה אֲשֶׁ֣ר — ז[13]
זָעַ֔מְתָּה זֶ֖ה שִׁבְעִ֥ים שָׁנָֽה׃ 13 וַיַּ֣עַן יְהוָ֗ה אֶת־הַמַּלְאָךְ֙ הַדֹּבֵ֣ר בִּ֔י דְּבָרִ֥ים 13 — ל מל[14]
טוֹבִ֖ים דְּבָרִ֥ים נִחֻמִֽים׃ 14 וַיֹּ֣אמֶר אֵלַ֗י הַמַּלְאָךְ֙ הַדֹּבֵ֣ר בִּ֔י קְרָ֣א לֵאמֹ֔ר 14 — ב וחס ר[15]
כֹּ֥ה אָמַ֖ר יְהוָ֣ה צְבָא֑וֹת
קִנֵּ֧אתִי לִירוּשָׁלִַ֛ם וּלְצִיּ֖וֹן[a] קִנְאָ֥ה גְדוֹלָֽה׃ — ב[16]
15 וְקֶ֤צֶף גָּדוֹל֙ אֲנִ֣י קֹצֵ֔ף עַל־הַגּוֹיִ֖ם הַשַּׁאֲנַנִּ֑ים — ה[17] . ג
אֲשֶׁ֤ר אֲנִי֙ קָצַ֣פְתִּי מְּעָ֔ט וְהֵ֖מָּה עָזְר֥וּ לְרָעָֽה׃ — ז קמ וכל אתנח וס״פ דכות[18]

[6] Mm 1586. [7] Mm 1294. [8] Mm 3142. [9] Mm 3143. [10] Mm 80. [11] Mm 1825. [12] Mm 2184. [13] Mm 1936. [14] Mm 1713. [15] Mm 2419. [16] Mm 3346. [17] Mm 2453. [18] Mm 1208.

4 [a] frt l c mlt Mss וּמִמַּעַלְלֵיכֶם (hpgr cf 𝔊𝔖𝔗[f Edd]𝔙) ‖ **6** [a] l אֶתְכֶם ‖ **7** [a–a] frt add ‖ [b–b] cf 1[b–b] ‖ **8** [a] 𝔊 τῶν ὀρέων = הֶהָרִים id 10.11, 1 𝔐 ‖ [b–b] 𝔊(𝔖) τῶν κατασκίων = אֲשֶׁר בַּמְּצִלָּה, 1 𝔐 ‖ [c] 𝔊* + καὶ ψαροί = וַאֲמֻצִּים (cf 6,3.7) an ortum ex πυρροί? ‖ [d] prb ins שְׁחֹרִים ‖ **9** [a–a] cf 10[a–a] ‖ **10** [a–a] frt add (gl), al 9b add hab ‖ **11** [a] prp sg ‖ [b–b] prb add, gl; prp הָאִישׁ cf [a] ‖ **12** [a–a] prb add, gl ‖ **14** [a] prb dl m cs, var lect.

18 שִׂימוּ־נָא לְבַבְכֶם מִן־הַיּוֹם הַזֶּה וָמָעְלָה [שִׂימוּ לְבַבְכֶם[b]׃ יו ויו
[a]מִיּוֹם עֶשְׂרִים וְאַרְבָּעָה לַתְּשִׁיעִי[a] [b]לְמִן־הַיּוֹם אֲשֶׁר־יֻסַּד הֵיכַל־יְהוָה ח[10]. ד[11]
19 הַעוֹד הַזֶּרַע[a] בַּמְּגוּרָה [b]וְעַד־הַגֶּפֶן וְהַתְּאֵנָה וְהָרִמּוֹן[b] וְעֵץ הַזַּיִת ב
מִן־הַיּוֹם הַזֶּה אֲבָרֵךְ׃ ס [לֹא נָשָׂא

20 וַיְהִי דְבַר־יְהוָה ׀ שֵׁנִית אֶל־חַגַּי בְּעֶשְׂרִים וְאַרְבָּעָה לַחֹדֶשׁ
לֵאמֹר׃ 21 אֱמֹר אֶל־זְרֻבָּבֶל פַּחַת־יְהוּדָה לֵאמֹר יא זוגין בטע[12]
אֲנִי מַרְעִישׁ אֶת־הַשָּׁמַיִם וְאֶת־הָאָרֶץ[a]׃ ל. יג[13]
22 וְהָפַכְתִּי כִּסֵּא מַמְלָכוֹת וְהִשְׁמַדְתִּי חֹזֶק מַמְלְכוֹת[a] הַגּוֹיִם
וְהָפַכְתִּי מֶרְכָּבָה וְרֹכְבֶיהָ וְיָרְדוּ סוּסִים וְרֹכְבֵיהֶם [b]אִישׁ ז[14]
[בְּחֶרֶב אָחִיו[b]׃ ח[15]
23 בַּיּוֹם הַהוּא [a]נְאֻם־יְהוָה צְבָאוֹת[a] אֶקָּחֲךָ זְרֻבָּבֶל[a] בֶּן־ כו ס̄ יו[10]
[שְׁאַלְתִּיאֵל[a] עַבְדִּי [a]נְאֻם־יְהוָה[a] ג וכל עזרא דכות[16]
וְשַׂמְתִּיךָ כַּחוֹתָם כִּי־בְךָ בָחַרְתִּי ג[17]
נְאֻם יְהוָה צְבָאוֹת׃ כו

סכום הפסוקים
שלשים ושמונה

SACHARIA זכריה

1 1 [a]בַּחֹדֶשׁ הַשְּׁמִינִי בִּשְׁנַת שְׁתַּיִם לְדָרְיָוֶשׁ הָיָה דְבַר־יְהוָה אֶל־ ז ר״פ[1]
2 זְכַרְיָה [b]בֶּן־בֶּרֶכְיָה[b] בֶּן־עִדּוֹ הַנָּבִיא לֵאמֹר׃ 2 קָצַף יְהוָה עַל־ ז[2] מל ג מנה בסיפ וכל יהושע שפטים מלכים ירמיה יחזק וכתיב דכות ב מ ח. ג[3]. כט חס בנביא[4]. ז[5] וכל מלאכי דכות ב מ ג
3 אֲבוֹתֵיכֶם קָצֶף[a]׃ 3 וְאָמַרְתָּ אֲלֵהֶם כֹּה אָמַר יְהוָה צְבָאוֹת
שׁוּבוּ אֵלַי [a]נְאֻם יְהוָה צְבָאוֹת[a] כו
וְאָשׁוּב אֲלֵיכֶם אָמַר יְהוָה צְבָאוֹת[b]׃ ל

[10] Mp sub loco. [11] Mm 1905. [12] Mm 915. [13] Mm 3139. [14] Mm 3140. [15] Mm 2903. [16] Mm 3136. [17] Mm 3141.
Cp 1 [1] Mm 791. [2] Mm 1586. [3] Mm 2566. [4] Mm 1954. [5] Mm 2379.

18 a–a add, gl ‖ b–b add ‖ **19** a prb l מְגֹרָע deminutio, al ins נִגְרַע ‖ b–b add? ‖ **21** a 𝔊-V + *καὶ τὴν θάλασσαν καὶ τὴν ξηράν* cf 6 ‖ **22** a prb dl, var lect ‖ b–b frt gl ‖ **23** a–a add?

Cp 1,1 a exc dies mensis? cf 𝔖 ‖ b–b add? cf Esr 5,1 6,14 et 𝔊 *Ζαχαρίαν τὸν τοῦ Βαραχίου υἱὸν Αδδω* ‖ **2** a 𝔊(𝔖W) + *μεγάλην*; exc nonn vb ‖ **3** a–a > 𝔊* ‖ b > 𝔊*.

וַאֲנִ֗י מַרְעִישׁ֙ אֶת־הַשָּׁמַ֣יִם וְאֶת־הָאָ֔רֶץ וְאֶת־[b]הַיָּ֖ם וְאֶת־הֶחָרָבָֽה׃ ל. יג[2]. ה[3]

7 וְהִרְעַשְׁתִּי֙ אֶת־כָּל־הַגּוֹיִ֔ם וּבָ֖אוּ חֶמְדַּ֣ת[a] כָּל־הַגּוֹיִ֑ם ד

וּמִלֵּאתִ֞י אֶת־הַבַּ֤יִת הַזֶּה֙ כָּב֔וֹד אָמַ֖ר יְהוָ֥ה צְבָאֽוֹת׃ ד[4]. ז[5] וכל מלאכי דכות ב מ ג

8 לִ֥י הַכֶּ֖סֶף וְלִ֣י הַזָּהָ֑ב נְאֻ֖ם יְהוָ֥ה צְבָאֽוֹת׃ ב ר״פ לי ולי[6]. ח[7]. כו

9 גָּד֣וֹל יִֽהְיֶ֡ה כְּבוֹד֩ הַבַּ֨יִת הַזֶּ֤ה הָאַחֲרוֹן֙ מִן־הָ֣רִאשׁ֔וֹן אָמַ֖ר יְהוָ֣ה צְבָא֑וֹת סד. ז[5] וכל מלאכי דכות ב מ ג

וּבַמָּק֤וֹם הַזֶּה֙ אֶתֵּ֣ן שָׁל֔וֹם נְאֻ֖ם יְהוָ֥ה צְבָאֽוֹת[a]׃ פ ל. כו

10 בְּעֶשְׂרִ֤ים וְאַרְבָּעָה֙ לַתְּשִׁיעִ֔י בִּשְׁנַ֥ת שְׁתַּ֖יִם לְדָרְיָ֑וֶשׁ הָיָה֙ דְּבַר־

יְהוָ֔ה אֶל־חַגַּ֥י הַנָּבִ֖יא לֵאמֹֽר׃ 11 כֹּ֥ה אָמַ֖ר יְהוָ֣ה צְבָא֑וֹת שְׁאַל־נָ֧א ה

אֶת־הַכֹּהֲנִ֛ים תּוֹרָ֖ה לֵאמֹֽר׃ 12 הֵ֣ן ׀ יִשָּׂא־אִ֨ישׁ בְּשַׂר־קֹ֜דֶשׁ בִּכְנַ֣ף בִּגְד֗וֹ לז

וְנָגַ֣ע בִּ֠כְנָפוֹ אֶל־הַלֶּ֨חֶם וְאֶל־הַנָּזִ֜יד וְאֶל־הַיַּ֧יִן וְאֶל־שֶׁ֛מֶן וְאֶל־כָּל־ ג פסוק אל ואל ואל ואל[8]. ב בסיפ[9]

מַאֲכָ֖ל הֲיִקְדָּ֑שׁ וַיַּעֲנ֧וּ הַכֹּהֲנִ֛ים וַיֹּאמְר֖וּ לֹֽא׃ 13 וַיֹּ֣אמֶר חַגַּ֔י אִם־יִגַּ֧ע ל

טְמֵא־נֶ֛פֶשׁ בְּכָל־אֵ֖לֶּה הֲיִטְמָ֑א וַיַּעֲנ֧וּ הַכֹּהֲנִ֛ים וַיֹּאמְר֖וּ יִטְמָֽא׃ 14 וַיַּ֨עַן ד. ל

חַגַּ֜י וַיֹּ֗אמֶר

כֵּ֣ן הָֽעָם־הַ֠זֶּה וְכֵן־הַגּ֨וֹי הַזֶּ֤ה לְפָנַי֙ נְאֻם־יְהוָ֔ה

וְכֵ֖ן כָּל־מַעֲשֵׂ֣ה יְדֵיהֶ֑ם וַאֲשֶׁ֥ר יַקְרִ֛יבוּ שָׁ֖ם טָמֵ֥א הֽוּא[a]׃ ל

15 [a]וְעַתָּה֙

שִׂימוּ־נָ֣א לְבַבְכֶ֔ם מִן־הַיּ֥וֹם הַזֶּ֖ה וָמָ֑עְלָה י

מִטֶּ֧רֶם שֽׂוּם־אֶ֛בֶן אֶל־אֶ֖בֶן בְּהֵיכַ֥ל יְהוָֽה׃ 16 מִהְיוֹתָ֣ם[a] ל. ל. ל

בָּא֙[b] אֶל־עֲרֵמַ֣ת עֶשְׂרִ֔ים וְהָיְתָ֖ה עֲשָׂרָ֑ה

בָּ֣א[b] אֶל־הַיֶּ֗קֶב לַחְשֹׂף֙[c] חֲמִשִּׁ֣ים פּוּרָ֔ה[d] וְהָיְתָ֖ה עֶשְׂרִֽים׃ ג וחד כת א

17 [a]הִכֵּ֨יתִי אֶתְכֶ֜ם בַּשִּׁדָּפ֤וֹן וּבַיֵּרָקוֹן֙ וּבַבָּרָ֔ד אֵ֖ת כָּל־מַעֲשֵׂ֣ה יְדֵיכֶ֑ם

[b]וְאֵין־אֶתְכֶ֥ם[b] אֵלַ֖י נְאֻם־יְהוָֽה׃ ל

[2] Mm 3139. [3] Mm 1913. [4] Mm 1867. [5] Mm 2379. [6] Mm 3299. [7] Mm 1485. [8] Mm 2612. [9] Sach 7,5.

6 [b] 𝔆[2] pc Mss את ‖ **7** [a] l חֲמֻדֹת cf 𝔊 ‖ **9** [a] 𝔊 + *καὶ εἰρήνην ψυχῆς εἰς περιποίησιν παντὶ τῷ κτίζοντι τοῦ ἀναστῆσαι τὸν ναὸν τοῦτον* ‖ **14** [a] 𝔊 + *ἕνεκεν τῶν λημμάτων αὐτῶν τῶν ὀρθρινῶν, ὀδυνηθήσονται ἀπὸ προσώπου πόνων αὐτῶν· καὶ ἐμισεῖτε ἐν πύλαις ἐλέγχοντας* cf Am 5,10 ‖ **15** [a] tr 15–19 post 1,15a ‖ **16** [a] 𝔊 *τίνες ἦτε*, l מַה־הֱיִיתֶם et cj c 15 ‖ [b] prb l בֹּא cf 1,6.9 ‖ [c] add? cf a ‖ [d] var lect ad היקב ‖ **17** [a] 17 add cf Am 4,9 ‖ [b–b] 𝔊(𝔖) *καὶ οὐκ ἐπεστρέψατε*, prb l וְלֹא שַׁבְתֶּם cf 𝔗𝔙.

12 וַיִּשְׁמַע זְרֻבָּבֶל ׀ בֶּן־שַׁלְתִּיאֵל וִיהוֹשֻׁעַ בֶּן־יְהוֹצָדָק הַכֹּהֵן הַגָּדוֹל
וְכֹל ׀ שְׁאֵרִית הָעָם בְּקוֹל יְהוָה אֱלֹהֵיהֶם וְעַל־דִּבְרֵי חַגַּי הַנָּבִיא כַּאֲשֶׁר ג[10]. ל[11] וכל ד״ה דכות ב מ א
שְׁלָחוֹ יְהוָה אֱלֹהֵיהֶם[a] וַיִּירְאוּ הָעָם מִפְּנֵי יְהוָה׃ 13 וַיֹּאמֶר חַגַּי [a]מַלְאַךְ
יְהוָה בְּמַלְאֲכוּת יְהוָה[a] לָעָם לֵאמֹר אֲנִי אִתְּכֶם נְאֻם־יְהוָה׃ 14 וַיָּעַר יז מפק א[12]. ג[13]
יְהוָה אֶת־רוּחַ זְרֻבָּבֶל בֶּן־שַׁלְתִּיאֵל פַּחַת יְהוּדָה וְאֶת־רוּחַ יְהוֹשֻׁעַ בֶּן־ ד
יְהוֹצָדָק הַכֹּהֵן הַגָּדוֹל וְאֶת־רוּחַ כֹּל שְׁאֵרִית הָעָם וַיָּבֹאוּ וַיַּעֲשׂוּ מְלָאכָה ד
בְּבֵית־יְהוָה צְבָאוֹת אֱלֹהֵיהֶם׃ פ לט

15 בְּיוֹם עֶשְׂרִים וְאַרְבָּעָה לַחֹדֶשׁ בַּשִּׁשִּׁי[a]

2 בִּשְׁנַת שְׁתַּיִם לְדָרְיָוֶשׁ הַמֶּלֶךְ׃ **2** 1 בַּשְּׁבִיעִי בְּעֶשְׂרִים וְאֶחָד
לַחֹדֶשׁ הָיָה דְּבַר־יְהוָה בְּיַד־[a]חַגַּי הַנָּבִיא לֵאמֹר׃ 2 אֱמָר־נָא אֶל־ יא זוגין בטע[1]
זְרֻבָּבֶל בֶּן־שַׁלְתִּיאֵל פַּחַת יְהוּדָה וְאֶל־יְהוֹשֻׁעַ בֶּן־יְהוֹצָדָק הַכֹּהֵן
הַגָּדוֹל וְאֶל־[a]שְׁאֵרִית הָעָם לֵאמֹר׃

3 מִי בָכֶם הַנִּשְׁאָר
אֲשֶׁר רָאָה אֶת־הַבַּיִת הַזֶּה בִּכְבוֹדוֹ הָרִאשׁוֹן סד
וּמָה אַתֶּם רֹאִים אֹתוֹ עַתָּה ל
הֲלוֹא כָמֹהוּ כְּאַיִן בְּעֵינֵיכֶם׃ יח
4 וְעַתָּה חֲזַק זְרֻבָּבֶל ׀ [a]נְאֻם־יְהוָה[a]
וַחֲזַק יְהוֹשֻׁעַ [b]בֶּן־יְהוֹצָדָק הַכֹּהֵן הַגָּדוֹל
וַחֲזַק כָּל־עַם הָאָרֶץ נְאֻם־יְהוָה[b]
וַעֲשׂוּ כִּי־אֲנִי אִתְּכֶם נְאֻם יְהוָה צְבָאוֹת[c]׃ כו
5 [a][b]אֶת־הַדָּבָר[b] אֲשֶׁר־כָּרַתִּי אִתְּכֶם בְּצֵאתְכֶם מִמִּצְרַיִם[a]
וְרוּחִי עֹמֶדֶת בְּתוֹכְכֶם אַל־תִּירָאוּ׃ ס
6 כִּי כֹה אָמַר יְהוָה צְבָאוֹת [a]עוֹד אַחַת מְעַט הִיא[a]

[10] Mm 2684. [11] Mm 1718. [12] Mm 411. [13] Mm 4031. Cp 2 [1] Mm 915.

12 [a] 𝔊* *πρὸς αὐτούς* = אֲלֵיהֶם, pc Mss 𝔊-WV𝔖𝔗f𝔙 + אֲלֵיהֶם ‖ **13** [a–a] var lect ad vb sqq? 𝔊* *ἄγγελος κυρίου* ‖ **15** [a] huc ins 2,15–19 ‖ **Cp 2,1** [a] Mur אל ‖ **2** [a] 𝔊(𝔖) + *πάντας* ‖ **4** [a–a] add? ‖ [b–b] add? ‖ [c] add? ‖ **5** [a–a] > 𝔊*, add ‖ [b–b] prb l זֹאת הַבְּרִית, al dl את = (צב)אות ‖ **6** [a–a] 𝔊 *ἔτι ἅπαξ*, 𝔖 *twb ḥd' zbn*, l 𝔐.

HAGGAI חגי

1 1 בִּשְׁנַת שְׁתַּיִם לְדָרְיָוֶשׁ הַמֶּלֶךְ בַּחֹדֶשׁ הַשִּׁשִּׁי בְּיוֹם אֶחָד לַחֹדֶשׁ ג[1]
הָיָה דְבַר־יְהוָה בְּיַד־חַגַּי הַנָּבִיא[a] אֶל־זְרֻבָּבֶל בֶּן־שְׁאַלְתִּיאֵל פַּחַת ג וכל עזרא דכות[2]
יְהוּדָה וְאֶל־יְהוֹשֻׁעַ בֶּן־יְהוֹצָדָק הַכֹּהֵן הַגָּדוֹל לֵאמֹר׃ 2 כֹּה אָמַר
יְהוָה צְבָאוֹת לֵאמֹר הָעָם הַזֶּה אָמְרוּ לֹא [a]עֶת־בֹּא[a] עֶת־בֵּית יְהוָה
לְהִבָּנוֹת׃ פ 3 וַיְהִי דְּבַר־יְהוָה בְּיַד־חַגַּי הַנָּבִיא לֵאמֹר׃ ב

4 הַעֵת לָכֶם אַתֶּם לָשֶׁבֶת בְּבָתֵּיכֶם[a] סְפוּנִים ב פת[3]. ל
וְהַבַּיִת הַזֶּה חָרֵב׃
5 וְעַתָּה כֹּה אָמַר יְהוָה צְבָאוֹת
שִׂימוּ לְבַבְכֶם עַל־דַּרְכֵיכֶם׃ יו
6 זְרַעְתֶּם הַרְבֵּה וְהָבֵא מְעָט אָכוֹל וְאֵין־לְשָׂבְעָה ל ר״פ . ז קמ וכל אתנח וס״פ דכות[4]. י מל . ג פסוק ואין ואין ואין . ד
שָׁתוֹ וְאֵין־לְשָׁכְרָה לָבוֹשׁ וְאֵין־לְחֹם לוֹ ל . ל
וְהַמִּשְׂתַּכֵּר מִשְׂתַּכֵּר[a] אֶל־צְרוֹר נָקוּב׃ פ ל . ל
7 כֹּה אָמַר יְהוָה צְבָאוֹת
[a]שִׂימוּ לְבַבְכֶם עַל־דַּרְכֵיכֶם׃[a] יו
8 עֲלוּ הָהָר וַהֲבֵאתֶם עֵץ וּבְנוּ הַבָּיִת
וְאֶרְצֶה־בּוֹ וְאֶכָּבְדָ אָמַר יְהוָה׃ ואכבדה ק . כ ס״פ[5]
9 פָּנֹה אֶל־הַרְבֵּה וְהִנֵּה[a] לִמְעָט וַהֲבֵאתֶם הַבַּיִת וְנָפַחְתִּי בוֹ ז[4] קמ ב מנה זקף וכל אתנח וס״פ דכות . ב בתרי לישנ[6]
יַעַן מֶה נְאֻם יְהוָה צְבָאוֹת כד[7]. כו
יַעַן בֵּיתִי אֲשֶׁר־הוּא חָרֵב וְאַתֶּם רָצִים אִישׁ לְבֵיתוֹ׃
10 עַל־כֵּן עֲלֵיכֶם[a] כָּלְאוּ שָׁמַיִם[b] מִטָּל[c] וְהָאָרֶץ כָּלְאָה יְבוּלָהּ׃ ג . ל
11 וָאֶקְרָא חֹרֶב עַל־הָאָרֶץ וְעַל־הֶהָרִים וְעַל־הַדָּגָן יו בליש
וְעַל־הַתִּירוֹשׁ [a]וְעַל־הַיִּצְהָר[a] וְעַל[b] אֲשֶׁר תּוֹצִיא הָאֲדָמָה ד[8]
וְעַל־הָאָדָם וְעַל־הַבְּהֵמָה וְעַל כָּל־יְגִיעַ כַּפָּיִם׃ ס ד[9]

Cp 1 [1]Mm 3135. [2]Mm 3136. [3]Mm 2073. [4]Mm 1208. [5]Mm 2481. [6]Mm 3137. [7]Mm 592. [8]Mm 3138. [9]Mm 15.

Cp 1,1 [a] 𝔊 + *λέγων Εἶπον* (Mss + *δή*) cf 2,1.2 ‖ **2** [a–a] 𝔊(𝔖) *ἥκει*, prb l עַתָּ בָא ‖ **4** [a] prp בְּבָתִּים cf 𝔊Mss𝔗𝔙 ‖ **6** [a] prp c 2 Mss יִשְׂתַּכֵּר ‖ **7** [a–a] add? cf 5 ‖ **9** [a] 𝔊(𝔖𝔗) *καὶ ἐγένετο*, prb l וְהָיָה vel וְהִיֹּה ‖ **10** [a] > 𝔊*, dl (dttg) ‖ [b] prb l c Ms הַשּׁ׳ cf b ‖ [c] l טָלָם cf b; prp מָטָר ‖ **11** [a–a] add? ‖ [b] ins c mlt Mss Vrs ־כָּל־.

12 וְהִשְׁאַרְתִּ֣י בְקִרְבֵּ֔ךְ עַ֖ם עָנִ֣י וָדָ֑ל — ל̇
וְחָס֖וּ בְּשֵׁ֥ם יְהוָֽה׃ 13 [a]שְׁאֵרִ֨ית יִשְׂרָאֵ֜ל[a] — ל̇ ר״פ
לֹא־יַעֲשׂ֣וּ עַוְלָ֗ה וְלֹא־יְדַבְּר֣וּ כָזָ֔ב — לד̇ פסוק לא ולא ולא[12]
וְלֹֽא־יִמָּצֵ֥א בְּפִיהֶ֖ם לְשׁ֣וֹן תַּרְמִ֑ית — ל̇[13]
כִּֽי־הֵ֛מָּה יִרְע֥וּ וְרָבְצ֖וּ וְאֵ֥ין מַחֲרִֽיד׃ ס — ג̇ בסיפ̇

14 [a]רָנִּי֙ בַּת־צִיּ֔וֹן הָרִ֖יעוּ יִשְׂרָאֵ֑ל
שִׂמְחִ֤י וְעָלְזִי֙ בְּכָל־לֵ֔ב בַּ֖ת יְרוּשָׁלִָֽם׃ — ל̇
15 [a]הֵסִ֤יר יְהוָה֙ מִשְׁפָּטַ֔יִךְ[b] פִּנָּ֖ה אֹיְבֵ֑ךְ[c] — ה̇י ר״פ מיחד[14]
[d]מֶ֣לֶךְ יִשְׂרָאֵ֤ל[d] ׀ יְהוָה֙ בְּקִרְבֵּ֔ךְ לֹא־תִֽירְאִ֥י[e] רָ֖ע עֽוֹד׃

16 [a]בַּיּ֣וֹם הַה֔וּא יֵאָמֵ֥ר לִירוּשָׁלִַ֖ם
אַל־תִּירָ֑אִי צִיּ֖וֹן אַל־יִרְפּ֥וּ יָדָֽיִךְ׃ — ג̇
17 [a]יְהוָ֧ה אֱלֹהַ֛יִךְ בְּקִרְבֵּ֖ךְ[b] גִּבּ֣וֹר יוֹשִׁ֑יעַ — ו̇[15] בנביא וכל ס״פ דכות ב̇ מ̇ א̇
יָשִׂ֨ישׂ עָלַ֜יִךְ בְּשִׂמְחָ֗ה [c]יַחֲרִישׁ֙ בְּאַ֣הֲבָת֔וֹ[c] — ד̇
יָגִ֥יל עָלַ֖יִךְ בְּרִנָּֽה׃ 18 [a]נוּגֵ֧י מִמּוֹעֵ֛ד[a] — ל̇
[b]אָסַ֖פְתִּי מִמֵּ֣ךְ[c] [d]הָי֑וּ מַשְׂאֵ֥ת עָלֶ֖יהָ[d] חֶרְפָּֽה׃ — ה̇[16] ג̇ מנה בליש
19 [a]הִנְנִ֥י עֹשֶׂ֛ה[b] אֶת־כָּל־מְעַנַּ֖יִךְ [c]בָּעֵ֣ת הַהִ֑יא[c] — כב̇[17]. ב̇[18]
וְהוֹשַׁעְתִּ֣י אֶת־הַצֹּלֵעָ֗ה וְהַנִּדָּחָה֙ אֲקַבֵּ֔ץ — ג̇
וְשַׂמְתִּים֙ לִתְהִלָּ֣ה וּלְשֵׁ֔ם בְּכָל־הָאָ֖רֶץ בָּשְׁתָּֽם[d]׃ — ד̇[19]. ד̇
20 [a]בָּעֵ֤ת הַהִיא֙ אָבִ֣יא אֶתְכֶ֔ם [b]וּבָעֵ֖ת קַבְּצִ֣י[b] אֶתְכֶ֑ם — ס̇ ה̇[20]
כִּֽי־אֶתֵּ֨ן אֶתְכֶ֜ם לְשֵׁ֣ם וְלִתְהִלָּ֗ה בְּכֹל֙ עַמֵּ֣י הָאָ֔רֶץ
בְּשׁוּבִ֧י אֶת־שְׁבוּתֵיכֶ֛ם[c] לְעֵינֵיכֶ֖ם אָמַ֥ר יְהוָֽה׃ — ל̇. ח̇. כ̇ ס״פ[21]

סכום הפסוקים
חמשים ושלשה

[12] Mm 771. [13] Mm 2318. [14] Mm 944. [15] Mm 3133. [16] Mm 3750. [17] Mm 475. [18] Mm 3134. [19] Mm 72. [20] Mp sub loco. [21] Mm 2481.

13 [a–a] cj c 12b ut 𝔊 et m cs ‖ **14/15** [a] 14sq add? ‖ [b] l מִשְׁפְּטִיךְ cf 𝔗 ‖ [c] l c mlt Mss 𝔊𝔖𝔗 אֹיְבָיִךְ ‖ [d–d] $𝔊^{L Mss}$ *βασιλεύσει* cf Mi 4,7, l יִמְלֹךְ ‖ [e] prb l c 2 Mss 𝔊 *(ὄψῃ)* 𝔖 תִּרְאִי ‖ **16/17** [a] 16sq add? ‖ [b] sic L, mlt Mss Edd ־ךְ ‖ [c–c] prb l יְחַדֵּשׁ אה׳ cf 𝔊 *(καινιεῖ σε ἐν)* 𝔖 ‖ **18** [a–a] 𝔊(𝔏) *ὡς ἐν ἡμέρᾳ ἑορτῆς*, l כְּיוֹם מועד et cj c 17 ‖ [b] 18aβ–20 add ‖ [c] 𝔊* *τοὺς συντετριμμένους* = מֻכִּם ? ‖ [d–d] crrp; 𝔊 *οὐαί, τίς ἔλαβεν ἐπ' αὐτήν* = הוֹי מִי נָשָׂא עליה ? 𝔖 *'jljn dmmlljn hww 'ljkj* = הָיוּ נֹשְׂאִם עָלַיִךְ ? prp הַיּוֹם שְׂאֵת עָלָיו ‖ **19** [a] cf 18[b] ‖ [b] prb ins כָלָה cf 𝔗 ‖ [c–c] add? ‖ [d] prp בְּשׁוּבִי אֶת־שְׁבוּתָם cf 20b ‖ **20** [a] cf 18[b] ‖ [b–b] l וּבָעֵת הַהִיא אֲקַבֵּץ ‖ [c] l c nonn Mss 𝔊𝔖𝔙 ־תְכֶם.

1058 צפניה 3,3—11

3 שָׂרֶיהָ בְקִרְבָּהּ אֲרָיוֹת שֹׁאֲגִים
שֹׁפְטֶיהָ [a]זְאֵבֵי עֶרֶב[b] לֹא גָרְמוּ[a] לַבֹּקֶר[c]׃ ל

4 נְבִיאֶיהָ פֹּחֲזִים אַנְשֵׁי בֹּגְדוֹת
כֹּהֲנֶיהָ חִלְּלוּ־קֹדֶשׁ חָמְסוּ תּוֹרָה׃

5 [a]יְהוָה צַדִּיק בְּקִרְבָּהּ לֹא יַעֲשֶׂה עַוְלָה
בַּבֹּקֶר בַּבֹּקֶר מִשְׁפָּטוֹ יִתֵּן [b]לָאוֹר[c] לֹא נֶעְדָּר[b] [d]וְלֹא־יוֹדֵעַ [עַוָּל בֹּשֶׁת[d]׃ יג[2]. ו[3]. ז[4]. ב זקף קמ[5]

6 הִכְרַתִּי גוֹיִם נָשַׁמּוּ פִּנּוֹתָם
הֶחֱרַבְתִּי חוּצוֹתָם מִבְּלִי עוֹבֵר ח[6] מל וכל יחזק דכות ב מ א
נִצְדּוּ עָרֵיהֶם [a]מִבְּלִי־אִישׁ[a] מֵאֵין יוֹשֵׁב׃ ל. מט מל בנביא

7 אָמַרְתִּי אַךְ־תִּירְאִי[a] אוֹתִי תִּקְחִי[a] מוּסָר כי[7] מל וכל יהושע ושפטים דכות ב מ ב
וְלֹא־יִכָּרֵת מְעוֹנָהּ[b] כֹּל אֲשֶׁר־פָּקַדְתִּי עָלֶיהָ ד[8]
אָכֵן הִשְׁכִּימוּ הִשְׁחִיתוּ כֹּל עֲלִילוֹתָם׃ יח[9]

8 לָכֵן חַכּוּ־לִי נְאֻם־יְהוָה לְיוֹם קוּמִי לְעַד[b] כו פסוק דאית בהון א״ב. ל. ב מלרע. ל[5]
כִּי מִשְׁפָּטִי לֶאֱסֹף גּוֹיִם לְקָבְצִי[c] מַמְלָכוֹת יו[10]
לִשְׁפֹּךְ עֲלֵיהֶם[d] זַעְמִי כֹּל חֲרוֹן אַפִּי
[e]כִּי בְּאֵשׁ קִנְאָתִי תֵּאָכֵל כָּל־הָאָרֶץ[e]׃ ט[11]

9 כִּי־אָז אֶהְפֹּךְ [a]אֶל־עַמִּים[a] שָׂפָה בְרוּרָה ג
[b]לִקְרֹא כֻלָּם בְּשֵׁם יְהוָה לְעָבְדוֹ שְׁכֶם אֶחָד[b]׃ ל בסיפ

10 [a]מֵעֵבֶר לְנַהֲרֵי־כוּשׁ [b]עֲתָרַי בַּת־פּוּצַי[b] יוֹבִלוּן מִנְחָתִי׃ 11 [a]בַּיּוֹם [הַהוּא[a] ל. ל. ל[5]
לֹא תֵבוֹשִׁי מִכֹּל עֲלִילֹתַיִךְ אֲשֶׁר פָּשַׁעַתְּ בִּי ב מל. ל חס
כִּי־אָז ׀ אָסִיר מִקִּרְבֵּךְ עַלִּיזֵי גַּאֲוָתֵךְ
וְלֹא־תוֹסִפִי לְגָבְהָה עוֹד בְּהַר קָדְשִׁי׃ ל חס

[2] Mm 688. [3] Mm 1689. [4] Mm 3105. [5] Mp sub loco. [6] Mm 2429. [7] Mm 1238 א. [8] Mm 65. [9] Mm 1941. [10] Mm 2362. [11] Mm 690.

3 [a–a] frt l זְאֵבִים לֹא עָזְבוּ גֶּרֶם ‖ [b] 𝔊 *τῆς Ἀραβίας*, prp עֲרָב vel עֲרָבָה ‖ [c] dl m cs? ‖ **5** [a] 5 add? ‖ [b–b] > 𝔊* ‖ [c] frt l כָּאוֹר cf 𝔖𝔗 ‖ [d–d] var lect ad 5aβ? 𝔊* *καὶ οὐκ εἰς νῖκος ἀδικίαν.* [6] *ἐν διαφθορᾷ* ‖ **6** [a–a] dl m cs, var lect? ‖ **7** [a] l 3fsg תִּירָא et תִּקַּח cf aβγ (𝔊𝔖𝔗 2pl) ‖ [b] 𝔊(𝔖) *ἐξ ὀφθαλμῶν αὐτῆς*, l מֵעֵינֶיהָ ‖ **8** [a] 𝔊𝔙 sg ‖ [b] 𝔊(𝔖) *εἰς μαρτύριον*, l לְעֵד ‖ [c] l c ℭ לְקַבֵּץ cf 𝔊𝔖𝔗 ‖ [d] prb l ־כם ‖ [e–e] add ‖ **9** [a–a] Mur על העמים; prp אל־עַמִּי ‖ [b–b] add, sed frt tot v add ‖ **10** [a] 10 add ‖ [b–b] > 𝔊*𝔖; prp עַד־יַרְכְּתֵי צָפוֹן ‖ **11** [a–a] dl m cs.

עֲלֵיהֶ֣ם[c] יִרְע֔וּן בְּבָתֵּ֣י אַשְׁקְל֗וֹן בָּעֶ֙רֶב֙ יִרְבָּצ֔וּן   ל̇ . ב̇[6]
כִּ֧י יִפְקְדֵ֛ם יְהוָ֥ה אֱלֹהֵיהֶ֖ם וְשָׁ֥ב שְׁבוֹתָֽם׃   שביתם[7] ק̇
8 שָׁמַ֙עְתִּי֙ חֶרְפַּ֣ת מוֹאָ֔ב וְגִדּוּפֵ֖י בְּנֵ֣י עַמּ֑וֹן
אֲשֶׁ֤ר חֵֽרְפוּ֙ אֶת־עַמִּ֔י וַיַּגְדִּ֖ילוּ עַל־גְּבוּלָֽם[a]׃   ב̇ . ב̇[8]
9 לָכֵ֣ן חַי־אָ֡נִי נְאֻם֩ יְהוָ֨ה צְבָא֜וֹת[a] אֱלֹהֵ֣י יִשְׂרָאֵ֗ל   כו̇
כִּֽי־מוֹאָב֙ כִּסְדֹ֣ם תִּֽהְיֶ֔ה וּבְנֵ֤י עַמּוֹן֙ כַּעֲמֹרָ֔ה   ד̇[9]
מִמְשַׁ֥ק[b] חָר֛וּל וּמִכְרֵה־מֶ֥לַח וּשְׁמָמָ֖ה עַד־עוֹלָ֑ם   ל̇ . ב̇[10]
שְׁאֵרִ֤ית עַמִּי֙ יְבָזּ֔וּם וְיֶ֥תֶר גּוֹיִ֖ נְחָלֽוּם׃   ל̇ . ל̇ . גויי[11] ק̇ . ל̇
10 זֹ֥את[a] לָהֶ֖ם תַּ֣חַת גְּאוֹנָ֑ם כִּ֤י חֵֽרְפוּ֙ וַיַּגְדִּ֔לוּ עַל־עַ֖ם יְהוָ֥ה צְבָאֽוֹת׃   ב̇ וחד מן ג̇ חס̇ בליש̇
11 נוֹרָ֤א[a] יְהוָה֙[b] עֲלֵיהֶ֔ם כִּ֣י רָזָ֔ה[c] אֵ֖ת כָּל־אֱלֹהֵ֣י הָאָ֑רֶץ וְיִשְׁתַּחֲווּ־לוֹ֙   ז̇
אִ֣ישׁ מִמְּקוֹמ֔וֹ כֹּ֖ל אִיֵּ֥י הַגּוֹיִֽם׃
12 גַּם־אַתֶּ֣ם כּוּשִׁ֔ים חַֽלְלֵ֥י[a] חַרְבִּ֖י הֵֽמָּה[a]׃
13 וְיֵ֤ט יָדוֹ֙ עַל־צָפ֔וֹן וִֽיאַבֵּ֖ד אֶת־אַשּׁ֑וּר   יו̇ חס̇ את̇ . ב̇
וְיָשֵׂ֤ם אֶת־נִֽינְוֵה֙ לִשְׁמָמָ֔ה צִיָּ֖ה כַּמִּדְבָּֽר׃   ו̇ רפי̇[12] . ו̇[13]
14 וְרָבְצ֨וּ בְתוֹכָ֤הּ עֲדָרִים֙ כָּל־חַיְתוֹ־ג֔וֹי[a]
גַּם־קָאַת֙ גַּם־קִפֹּ֔ד בְּכַפְתֹּרֶ֖יהָ יָלִ֑ינוּ   ג̇ . ל̇ חס̇ בנביא וכל אורית̇ דכות̇ חס̇
ק֚וֹל[b] יְשׁוֹרֵ֣ר בַּֽחַלּ֔וֹן חֹ֣רֶב[c] בַּסַּ֔ף[d] כִּ֥י אַרְזָ֖ה עֵרָֽה[d]׃   ל̇ . יו̇ בליש̇ . ל̇ . ב̇
15 זֹ֞את הָעִ֤יר הָֽעַלִּיזָה֙ הַיּוֹשֶׁ֣בֶת לָבֶ֔טַח   ה̇ בתרי̇ טעמ̇[14]
הָאֹֽמְרָה֙ בִּלְבָבָ֔הּ אֲנִ֖י וְאַפְסִ֣י ע֑וֹד
אֵ֣יךְ ׀ הָיְתָ֣ה לְשַׁמָּ֗ה מַרְבֵּץ֙ לַֽחַיָּ֔ה   ל̇
כֹּ֚ל עוֹבֵ֣ר עָלֶ֔יהָ יִשְׁרֹ֖ק יָנִ֥יעַ יָדֽוֹ׃ ס   ח̇[15] מל̇ וכל יחזק̇ דכות̇ ב̇ מ̇ א̇

3 1 ה֥וֹי מֹרְאָ֖ה וְנִגְאָלָ֑ה[a] הָעִ֖יר הַיּוֹנָֽה׃   ל̇ . ל̇
2 לֹ֤א שָֽׁמְעָה֙ בְּק֔וֹל לֹ֥א לָקְחָ֖ה מוּסָ֑ר   ח̇ פסוק̇ לא לא לא לא[1]
בַּֽיהוָה֙ לֹ֣א בָטָ֔חָה אֶל־אֱלֹהֶ֖יהָ לֹ֥א קָרֵֽבָה׃

[6]Mm 3129. [7]Mm 839. [8]Mm 3130. [9]Mm 2208. [10]Mm 3529. [11]Mp sub loco. [12]Mm 3131. [13]Mm 2503. [14]Mm 2991 contra textum, acc invers. [15]Mm 2429. **Cp 3** [1]Mm 3132.

7 [c] l עַל־הַיָּם? ‖ **8** [a] 𝔊* *τὰ ὅριά μου*; 𝔊^W = 𝔐 ‖ **9** [a] > 𝔊*, dl ‖ [b] prp מוֹרַשׁ ‖ **10/11** [a] 10sq add ‖ [b] 𝔊*(𝔖) *ἐπιφανήσεται*, l נִרְאָה ‖ [c] prp יַרְזֶה ‖ **12** [a–a] prp חֶרֶב יְהוָה; prb exc nonn vb post כּוּשִׁים ‖ **14** [a] 𝔊 *τῆς γῆς* = גַּיְ(א)? ins הַשָּׂדֶה (cf 𝔊) et גוי crrp ex גַּם vel al vb? ‖ [b] prp כּוֹס ‖ [c] 𝔊(𝔙) *κόρακες*, l עֹרֵב ‖ [d–d] crrp, ex 15aα (זאת העיר העליזה) orta; dl ‖ **Cp 3,1** [a] prp וּמֹאֲלָה = ומעלה.

15 יוֹם עֶבְרָה הַיּוֹם הַהוּא יוֹם צָרָה וּמְצוּקָה
יוֹם שֹׁאָה וּמְשׁוֹאָה יוֹם חֹשֶׁךְ וַאֲפֵלָה
יוֹם עָנָן וַעֲרָפֶל׃ 16 יוֹם שׁוֹפָר וּתְרוּעָה
עַל הֶעָרִים הַבְּצֻרוֹת וְעַל הַפִּנּוֹת הַגְּבֹהוֹת׃
17 וַהֲצֵרֹתִי לָאָדָם וְהָלְכוּ כַּעִוְרִים
[a]כִּי לַיהוָה חָטָאוּ[a]
וְשֻׁפַּךְ דָּמָם כֶּעָפָר וּלְחֻמָם[b] כַּגְּלָלִים׃
18 גַּם־כַּסְפָּם גַּם־זְהָבָם לֹא־יוּכַל לְהַצִּילָם
[a]בְּיוֹם עֶבְרַת יְהוָה וּבְאֵשׁ קִנְאָתוֹ תֵּאָכֵל כָּל־הָאָרֶץ
כִּי־כָלָה אַךְ־נִבְהָלָה יַעֲשֶׂה אֵת כָּל־יֹשְׁבֵי הָאָרֶץ[a]׃ ס

2 1 הִתְקוֹשְׁשׁוּ וָקוֹשּׁוּ הַגּוֹי לֹא נִכְסָף׃
2 בְּטֶרֶם [a]לֶדֶת חֹק[a] כְּמֹץ [b]עָבַר יוֹם[b]
[c]בְּטֶרֶם ׀ לֹא־יָבוֹא עֲלֵיכֶם חֲרוֹן אַף־יְהוָה[c]
בְּטֶרֶם לֹא־יָבוֹא עֲלֵיכֶם יוֹם אַף־יְהוָה׃
3 בַּקְּשׁוּ אֶת־יְהוָה כָּל־עַנְוֵי הָאָרֶץ[a] אֲשֶׁר מִשְׁפָּטוֹ פָּעָלוּ
בַּקְּשׁוּ־צֶדֶק בַּקְּשׁוּ עֲנָוָה
אוּלַי תִּסָּתְרוּ בְּיוֹם אַף־יְהוָה׃
4 כִּי עַזָּה עֲזוּבָה תִהְיֶה וְאַשְׁקְלוֹן לִשְׁמָמָה
אַשְׁדּוֹד בַּצָּהֳרַיִם יְגָרְשׁוּהָ וְעֶקְרוֹן תֵּעָקֵר׃ ס
5 הוֹי יֹשְׁבֵי חֶבֶל הַיָּם גּוֹי כְּרֵתִים [a]דְּבַר־יְהוָה עֲלֵיכֶם[a]
כְּנַעַן[b] [c]אֶרֶץ פְּלִשְׁתִּים[c] וְהַאֲבַדְתִּיךְ מֵאֵין יוֹשֵׁב׃
6 וְהָיְתָה[a] [b]חֶבֶל הַיָּם[b] נְוֹת כְּרֹת[c] רֹעִים וְגִדְרוֹת צֹאן׃
7 [a]וְהָיָה חֶבֶל[b] לִשְׁאֵרִית בֵּית יְהוּדָה

ב מל בנביא
ב
ב חד חס וחד מל . ה[11] וכל קהלת דכות ב מ א . ב
ג[12]
ל . ל
ט[13]
ד[14]
ל . ל
יב פסוק דמיין[1]
ז[2] דגש וחד מן יב[1] פסוק דמיין . ו[3]
ז דגש[2] . ז דגש[2]
יב . ל
ב
ל . מט מל בנביא
ג בטע בנביא[4]
כת כן[5]

[11] Mm 391. [12] Mm 1974. [13] Mm 690. [14] Mm 1296. **Cp 2** [1] Mm 3896. [2] Mm 1690. [3] Mm 1689. [4] Mm 3128. [5] Mp sub loco.

17 [a–a] add; sed frt add tot v ‖ [b] 𝔊(𝔖𝔙) *καὶ τὰς σάρκας αὐτῶν*, prp וְלֶחָם vel וְרַחְמֵהֶם ‖ **18** [a–a] add; sed frt add tot v ‖ **Cp 2,2** [a–a] crrp; l לֹא תִדָּחֲקוּ ? ‖ [b–b] 𝔊* *παραπορευόμενον*, l עֹבֵר ‖ [c–c] > nonn Mss, homark? ‖ **3** [a] Mur pc Mss ארץ ‖ **5** [a–a] add ‖ [b] dl, gl? ‖ [c–c] tr post יוֹשֵׁב ? ‖ **6** [a] l וְהָיִת ‖ [b–b] > 𝔊, dl ‖ [c] > 𝔙, dl ‖ **7** [a] 7 prb add ‖ [b] 𝔊(𝔖) + *τῆς θαλάσσης*, ins הַיָּם cf 6.

4 וְנָטִ֤יתִי יָדִי֙ עַל־יְהוּדָ֔ה וְעַ֖ל כָּל־יוֹשְׁבֵ֣י יְרוּשָׁלִָ֑ם יו̇ וחס את . לד מל
וְהִכְרַתִּ֞י a מִן־הַמָּק֤וֹם הַזֶּה֙ a אֶת־שְׁאָ֣ר הַבַּ֔עַל אֶת־b שֵׁ֥ם הַכְּמָרִ֖ים ב
5 וְאֶת־הַמִּשְׁתַּחֲוִ֥ים עַל־הַגַּגּ֖וֹת לִצְבָ֣א הַשָּׁמָ֑יִם [c עִם־הַכֹּהֲנִֽים׃c
וְאֶת־הַמִּשְׁתַּחֲוִים֙ a הַנִּשְׁבָּעִ֣ים b לַֽיהוָ֔ה c וְהַנִּשְׁבָּעִ֖ים בְּמַלְכָּֽם׃d ל . ג[5]
6 וְאֶת־הַנְּסוֹגִ֖ים מֵאַחֲרֵ֣י יְהוָ֑ה וַאֲשֶׁ֛ר לֹֽא־בִקְשׁ֥וּ אֶת־יְהוָ֖ה וְלֹ֥א ה̇[6]
7 הַ֕ס מִפְּנֵ֖י אֲדֹנָ֣י יְהוִ֑ה כִּ֤י קָרוֹב֙ י֣וֹם יְהוָ֔ה [דְרָשֻֽׁהוּ׃ ג ל]
כִּֽי־הֵכִ֧ין יְהוָ֛ה זֶ֖בַח a הִקְדִּ֥ישׁ קְרֻאָֽיו׃ ל
8 a וְהָיָ֗ה בְּיוֹם֙ זֶ֣בַח יְהוָ֔ה a ה
וּפָקַדְתִּ֥י עַל־הַשָּׂרִ֖ים וְעַל־בְּנֵ֣י b הַמֶּ֑לֶךְ ב
וְעַ֥ל כָּל־הַלֹּבְשִׁ֖ים מַלְבּ֥וּשׁ נָכְרִֽי׃ ב̇[7]
9 וּפָקַדְתִּ֗י עַ֛ל כָּל־הַדּוֹלֵ֥ג עַל־הַמִּפְתָּ֖ן a בַּיּ֣וֹם הַה֑וּא a ל . ל̇
הַֽמְמַלְאִ֛ים בֵּ֥ית אֲדֹנֵיהֶ֖ם חָמָ֥ס וּמִרְמָֽה׃ ס ב[8] . ה̇[9]
10 a וְהָיָה֩ בַיּ֨וֹם הַה֜וּא נְאֻם־יְהוָ֗ה a
ק֤וֹל צְעָקָה֙ מִשַּׁ֣עַר הַדָּגִ֔ים וִֽילָלָ֖ה מִן־הַמִּשְׁנֶ֑ה ד וכל אורית דכות
וְשֶׁ֥בֶר גָּד֖וֹל מֵהַגְּבָעֽוֹת׃ 11 הֵילִ֖ילוּ יֹשְׁבֵ֣י הַמַּכְתֵּ֑שׁ ב
כִּ֤י נִדְמָה֙ כָּל־עַ֣ם כְּנַ֔עַן נִכְרְת֖וּ כָּל־נְטִ֥ילֵי כָֽסֶף׃ ד . ל̇
12 a וְהָיָה֙ בָּעֵ֣ת הַהִ֔יא a
אֲחַפֵּ֥שׂ אֶת־יְרוּשָׁלִַ֖ם בַּנֵּר֑וֹת b וּפָקַדְתִּ֣י עַל־הָאֲנָשִׁ֗ים c ל . ה̇[10]
הַקֹּֽפְאִים֙ עַל־שִׁמְרֵיהֶ֔ם הָאֹֽמְרִים֙ בִּלְבָבָ֔ם ל . ל̇ . ט
לֹֽא־יֵיטִ֥יב יְהוָ֖ה וְלֹ֥א יָרֵֽעַ׃
13 וְהָיָ֤ה חֵילָם֙ לִמְשִׁסָּ֔ה וּבָתֵּיהֶ֖ם לִשְׁמָמָ֑ה
a וּבָנ֤וּ בָתִּים֙ וְלֹ֣א יֵשֵׁ֔בוּ וְנָטְע֣וּ כְרָמִ֔ים וְלֹ֥א יִשְׁתּ֖וּ אֶת־יֵינָֽם׃ a י . ג
14 קָר֤וֹב יוֹם־יְהוָה֙ הַגָּד֔וֹל קָר֖וֹב וּמַהֵ֣ר a מְאֹ֑ד ל
b ק֚וֹל י֣וֹם יְהוָ֔ה מַ֥ר צֹרֵ֖חַ שָׁ֥ם גִּבּֽוֹר׃ b

[5] Mm 3445. [6] Mm 3985. [7] Hi 27,16. [8] Mm 3126. [9] Mm 3127. [10] Mm 2347.

4 a–a dl m cs ‖ b l c mlt Mss 𝔊𝔖𝔗^Edd𝔙 וְאֵת ‖ c–c > 𝔊*, dl ‖ **5** a > 𝔊* ‖ b dl ‖ c prp לְיָרֵחַ cf Dt 17,3 Jer 8,2 ‖ d 𝔊^L(𝔖𝔙) κατὰ τοῦ Μελχομ = בְּמִלְכֹּם ‖ **7** a 𝔊 + αὐτοῦ ‖ **8** a–a add ‖ b 𝔊 τὸν οἶκον ‖ **9** a–a add ‖ **10** a–a add ‖ **12** a–a add ‖ b 𝔊𝔖𝔗 sg ‖ c prp הַשַּׁאֲנַנִּים ‖ **13** a–a prb dl cf Am 5,11 ‖ **14** a l וּמְמַהֵר? ‖ b–b prp קַל יוֹם יהוה מֵרָץ וְחָשׁ מִגִּבּוֹר.

15 דָּרַ֥כְתָּ בַיָּ֖ם ᵃסוּסֶ֑יךָ חֹ֖מֶרᵃ מַ֥יִם רַבִּֽים׃

16 שָׁמַ֣עְתִּי ׀ וַתִּרְגַּ֣ז בִּטְנִ֗י לְקוֹל֙ צָלֲל֣וּ שְׂפָתַ֔י — יז שמיעה לקול[14]. ג

יָב֥וֹא רָקָ֛ב בַּעֲצָמַ֖י וְתַחְתַּ֣יᵃ אֶרְגָּ֑ז אֲשֶׁרᵃ

אָנ֙וּחַ֙ᵇ לְי֣וֹם צָרָ֔ה לַעֲל֖וֹת לְעַ֥ם יְגוּדֶֽנּוּ׃ — יד[15] וכל אורית ויהושע דכות ב מ ג. ב[16]

17 ᵃכִּֽי־תְאֵנָ֣ה לֹֽא־תִפְרָ֗חᵇ וְאֵ֤ין יְבוּל֙ בַּגְּפָנִ֔ים — ל. יג פסוק ואין ואין[17]. ג

כִּחֵשׁ֙ מַעֲשֵׂהᶜ־זַ֔יִת וּשְׁדֵמ֖וֹת לֹא־עָ֣שָׂה אֹ֑כֶל — ב

גָּזַ֤רᵈ מִמִּכְלָה֙ צֹ֔אן וְאֵ֥ין בָּקָ֖ר בָּרְפָתִֽים׃ — ל. ל

18 וַאֲנִ֖י בַּיהוָ֣ה אֶעְל֑וֹזָה אָגִ֖ילָה בֵּאלֹהֵ֥י יִשְׁעִֽי׃ — סז ר״פ. ג ב חס וחד מל[18]

19 ᵃיְהוִ֤ה אֲדֹנָי֙ חֵילִ֔יᵃ — ה[19]. ג

וַיָּ֤שֶׂם רַגְלַי֙ כָּֽאַיָּל֔וֹת וְעַ֥ל בָּמוֹתַ֖יᵇ יַדְרִכֵ֑נִי — פד. ג ב מל וחד חס[20]

לַמְנַצֵּ֖חַ בִּנְגִינוֹתָֽיᶜ׃ — ל

סכום הפסוקים
חמשים וששה

ZEPHANIA צפניה

1 1 דְּבַר־יְהוָ֣ה ׀ אֲשֶׁ֣ר הָיָ֗ה אֶל־צְפַנְיָה֙ בֶּן־כּוּשִׁ֣י בֶן־גְּדַלְיָ֔ה בֶּן־ — ה[1]

אֲמַרְיָ֖ה בֶּן־חִזְקִיָּ֑הᵃ בִּימֵ֛י יֹאשִׁיָּ֥הוּ בֶן־אָמ֖וֹן מֶ֥לֶךְ יְהוּדָֽה׃ — ג לפי מג וחד מן יב[3] לפי מק

2 ᵃאָסֹ֨ף אָסֵ֜ף כֹּ֗ל מֵעַ֛ל פְּנֵ֥י הָאֲדָמָ֖ה נְאֻם־יְהוָֽה׃ — ג חס[4]

3 ᵃאָסֵ֞ף אָדָ֣ם וּבְהֵמָ֗ה אָסֵ֤ףᵃ עוֹף־הַשָּׁמַ֙יִם֙ וּדְגֵ֣י הַיָּ֔ם

ᵇוְהַמַּכְשֵׁל֖וֹתᶜ אֶת־הָרְשָׁעִ֑יםᵇ — ל

וְהִכְרַתִּ֣י אֶת־הָֽאָדָ֗ם מֵעַ֛ל פְּנֵ֥י הָאֲדָמָ֖ה נְאֻם־יְהוָֽה׃

[14]Mm 23. [15]Mm 1523. [16]Gn 49,19. [17]Mm 2004. [18]Mm 3123. [19]Mm 3311. [20]Mm 3124.
Cp 1 [1]Mm 2690. [2]Mp sub loco. [3]Mm 3125 et Mm 3983. [4]Mm 2496.

15 ᵃ⁻ᵃ l סוּסָו בְּחֹמֶר ‖ **16** ᵃ⁻ᵃ prb l יִרְגְּזוּ אֲשֻׁרָי cf 𝔊 ‖ ᵇ prb l אֲחַכֶּה ‖ **17** ᵃ tot v prb add ‖ ᵇ 𝔊 *καρποφορήσει*, l תִּפְרֶה ‖ ᶜ l מַעֲשֵׂה vel potius מַעֲשֵׂהוּ ‖ ᵈ l נִגְזַר ‖ **19** ᵃ frt exc hemist ‖ ᵇ 𝔊 *τὰ ὑψηλά*, frt l (הַ)בָּמוֹת (י dttg) ‖ ᶜ frt l בנגינות cf Ps 4,1 etc.
Cp 1,1 ᵃ pc Mss 𝔖 חלקיה ‖ **2/3** ᵃ prp אֹסֵף ‖ ᵇ⁻ᵇ > 𝔊*; frt add tot 3 (et 2?) ‖ ᶜ prb l וְהִכְשַׁלְתִּי.

3,5—14 HABAKUK 1053

[b]וְשָׁם חֶבְיוֹן עֻזֹּה[b]׃ ‏ ל̇. עזו[4] ק ול כת ה
5 לְפָנָיו יֵלֶךְ דָּבֶר וְיֵצֵא רֶשֶׁף לְרַגְלָיו׃ ‏ ג רפי[5]. ג̇. ד[6]
6 עָמַד ׀ וַיְמֹדֶד[a] אֶרֶץ רָאָה וַיַּתֵּר גּוֹיִם ‏ ל̇. ב[7]
וַיִּתְפֹּצְצוּ הַרְרֵי־עַד שַׁחוּ גִּבְעוֹת עוֹלָם ‏ ב[8]. ג
[b]הֲלִיכוֹת עוֹלָם לוֹ[b]׃ [מִדְיָן[c]׃ ס ‏ ד
7 [a]תַּחַת אָוֶן[a] רָאִיתִי[b] אָהֳלֵי כוּשָׁן יִרְגְּזוּן [c]יְרִיעוֹת אֶרֶץ[d] ‏ ל̇. ה מל[9]
8 הֲבִנְהָרִים חָרָה יְהוָה[a] [b]אִם בַּנְּהָרִים[b] אַפֶּךָ אִם־בַּיָּם ‏ ל̇
כִּי תִרְכַּב עַל־סוּסֶיךָ [c]מַרְכְּבֹתֶיךָ יְשׁוּעָה[c]׃ [עֶבְרָתֶךָ ‏ ב̇ וחס
9 [a]עֶרְיָה תֵעוֹר[a] קַשְׁתֶּךָ שְׁבֻעוֹת[b] מַטּוֹת אֹמֶר[c] סֶלָה ‏ ד[10]. ו̇ חס[11]
נְהָרוֹת תְּבַקַּע[d]־אָרֶץ׃ 10 רָאוּךָ יָחִילוּ הָרִים ‏ ג[12]
[a]זֶרֶם מַיִם עָבָר[a] נָתַן תְּהוֹם קוֹלוֹ
[b]רוֹם יָדֵיהוּ[b] נָשָׂא[c]׃ 11 שֶׁמֶשׁ[a] יָרֵחַ עָמַד זְבֻלָה[b] ‏ ל̇. ל̇. ל̇. ל̇
לְאוֹר חִצֶּיךָ יְהַלֵּכוּ לְנֹגַהּ בְּרַק חֲנִיתֶךָ׃ ‏ י̇ג
12 בְּזַעַם תִּצְעַד־אָרֶץ בְּאַף תָּדוּשׁ גּוֹיִם׃ ‏ ב̇
13 יָצָאתָ לְיֵשַׁע עַמֶּךָ [a]לְיֵשַׁע אֶת[a]־מְשִׁיחֶךָ[b] [סֶלָה׃ פ ‏ ב̇. ב̇
מָחַצְתָּ [c]רֹּאשׁ מִבֵּית[c] רָשָׁע עָרוֹת[d] יְסוֹד עַד־צַוָּאר[e] ‏ ג̇
14 נָקַבְתָּ בְמַטָּיו[a] רֹאשׁ[b] פְּרָזָו[c] יִסְעֲרוּ[ed] ‏ ל̇. פרזיו ק. ב̇ חד כת ש וחד כת ס[13]
לַהֲפִיצֵנִי[f] עֲלִיצֻתָם כְּמוֹ־[g]לֶאֱכֹל עָנִי בַּמִּסְתָּר׃

[4]Q addidi, cf Mp sub loco. [5]Mm 2814. [6]Mm 396. [7]Mm 1846. [8]Mm 3610. [9]Mm 632. [10]Mm 2477. [11]Mm 3122. [12]Mm 3326. [13]Mm 2919.

4 [b–b] prb add, gl ‖ **6** [a] prp וַיַּעֲמֵד ‖ [b–b] prb dl (var lect ad aδ + לוֹ cf 7[a–a]), al tr ad fin 4 ‖ **7** [a–a] prb l תֵּחָתֶאנָה, prp תְּחִתֶּין; 𝔊[Barb] *αὐτοῦ ἕνεκα σεισθήσεται ἡ οἰκουμένη* = לוֹ תֵּחַת אֶרֶץ ‖ [b] dl; huc tr a fin v b יריעות מדין ‖ [c–c] cf [b] ‖ [d] var lect ad און v a (cf [a–a]), dl ‖ **8** [a] dl aut potius tr ad fin v a ‖ [b–b] dl, var lect ad הבנהרים ‖ [c–c] crrp; prp מֶרְכַּבְתְּךָ רֶכֶב ישועה cf 𝔊(𝔖𝔗) *ἡ ἱππασία σου*, 𝔊[Barb] + *ὃ προέβης* ‖ **9** [a–a] 𝔊 *ἐντείνων ἐντενεῖς*, l עָרֹה תְעָרֶה cf 𝔖𝔗𝔙 ‖ [b] frt l שִׂבַּעְתָּ cf 𝔊[Barb] *ἐχόρτασας* 𝔖 *wnsbʿwn* ‖ [c] 𝔊[Barb] *τῆς φαρέτρας αὐτῆς*, frt l (יִתְרוֹ) יִתְרָהּ vel מֵיתָרְךָ; prp תֹּאמַר (ת hpgr) ‖ [d] 𝔊(𝔖) *ῥαγήσεται*, prb l תִּבָּקַע ‖ **10** [a–a] l c Mur זֹרְמוּ מַיִם עָבוֹת cf Ps 77,18 ‖ [b–b] crrp; frt l מִזְרָחֹה, prp רוֹמְמוּת aut אוֹר מוֹעֲדוֹ ‖ [c] l נשא = נשה ‖ **11** [a] cj c 10bβ, huc tr : ‖ [b] 𝔊 *ἐν τῇ τάξει αὐτῆς*, l (בִּ)זְבֻלֹה ‖ **13** [a–a] frt l לישע עם vel potius לְ(ה)וֹשִׁיעַ אֶת־עַם ‖ [b] pc Mss 𝔊[-BS] pl ‖ [c–c] prb l sol בֵּית, ראשׁ var lect? cf 𝔊 et 14 ‖ [d] l עֵרִיתָ vel עֹרַרְתָּ ‖ [e] l צוּר ‖ **14** [a] prb l בְּמַטֶּיךָ vel בְּמַטּוֹתֶיךָ cf 𝔊[Barb] *μετὰ δυνάμεώς σου*; prp בְּמַטֶּה ‖ [b] l רֹאשׁוֹ cf 𝔊(𝔖) *κεφαλάς* [Barb] *ἀρχηγούς* = רָאשֵׁי ‖ [c] 𝔊(𝔖) *δυναστῶν* 𝔗 *wgjbrj (rjšj)* 𝔙 *bellatorum eius* ‖ [d] l יִסָּעֲרוּ ‖ [e] prb ins כַּמֹּץ cf [g] ‖ [f] prb l לְהָפִיץ עָנִי ‖ [g] l כַּמֹּץ et tr post יסערו cf [e]; prp פִּימוֹ et antea לְהָפִיץ עֲלִיצוּת.

13 [a]הֲלוֹא הִנֵּה[b] [c]מֵאֵת יְהוָה צְבָאוֹת[a]
וְיִֽיגְעוּ[d] עַמִּים֙ בְּדֵי־אֵשׁ וּלְאֻמִּים בְּדֵי־רִיק יִעָֽפוּ׃ ל מל
14 [a]כִּי תִּמָּלֵא הָאָרֶץ לָדַעַת אֶת־כְּבוֹד יְהוָה כַּמַּיִם יְכַסּוּ
עַל־יָֽם׃[b]] ס ד
15 הוֹי מַשְׁקֵה רֵעֵהוּ [a]מְסַפֵּחַ חֲמָתְךָ[ab] [c]וְאַף שַׁכֵּר ל . ל . ד[15]
[d]לְמַעַן הַבִּיט עַל־מְעוֹרֵיהֶֽם׃[de] ל
16 שָׂבַעְתָּ קָלוֹן֙ מִכָּבוֹד שְׁתֵה גַם־אַתָּה וְהֵעָרֵל[a] ל
תִּסּוֹב עָלֶיךָ כּוֹס יְמִין יְהוָה וְקִיקָלוֹן עַל־כְּבוֹדֶֽךָ׃ ב[16] מל ול בסיפ . ל
17 [a]כִּי־חֲמַס לְבָנוֹן֙ יְכַסֶּךָּ וְשֹׁד בְּהֵמוֹת יְחִיתַן[ab] ל
מִדְּמֵי אָדָם֙ וַחֲמַס־אֶרֶץ קִרְיָה וְכָל־יֹשְׁבֵי בָֽהּ׃ ס ח[17]
18 מָה־הוֹעִיל פֶּסֶל כִּי פְסָלוֹ[a] יֹצְרוֹ מַסֵּכָה וּמוֹרֶה[b] שָּׁקֶר ל
כִּי בָטַח [c]יֹצֵר יִצְרוֹ[cd] עָלָיו לַעֲשׂוֹת אֱלִילִים אִלְּמִֽים׃ ס ד חס . ב[18]
19 הוֹי אֹמֵר[a] לָעֵץ֙ הָקִיצָה עוּרִי לְאֶבֶן דּוּמָם [b]הוּא יוֹרֶה[b] ג[19] . ג[20] . ב[21]
הִנֵּה־הוּא תָּפוּשׂ֙ זָהָב וָכֶסֶף וְכָל־רוּחַ אֵין בְּקִרְבּֽוֹ׃ ל . ל
20 וַֽיהוָה בְּהֵיכַל קָדְשׁוֹ הַס מִפָּנָיו[a] כָּל־הָאָֽרֶץ׃ פ ה ר״פ בסיפ . כג

3 1 תְּפִלָּה לַחֲבַקּוּק הַנָּבִיא עַל שִׁגְיֹנֽוֹת׃ ל . ל
2 [a]יְהוָה שָׁמַעְתִּי שִׁמְעֲךָ֮ יָרֵאתִי֒[b] יְהוָה פָּעָלְךָ֙ ל
בְּקֶרֶב[c] שָׁנִים֙ חַיֵּיהוּ[d] בְּקֶרֶב[c] שָׁנִים תּוֹדִיעַ[e] ל ומל[1]
[f]בְּרֹגֶז רַחֵם תִּזְכּֽוֹר׃[f] ב . ב מל
3 אֱלוֹהַ֙[a] מִתֵּימָן יָבוֹא וְקָדוֹשׁ מֵֽהַר־פָּארָן סֶלָה ג . ג[2]
כִּסָּה שָׁמַיִם֙ הוֹדוֹ וּתְהִלָּתוֹ מָלְאָה הָאָֽרֶץ׃ ה[3] ג מנה בסיפ
4 וְנֹגַהּ֙ כָּאוֹר תִּהְיֶה[a] קַרְנַיִם מִיָּדוֹ לוֹ

[15]Mm 3117. [16]Mp sub loco. [17]Mm 2556. [18]Dt 31,21. [19]Mm 3118. [20]Mm 3119. [21]Mm 3120. **Cp 3** [1]Mp sub loco. [2]Mm 2417. [3]Mm 3121.

13 [a–a] add ‖ [b] 𝔊(𝔖𝔙) *ταῦτά ἐστι*, prb l הֵנָּה ‖ [c] 𝔔 מעם ‖ [d] 𝔔 יגעו ‖ **14** [a] add cf Jes 11,9 ‖ [b] 𝔔 הים cf 𝔊* *αὐτούς* = עליהם ‖ **15** [a–a] prb l מִסַּף חֲמָתוֹ ח, dttg et cf [b] ‖ [b] 𝔔 חמתו cf σ′𝔙 ‖ [c] 𝔔 אף ‖ [d–d] prb dl, gl; an exc hemist? ‖ [e] 𝔔 מועדיהם ‖ **16** [a] l c 𝔔𝔊 (α′𝔖𝔙) וְהֵרָעֵל ‖ **17** [a–a] prb tr post 13 (14); al tr tot v ‖ [b] 𝔔 יחתה (crrp ex יחתכה?); 𝔊(𝔖𝔗) *πτοήσει σε* cf 𝔙, l יְחִתֶּךָּ ‖ **18** [a] 𝔔 פסל ‖ [b] 𝔔 ומרי ‖ [c–c] l יֹצְרוֹ, dttg ‖ [d] 𝔔 יצריו ‖ **19** [a] 𝔔 ה[אמר] ‖ [b–b] gl, dl ‖ **20** [a] 𝔔 מלפניו ‖ **Cp 3,2** [a] 𝔊 textus auctus (transl dupl) ‖ [b] l (וְ)רָאִיתִי cf 𝔊 ‖ [c] prp בְּקָרֹב cf α′ ‖ [d] prp חַוֵּהוּ ‖ [e] 𝔊(𝔖) *ἐπιγνωσθήσῃ*, frt l תִּוָּדֵעַ ‖ [f–f] prb add ‖ **3** [a] sic L, mlt Mss Edd ־ה ‖ **4** [a] l תַּחְתָּיו.

2 וַיַּעֲנֵנִי יְהוָה וַיֹּאמֶר
כְּתוֹב חָזוֹן וּבָאֵר עַל־הַלֻּחוֹת לְמַעַן יָרוּץ קוֹרֵא[a] בוֹ׃ ל. י מל בליש
3 כִּי עוֹד חָזוֹן לַמּוֹעֵד וְיָפֵחַ[a] לַקֵּץ וְלֹא יְכַזֵּב ב
אִם־יִתְמַהְמָהּ חַכֵּה־לוֹ כִּי־בֹא יָבֹא לֹא[b] יְאַחֵר׃ ל חס בסיפ
4 הִנֵּה עֻפְּלָה[a] לֹא־יָשְׁרָה[b] נַפְשׁוֹ[c] בּוֹ וְצַדִּיק בֶּאֱמוּנָתוֹ[d] יִחְיֶה׃ ב. ל[3]. יח וכל חיו יחיה דכות[4]
5 [a]וְאַף כִּי־[a] [b]הַיַּיִן[c] בּוֹגֵד[b] גֶּבֶר יָהִיר וְלֹא[d] יִנְוֶה[e] ט ר״פ. ב חס[5]. ב
אֲשֶׁר הִרְחִיב כִּשְׁאוֹל נַפְשׁוֹ וְהוּא כַמָּוֶת וְלֹא[f] יִשְׂבָּע ג[6]. ג[7]. ב זקף קמ
וַיֶּאֱסֹף[g] אֵלָיו כָּל־הַגּוֹיִם וַיִּקְבֹּץ[h] אֵלָיו כָּל־הָעַמִּים׃ [וְיֹאמַר[af] כ[8] ב מנה בסיפ [ו רפי[10]
6 [a]הֲלוֹא־אֵלֶּה[a] כֻּלָּם[b] [c]עָלָיו מָשָׁל[c] יִשָּׂאוּ וּמְלִיצָה[d] חִידוֹת[e] לוֹ ו. ב[9]
הוֹי הַמַּרְבֶּה לֹּא־לוֹ[g] [h]עַד־מָתַי[h] וּמַכְבִּיד[i] עָלָיו עַבְטִיט׃ ו דגש[11]. ה[12]. ל
7 [a]הֲלוֹא פֶתַע יָקוּמוּ[a] נֹשְׁכֶיךָ[b] וְיִקְצוּ[c] מְזַעְזְעֶיךָ ל וחטף[13]
וְהָיִיתָ לִמְשִׁסּוֹת לָמוֹ׃ 8 כִּי אַתָּה[a]
שַׁלּוֹתָ גּוֹיִם רַבִּים יְשָׁלּוּךָ[b] כָּל־יֶתֶר עַמִּים ל. ל
[c]מִדְּמֵי אָדָם וַחֲמַס־אֶרֶץ קִרְיָה וְכָל־יֹשְׁבֵי בָהּ[c]׃ פ ח[14]
9 הוֹי בֹּצֵעַ[a] בֶּצַע[b] רָע לְבֵיתוֹ
לָשׂוּם בַּמָּרוֹם קִנּוֹ לְהִנָּצֵל מִכַּף־רָע׃ [נַפְשֶׁךָ׃ ג. ב
10 יָעַצְתָּ בֹּשֶׁת לְבֵיתֶךָ קְצוֹת־[a][b]עַמִּים רַבִּים[b] וְחוֹטֵא[c] ג[13]
11 כִּי־אֶבֶן מִקִּיר תִּזְעָק וְכָפִיס מֵעֵץ יַעֲנֶנָּה׃ פ ב
12 הוֹי בֹּנֶה עִיר בְּדָמִים וְכוֹנֵן[a] קִרְיָה בְּעַוְלָה׃

[3] Mm 528. [4] Mm 107. [5] Prv 22,12, Mp contra textum, cf Mp sub loco. [6] Mm 3115. [7] Mm 3116. [8] Mm 4234. [9] Prv 1,6. [10] Mm 2423. [11] Mm 3644. [12] Mm 282. [13] Mp sub loco. [14] Mm 2556.

2 [a] 𝔔 הקורא ‖ **3** [a] 𝔔 יפיח, prb l וִיפִיחַ; prp (וְ)יִפְרַח, al וּפֵתַח et apertio cf 𝔊 ‖ [b] l c 𝔔 mlt Mss 𝔊𝔖𝔗𝔙 וְלֹא ‖ **4** [a] l עֻפָּל vel עַפָּל ‖ [b] 𝔊(𝔖) *εὐδοκεῖ*, prb l רָצְתָה; 𝔔 יושרה ‖ [c] l c Ms 𝔊α′ נַפְשִׁי ‖ [d] 𝔊* *ἐκ πίστεώς μου* ‖ **5** [a–a] > 𝔊𝔖, prb add ‖ [b–b] 𝔔 הון יבגוד ‖ [c] prb l הוֹי cf 6. 9. 12. 15. 19 et 𝔔 הון; prp יָהִין ‖ [d] prp לֹא, sed cf bβ ‖ [e] frt l ירוה cf 𝔖; prp יִבָּנֶה ‖ [f] 𝔔 לוא ‖ [g] 𝔔 ויאספו ‖ [h] 𝔔 ויקבצו ‖ **6** [a–a] add an ex textu crrp ortum? ‖ [b] > 𝔔 ‖ [c–c] 𝔔 invers ‖ [d] 𝔔 ומליצי ‖ [e] prp וְיָחוּדוּ ‖ [f] l c 𝔔𝔊 ויאמְרוּ ‖ [g] 𝔔 ולוא ‖ [h–h] dl? prp עַד־תֻּמּוֹ ‖ [i] 𝔔 יכביד cf 𝔖𝔗 ‖ **7** [a–a] 𝔔 פת.אום ויקומו ‖ [b] prp נֹשֶׁיךָ cf 𝔔 ‖ [c] l c 𝔔 וְיָקִיצוּ ‖ **8** [a] exc nonn vb; frt ins שׁוֹסֵתָ אֹתָם cf stich sq ‖ [b] frt l c 𝔔 וישלוכה ‖ [c–c] add cf 17 ‖ **9** [a] 𝔔 הבוצע ‖ [b] exc vb; prb ins m cs וְזֹרֵעַ (homtel) ‖ **10** [a] prb l קַצּוֹתָ vel קַצּוֹת ‖ [b–b] prb add ‖ [c] 𝔔 וחוטי; prp בְּחֵטְא, al וְחָטָאתָ vel וַחֲטֹא cf Prv 20,2 ‖ **12** [a] frt l c 𝔔 ויכונן; prp וּמְכוֹנֵן cf 𝔊𝔖𝔗.

[c]וּפָ֖שׁוּ פָּֽרָשָׁ֑יו[ed]
וּפָֽרָשָׁיו֙[cf] מֵרָח֣וֹק יָבֹ֔אוּ[g] יָעֻ֕פוּ כְּנֶ֖שֶׁר חָ֥שׁ לֶאֱכֽוֹל׃ — ד̇[12] . יג מל[13]
9 כֻּלֹּה֙ לְחָמָ֣ס יָב֔וֹא — כת כן[14]
[a]מְגַמַּ֥ת פְּנֵיהֶ֖ם קָדִ֑ימָה[ab] וַיֶּאֱסֹ֥ף[c] כַּח֖וֹל שֶֽׁבִי׃ — ז̇ חס פאת . כ̇[15] ב̇ מנה בסיפ
10 וְהוּא֙ בַּמְּלָכִ֣ים יִתְקַלָּ֔ס[a] וְרֹזְנִ֖ים מִשְׂחָ֣ק ל֑וֹ — ל̇ג ר״פ וחד מן ח̇ פסוק והוא הוא
ה֚וּא[b] לְכָל־מִבְצָ֣ר יִשְׂחָ֔ק וַיִּצְבֹּ֥ר[c] עָפָ֖ר וַֽיִּלְכְּדָֽהּ[d]׃
11 אָ֣ז חָלַ֥ף[a] ר֛וּחַ[b] וַֽיַּעֲבֹ֖ר[c] וְאָשֵׁ֑ם[d] ז֥וּ כֹח֖וֹ לֵאלֹהֽוֹ[e]׃ — ל̇

12 הֲל֧וֹא אַתָּ֣ה מִקֶּ֗דֶם יְהוָ֧ה [a]אֱלֹהַ֛י קְדֹשִׁ֖י[a] [b]לֹ֣א נָמ֑וּת[b] — ל̇ וחס
יְהוָה֙ לְמִשְׁפָּ֣ט שַׂמְתּ֔וֹ וְצ֖וּר[c] לְהוֹכִ֥יחַ[d] יְסַדְתּֽוֹ׃ — ל̇ . ל̇
13 טְה֤וֹר עֵינַ֙יִם֙ מֵרְא֣וֹת רָ֔ע[a] וְהַבִּ֥יט אֶל־עָמָ֖ל לֹ֣א תוּכָ֑ל — כת . ל̇
לָ֤מָּה תַבִּיט֙[b] בּֽוֹגְדִ֔ים תַּחֲרִ֕ישׁ[c] בְּבַלַּ֥ע רָשָׁ֖ע צַדִּ֥יק מִמֶּֽנּוּ[d]׃ — ה̇[16] . ה מל[17]
14 וַתַּעֲשֶׂ֥ה[a] אָדָ֖ם כִּדְגֵ֣י הַיָּ֑ם כְּרֶ֖מֶשׂ [b]לֹא־מֹשֵׁ֥ל בּֽוֹ[b]׃ — ד̇[18]
15 כֻּלֹּה֙ בְּחַכָּ֣ה הֵֽעֲלָ֔ה[a] יְגֹרֵ֣הוּ[b] בְחֶרְמ֔וֹ — כת כן[14] . ב̇[19] . ל̇[20]
וְיַאַסְפֵ֖הוּ בְּמִכְמַרְתּ֑וֹ עַל־כֵּ֖ן יִשְׂמַ֥ח וְיָגִֽיל׃ — ל̇
16 עַל־כֵּן֙ יְזַבֵּ֣חַ לְחֶרְמ֔וֹ וִֽיקַטֵּ֖ר לְמִכְמַרְתּ֑וֹ — ל̇
כִּ֤י בָהֵ֙מָּה֙ שָׁמֵ֣ן חֶלְק֔וֹ וּמַאֲכָל֖וֹ בְּרִאָֽה[a]׃ — ג̇[21] . ד̇[22] . ל̇ . ב̇ חד מל וחד חס
17 הַ֥עַל[a] כֵּ֖ן יָרִ֣יק חֶרְמ֑וֹ[b] וְתָמִ֛יד[c] לַהֲרֹ֥ג גּוֹיִ֖ם לֹ֥א[d] יַחְמֽוֹל׃ ס — ב̇ . ד̇ מל

2 1 עַל־מִשְׁמַרְתִּ֣י אֶעֱמֹ֔דָה וְאֶתְיַצְּבָ֖ה עַל־מָצ֑וֹר[a] וַאֲצַפֶּ֗ה[b] — ב̇ ר״פ על על[1] . ב̇[2]
לִרְאוֹת֙ מַה־יְדַבֶּר־בִּ֔י וּמָ֥ה אָשִׁ֖יב[c] עַל־תּוֹכַחְתִּֽי׃

[12] Mm 3635. [13] Mm 1640. [14] Cf Mp sub loco, Mm 2264 et 2480. [15] Mm 4234. [16] Mm 125. [17] Mm 3638. [18] Mm 1970. [19] Hi 40,25. [20] Mm 1430. [21] Mm 579. [22] Mm 1407. Cp 2 [1] Mm 2328. [2] Mm 3114.

8 [c–c] 𝔔 פשו ופרשו פרשו ‖ [d] exc vb? ‖ [e] cf 9[a–a] ‖ [f] > pc Mss 𝔊𝔖[W], dttg? ‖ [g] > 𝔔𝔖, frt dl ‖ **9** [a–a] frt tr post 8a cf 8[e]; 𝔊 *ἀνθεστηκότας προσώποις αὐτῶν ἐξ ἐναντίας*, prp מְגֹרָה (מְגַרַת) פניהם קִדְמָה ‖ [b] 𝔔 קדים, σ′(𝔙) *ἄνεμος καύσων*, 𝔖 *ʿšjn*, 𝔗 *krwḥ qdwm*ʾ; prp קֵדְמָה ‖ [c] 𝔊(𝔙) *καὶ συνάξει*, l וְיֶאֱסֹף cf 𝔖 ‖ **10** [a] 𝔔 יקלס ‖ [b] 𝔔 pc Mss 𝔊(𝔖) והוא ‖ [c] 𝔊(𝔙) *καὶ βαλεῖ*, l ′וְיִ ‖ [d] 𝔔 וילכדהו, 𝔊 *καὶ κρατήσει αὐτοῦ*; l וְיִלְכְּדֵהוּ cf 𝔙 ‖ **11** [a] prp יַחֲלִף cf 𝔊𝔙 ‖ [b] prb l כָּרוּחַ ‖ [c] prp וְיַעֲבֹר cf 𝔊𝔙 ‖ [d] 𝔔 וישם, l וְיָשֵׂם et cj c v b ‖ [e] prb l הָ(י)ו– ‖ **12** [a–a] 𝔊* *ὁ θεὸς ὁ ἅγιός μου*, prb l אלהֵי קְדֹשִׁי ‖ [b–b] l c Tiq soph לא תמות ‖ [c] prp צוּרִי ‖ [d] 𝔔 למוכיחו ‖ **13** [a] 𝔔 ברע ‖ [b] 𝔔 תביטו ‖ [c] 𝔔 ותחריש cf 𝔖𝔗 ‖ [d] > 𝔊*𝔖, frt dl ‖ **14** [a] 𝔔 ותעש; frt l תעשׂה (ו dttg) ‖ [b–b] 𝔔 למשל ‖ **15** [a] prb l c 𝔔 יַעֲלֶה ‖ [b] prb l c 𝔔 וְיגרהו cf 𝔊𝔖; exc vb? ‖ **16** [a] 𝔔 ברי, l בָּרָא (ה dttg) ‖ **17** [a] 𝔔 Ms 𝔊𝔖(𝔙) על ‖ [b] frt l c 𝔔 חַרְבּוֹ ‖ [c] l c 𝔔 תמיד (ו dttg) et cj c v a cf 𝔖 ‖ [d] 𝔔 pc Mss ולוא cf 𝔖𝔗[Mss] ‖ **Cp 2,1** [a] 𝔔 מצורי, prp מַצּוֹרִי ‖ [b] add? ‖ [c] l יָשִׁיב cf 𝔖.

נָפֹ֧שׁוּ[d] עַמְּךָ֛[e] עַל־הֶהָרִ֖ים וְאֵ֥ין מְקַבֵּֽץ׃

19 אֵין־כֵּהָ֣ה[a] לְשִׁבְרֶ֔ךָ[b] נַחְלָ֖ה מַכָּתֶ֑ךָ[b]

כֹּ֣ל׀ שֹׁמְעֵ֣י שִׁמְעֲךָ֗[b] תָּ֤קְעוּ כַף֙ עָלֶ֔יךָ[c] — ו֯[11]

כִּ֛י עַל־מִ֛י לֹא־עָבְרָ֥ה רָעָתְךָ֖[b] תָּמִֽיד׃

סכום הפסוקים
ארבעים ושבעה

HABAKUK חבקוק

ס̄ ג֯[1] 1 1 הַמַּשָּׂא֙ אֲשֶׁ֣ר חָזָ֔ה חֲבַקּ֖וּק הַנָּבִֽיא׃ — ט

2 עַד־אָ֧נָה יְהוָ֛ה שִׁוַּ֖עְתִּי וְלֹ֣א תִשְׁמָ֑ע — ד֯[2]

אֶזְעַ֥ק אֵלֶ֛יךָ חָמָ֖ס וְלֹ֥א תוֹשִֽׁיעַ׃

3 לָ֣מָּה תַרְאֵ֤נִי אָ֙וֶן֙ וְעָמָ֣ל תַּבִּ֔יט[a] — ה֯[3]

וְשֹׁ֥ד וְחָמָ֖ס לְנֶגְדִּ֑י [b]וַיְהִ֥י רִ֖יב[b] [c]וּמָד֥וֹן יִשָּֽׂא[c]׃ — יד בטע֯[4] . ל֯[1] . לז

4 עַל־כֵּן֙ תָּפ֣וּג תּוֹרָ֔ה וְלֹא־יֵצֵ֥א לָנֶ֖צַח מִשְׁפָּ֑ט[a] — ב . ב֯[5]

כִּ֤י רָשָׁע֙ מַכְתִּ֣יר אֶת־הַצַּדִּ֔יק עַל־כֵּ֛ן יֵצֵ֥א מִשְׁפָּ֖ט מְעֻקָּֽל׃ — ל֯

5 רְא֤וּ בַגּוֹיִם֙[a] וְֽהַבִּ֔יטוּ וְהִֽתַּמְּה֖וּ תְּמָ֑הוּ[b] — ל֯

כִּי־פֹ֙עַל֙ פֹּעֵ֣ל[c] בִּֽימֵיכֶ֔ם לֹ֥א תַאֲמִ֖ינוּ כִּ֥י יְסֻפָּֽר׃ — ב

6 כִּֽי־הִנְנִ֤י מֵקִים֙ [a]אֶת־הַכַּשְׂדִּ֔ים[a] הַגּ֖וֹי הַמַּ֣ר וְהַנִּמְהָ֑ר — ל֯

הַהוֹלֵךְ֙ לְמֶרְחֲבֵי־אֶ֔רֶץ לָרֶ֖שֶׁת מִשְׁכָּנ֥וֹת לֹּא־לֽוֹ׃ — כז֯[6] מל֯ ול֯ בעינ֯ וכל משלי וקהלת דכות ב מ ה . ו֯ דגש֯[7] . ה֯[8]

7 אָיֹ֥ם וְנוֹרָ֖א ה֑וּא מִמֶּ֕נּוּ מִשְׁפָּט֥וֹ וּשְׂאֵת֖וֹ[a] יֵצֵֽא׃ — ז֯[9] . י֯א זוגין דמטע בטע֯[10] . ו֯[11] . ל֯

8 וְקַלּ֨וּ[a] מִנְּמֵרִ֜ים סוּסָ֗יו וְחַדּוּ֙ מִזְּאֵ֣בֵי עֶ֔רֶב[b] — ל֯

[11] Mm 1703.

Cp 1 [1] Mp sub loco. [2] Mm 2475. [3] Mm 125. [4] Mm 3948. [5] Mm 3113. [6] Mm 1788. [7] Mm 3644. [8] Mm 282. [9] Mm 3040. [10] Mm 794. [11] Mm 1689.

18 [d] l נָפֹצוּ ‖ [e] prp ־ֵךְ cf 𝔖 ‖ **19** [a] 𝔊 ἴασις = גֵּהָה? ‖ [b] cf 18[e] ‖ [c] cf 18[a].
Cp 1,3 [a] frt l אביט cf 𝔖𝔗 ‖ [b–b] var lect an gl ad sq? ‖ [c–c] frt l אֶשָּׂא an exc nonn vb? ‖ **4** [a] 𝔔 המ׳ ‖ **5** [a] 𝔊 *οἱ καταφρονηταί* = בֹּגְדִים cf 𝔖, l 𝔐 ‖ [b] 𝔊* + *ἀφανίσθητε* = וָשֹׁמּוּ? ‖ [c] 𝔊 + *ἐγώ* cf 𝔖, frt ins אֲנִי vel potius l אֶפְעַל m cs ‖ **6** [a–a] gl, dl; 𝔊 + *τοὺς μαχητάς*, l sol (הַ)גִּבֹּרִים m cs ‖ **7** [a] prb dl, var lect ad ומשפטו ‖ **8** [a] 𝔔 וקול ‖ [b] 𝔊 *τῆς Ἀραβίας*, prb l עֲרָבָה.

פּוּט וְלוּבִים הָיוּ בְּעֶזְרָתֵךְ[b]׃
10 גַּם־הִיא לַגֹּלָה הָלְכָה בַשֶּׁבִי — ד וחס בליש
גַּם עֹלָלֶיהָ יְרֻטְּשׁוּ[a] בְּרֹאשׁ כָּל־חוּצוֹת — ל֗ה[5]
וְעַל־[b]נִכְבַּדֶּיהָ יַדּוּ גוֹרָל — ג֗
וְכָל־גְּדוֹלֶיהָ רֻתְּקוּ בַזִּקִּים׃
11 גַּם־אַתְּ תִּשְׁכְּרִי[a] תְּהִי נַעֲלָמָה[b] — ב֗
גַּם־אַתְּ תְּבַקְשִׁי מָעוֹז מֵאוֹיֵב׃
12 כָּל־מִבְצָרַיִךְ תְּאֵנִים עִם[a]־בִּכּוּרִים
אִם־יִנּוֹעוּ וְנָפְלוּ עַל־פִּי אוֹכֵל׃ — ד מל[6]
13 הִנֵּה עַמֵּךְ נָשִׁים[a] [b]בְּקִרְבֵּךְ לְאֹיְבַיִךְ[b] — ה[7]
פָּתוֹחַ נִפְתְּחוּ שַׁעֲרֵי אַרְצֵךְ — ג ב חס וחד מל
[c]אָכְלָה אֵשׁ בְּרִיחָיִךְ[cd]׃
14 מֵי מָצוֹר שַׁאֲבִי־לָךְ חַזְּקִי מִבְצָרָיִךְ
בֹּאִי[a] בַטִּיט וְרִמְסִי בַחֹמֶר — ב . ב
הַחֲזִיקִי מַלְבֵּן[b]׃ — ל
15 שָׁם[a] תֹּאכְלֵךְ אֵשׁ תַּכְרִיתֵךְ חֶרֶב [b]תֹּאכְלֵךְ כַּיָּלֶק[b]
הִתְכַּבֵּד[c] כַּיֶּלֶק הִתְכַּבְּדִי כָּאַרְבֶּה׃ — ל . ה
16 הִרְבֵּית[a] רֹכְלַיִךְ מִכּוֹכְבֵי הַשָּׁמָיִם [b]יֶלֶק פָּשַׁט וַיָּעֹף[b]׃ — ג וחס[8]
17 מִנְּזָרַיִךְ כָּאַרְבֶּה וְטַפְסְרַיִךְ [a]כְּגוֹב גֹּבָי[a] — ל . ה . ב
הַחוֹנִים בַּגְּדֵרוֹת בְּיוֹם קָרָה — ל[9]
שֶׁמֶשׁ זָרְחָה [b]וְנוֹדַד וְלֹא[b]־נוֹדַע מְקוֹמוֹ[c] — ד[10]
אַיָּם[d]׃ 18 נָמוּ רֹעֶיךָ[a] [b]מֶלֶךְ אַשּׁוּר[b] יִשְׁכְּנוּ[c] אַדִּירֶיךָ[a] — ב . ל

[5] Mm 2840. [6] Mm 3271. [7] Mm 868. [8] Mm 1843. [9] Mm 841. [10] Mm 520.

9 [b] 𝔊(𝔖) *βοηθοὶ αὐτῆς*, l ־תָהּ ‖ **10** [a] l רֻטְּשׁוּ cf 𝔖𝔙 ‖ [b] 𝔊 + *πάντα*, ins ־כָּל ‖ **11** [a] prp תִּשָּׁבְרִי ‖ [b] prp נֶעֱלָפָה; 𝔗 *msl'm'*, frt l נִלְעָמָה pessum data ‖ **12** [a] prb l עָרַיִךְ vel עַמֵּךְ ‖ **13** [a] frt l נָשִׁים (= נָסִים) vel כְּנָשִׁים cf 𝔊(𝔖𝔗) *ὡς γυναῖκες* ‖ [b–b] l איביך (כֹּל) בְּקֶרֶב ‖ [c–c] gl? an exc hemist? ‖ [d] sic L, mlt Mss Edd ־יִךְ ‖ **14** [a] prp בּוֹסִי ‖ [b] exc hemist; שם 15 superesse vid ‖ **15** [a] cf 14[b] ‖ [b–b] prb dl ‖ [c] l הִתְכַּבְּדִי ‖ **16** [a] l הִרְבִּי vel וְהִרבית ‖ [b–b] add ‖ **17** [a–a] dttg; l כְּגוֹבָי ‖ [b–b] l ונוֹדְדוּ לא, sed frt (cf metrum) ונודד(ו) add ‖ [c] l מְקוֹמָם׃ ‖ [d] prb l אֵיכָה et cj c 18, al prp אוֹי מַה נָּמוּ ‖ **18** [a] prp ־ַיִךְ cf 𝔖 ‖ [b–b] add? ‖ [c] prb l יָשְׁנוּ.

2,13—3,9 NAHUM 1047

13 אַרְיֵ֤ה טֹרֵף֙ בְּדֵ֣י גֹֽרוֹתָ֔יו וּמְחַנֵּ֖ק לְלִבְאֹתָ֑יו ד . ל
וַיְמַלֵּא־טֶ֙רֶף֙ חֹרָ֔יו וּמְעֹנֹתָ֖יו טְרֵפָֽה׃ ט . ל חס[13]
14 הִנְנִ֣י אֵלַ֗יִךְ נְאֻם֮ יְהוָ֣ה צְבָאוֹת֒ כט . כו
וְהִבְעַרְתִּ֤י בֶֽעָשָׁן֙ רִכְבָּ֔הּ[a] וּכְפִירַ֖יִךְ תֹּ֣אכַל חָ֑רֶב ל
וְהִכְרַתִּ֤י מֵאֶ֙רֶץ֙ טַרְפֵּ֔ךְ וְלֹא־יִשָּׁמַ֥ע ע֖וֹד ק֥וֹל מַלְאָכֵֽכֵה[b]׃ ס ב[14] . ל[15] . ל

3 1 ה֖וֹי עִ֣יר דָּמִ֑ים כֻּלָּ֗הּ כַּ֤חַשׁ ל
פֶּ֙רֶק֙ מְלֵאָ֔ה לֹ֥א יָמִ֖ישׁ טָֽרֶף׃ ז[1]
2 ק֣וֹל שׁ֔וֹט וְק֖וֹל רַ֣עַשׁ אוֹפָ֑ן
וְס֣וּס דֹּהֵ֔ר וּמֶרְכָּבָ֖ה מְרַקֵּדָֽה׃
3 פָּרָ֣שׁ מַעֲלֶ֗ה[a] ג ב קמ וחד פת . ח[2]
וְלַ֤הַב חֶ֙רֶב֙ וּבְרַ֣ק חֲנִ֔ית
וְרֹ֥ב חָלָ֖ל וְכֹ֣בֶד פָּ֑גֶר
וְאֵ֥ין קֵ֙צֶה֙ לַגְּוִיָּ֔ה יִכְשְׁל֖וּ[b] בִּגְוִיָּתָֽם[c]׃ ה[3] . וכשלו ק
4 מֵרֹב֙ זְנוּנֵ֣י זוֹנָ֔ה ט֥וֹבַת חֵ֖ן בַּעֲלַ֣ת כְּשָׁפִ֑ים
הַמֹּכֶ֤רֶת[a] גּוֹיִם֙ בִּזְנוּנֶ֔יהָ וּמִשְׁפָּח֖וֹת בִּכְשָׁפֶֽיהָ׃
5 הִנְנִ֣י אֵלַ֗יִךְ נְאֻם֙ יְהוָ֣ה צְבָא֔וֹת[a] וְגִלֵּיתִ֥י שׁוּלַ֖יִךְ עַל־פָּנָ֑יִךְ כט . כו . ג ומל . ח
וְהַרְאֵיתִ֤י גוֹיִם֙ מַעְרֵ֔ךְ וּמַמְלָכ֖וֹת קְלוֹנֵֽךְ׃
6 וְהִשְׁלַכְתִּ֥י עָלַ֛יִךְ שִׁקֻּצִ֖ים וְנִבַּלְתִּ֑יךְ וְשַׂמְתִּ֖יךְ כְּרֹֽאִי׃ ג חס[4] . ל
7 וְהָיָ֤ה כָל־רֹאַ֙יִךְ֙ יִדּ֣וֹד מִמֵּ֔ךְ וְאָמַר֙[a] ז בסיפ
שָׁדְּדָ֣ה נִֽינְוֵ֔ה מִ֖י יָנ֣וּד לָ֑הּ
מֵאַ֛יִן אֲבַקֵּ֥שׁ מְנַחֲמִ֖ים לָֽךְ[b]׃
8 הֲתֵֽיטְבִי֙ מִנֹּ֣א אָמ֔וֹן הַיֹּֽשְׁבָה֙ בַּיְאֹרִ֔ים [a]מַ֖יִם סָבִ֣יב לָ֑הּ[a] ל . ל
אֲשֶׁר־חֵ֣יל[b] יָ֔ם[c] מִיָּ֖ם[d] חוֹמָתָֽהּ׃
9 כּ֥וּשׁ עָצְמָ֛ה[a] וּמִצְרַ֖יִם וְאֵ֣ין קֵ֑צֶה ב . ה[3]

[13] Mm 2570. [14] Mm 3111. [15] Mm 3112. Cp 3 [1] Mm 3293. [2] Mm 2726. [3] Mm 2213. [4] Mm 2190.

14 [a] 𝔊(𝔖) *πλῆθός σου* = רֻבֵּךְ? prp רִכְבֵּךְ (cf 𝔗𝔙) vel רִבְצֵךְ, sed frt l סֻבְּכֵךְ cf 1,10 ‖ [b] 𝔊 *τὰ ἔργα σου*, prp מַלְאֲכַיִךְ cf 𝔗𝔙, sed frt l לְבִיאָיִךְ ‖ **Cp 3,3** [a] exc hemist ‖ [b] K יִכְשְׁלוּ; ℭ[2] pc Mss ut Q ‖ [c] l בַּגְּוִיּת ‖ **4** [a] frt l הַכֹּמֶרֶת (cf מִכְמֶרֶת) ‖ **5** [a] frt dl m cs ‖ **7** [a] add? ‖ [b] 𝔊 *αὐτῇ*, l לָהּ ‖ **8** [a–a] prb gl ad v b sq ‖ [b] l חֵילָהּ cf Vrs ‖ [c] > Mur ‖ [d] 𝔙(𝔊𝔖 pr cop) *aquae*, l מַיִם ‖ **9** [a] 𝔊(𝔖𝔗[Mss]𝔙) *ἡ ἰσχὺς αὐτῆς*, l עָצְמָהּ.

2 עָלָה[a] מֵפִיץ[b] עַל־פָּנַיִךְ ב. ה
נָצוֹר מְצֻרָה[c] צַפֵּה־דֶרֶךְ
חַזֵּק מָתְנַיִם אַמֵּץ כֹּחַ מְאֹד׃ ד[3]
3 כִּי[a] שָׁב יְהוָה אֶת־גְּאוֹן[b] יַעֲקֹב כִּגְאוֹן[c] יִשְׂרָאֵל
כִּי בְקָקוּם בֹּקְקִים וּזְמֹרֵיהֶם שִׁחֵתוּ׃ ל. ל
4 מָגֵן גִּבֹּרֵיהוּ מְאָדָּם אַנְשֵׁי־חַיִל מְתֻלָּעִים ל. ל. ל
[a]בְּאֵשׁ־פְּלָדוֹת[a] הָרֶכֶב [b]בְּיוֹם הֲכִינוֹ[b] וְהַבְּרֹשִׁים[c] הָרְעָלוּ[d]׃ ל. ל
5 בַּחוּצוֹת יִתְהוֹלְלוּ הָרֶכֶב[a] יִשְׁתַּקְשְׁקוּן בָּרְחֹבוֹת ב חד מל וחד חס. ל
מַרְאֵיהֶן[b] כַּלַּפִּידִם כַּבְּרָקִים יְרוֹצֵצוּ׃ ד[4]. ג מל בליש[5]
6 יִזְכֹּר[a] אַדִּירָיו יִכָּשְׁלוּ[b] בַּהֲלְכוֹתָם בהליכתם ק — חד מן ו[6] חס י ול בליש
יְמַהֲרוּ חוֹמָתָהּ[c] וְהֻכַן הַסֹּכֵךְ׃ ג ב מל וחד חס[7]. ג
7 שַׁעֲרֵי הַנְּהָרוֹת נִפְתָּחוּ וְהַהֵיכָל נָמוֹג׃ ג[8]. ב
8 וְהֻצַּב[a] גֻּלְּתָה הֹעֲלָתָה[a] וְאַמְהֹתֶיהָ מְנַהֲגוֹת[b]
כְּקוֹל[c] יוֹנִים מְתֹפְפֹת עַל־לִבְבֵהֶן׃ ל[9]. ל. ל
9 וְנִינְוֵה כִבְרֵכַת־מַיִם [a]מִימֵי הִיא[a] וְהֵמָּה[b] נָסִים
עִמְדוּ עֲמֹדוּ וְאֵין מַפְנֶה׃ ב חד קמ ול פת
10 בֹּזּוּ כֶסֶף בֹּזּוּ זָהָב וְאֵין קֵצֶה לַתְּכוּנָה ה[10]
כָּבֹד[a] מִכֹּל כְּלִי חֶמְדָּה׃ ב חס
11 בּוּקָה וּמְבוּקָה וּמְבֻלָּקָה וְלֵב נָמֵס וּפַק בִּרְכַּיִם ל. ל
וְחַלְחָלָה בְּכָל־מָתְנַיִם וּפְנֵי כֻלָּם קִבְּצוּ פָארוּר׃ יו. מח[11] כת א לא קר ב מנה בליש
12 אַיֵּה מְעוֹן אֲרָיוֹת וּמִרְעֶה[a] הוּא לַכְּפִרִים ב. ד חס בליש
אֲשֶׁר[b] הָלַךְ אַרְיֵה לָבִיא[c] שָׁם גּוּר אַרְיֵה וְאֵין מַחֲרִיד׃ ג בסיפ[12]

[3] Mm 2112. [4] Mm 302. [5] Mp contra textum, cf Mp sub loco. [6] Mm 1871. [7] Mm 2266. [8] Mm 54. [9] Mm 2772. [10] Mm 2213. [11] Mm 898. [12] Mp sub loco.

2 [a] tr 2 ante 4 || [b] prp מַפֵּץ || [c] prp מַצָּרָה custodia || **3** [a] tr post 1aα? cf 1[a] || [b] prp גֶּפֶן || [c] prp כְּגֶפֶן (cf וזמריהם) || **4** [a–a] prp l כְּאֵשׁ לַפִּדוֹת cf σ′𝔖 *(blmpjd' dnwr')*, pc Mss כְּא׳; sed cf ug *pld* tegimen, frt l כְּאֵשׁ פְּלָדוֹת || [b–b] prb dl, gl? || [c] 𝔊(𝔖) *καὶ οἱ ἱππεῖς*, l וְהַפָּרָשִׁים || [d] frt l הָרְעָלוּ || **5** [a] prb dl || [b] l יהם— || **6** [a] 𝔊(𝔙) *καὶ μνησθήσονται*, prb l יִזָּכְרוּ || [b] frt l לֹא יִכָּשְׁלוּ || [c] l c pc Mss 𝔖𝔗 חוֹמָתָהּ || **8** [a–a] prb crrp; prp וְהֻצְאָה גֻּלְּתָה בַּעֲלָתָהּ, al הוּצְאָה בְגָלוּת הַבַּעֲלָה || [b] l מנהגות cf 𝔊𝔗𝔙 || [c] pr הֹגוֹת cf 𝔗𝔙 || **9** [a–a] 𝔊(𝔙) *τὰ ὕδατα αὐτῆς*, l מֵימֶיהָ || [b] prb dl || **10** [a] 𝔊(𝔖) *βεβάρυνται*, prb l כבד || **12** [a] prp וּמְעָרָה || [b] add? || [c] 𝔊(𝔖𝔙) *τοῦ εἰσελθεῖν*; l לָבוֹא? sed frt var lect ad אריה.

(ט) 7 טוֹב יְהוָה לְמָעוֹז[a] בְּיוֹם צָרָה
ל. ג[7] — (י) וְיֹדֵעַ[b] חֹסֵי בוֹ׃ 8 וּבְשֶׁטֶף עֹבֵר[a]
ג — (כ) כָּלָה יַעֲשֶׂה מְקוֹמָהּ[b] וְאֹיְבָיו יְרַדֶּף[c]־חֹשֶׁךְ׃
ל. ג[8] — 9 מַה־תְּחַשְּׁבוּן אֶל־יְהוָה
כב[9] — כָּלָה הוּא עֹשֶׂה לֹא־תָקוּם[a] פַּעֲמַיִם צָרָה[b]׃

ל. ל — 10 [a][b]כִּי עַד־[b]סִירִים סְבֻכִים [c]וּכְסָבְאָם סְבוּאִים[c]
ג[10]. ה — אֻכְּלוּ כְּקַשׁ יָבֵשׁ מָלֵא[d]׃ 11 [e]מִמֵּךְ יָצָא
לא[11]. ד חס בליש וכל יעצי דכות[12] — חֹשֵׁב עַל־יְהוָה רָעָה יֹעֵץ בְּלִיָּעַל׃ ס

12 כֹּה ׀ אָמַר יְהוָה
ב — [a]אִם־שְׁלֵמִים[b] וְכֵן[c] רַבִּים[a] וְכֵן נָגֹזּוּ[d] וְעָבָר[e]
ל וחס — וְעִנִּתִךְ[d] לֹא אֲעַנֵּךְ עוֹד׃
ל. ד[13]. ל — 13 וְעַתָּה אֶשְׁבֹּר מֹטֵהוּ[a] מֵעָלָיִךְ וּמוֹסְרֹתַיִךְ אֲנַתֵּק׃
14 וְצִוָּה עָלֶיךָ יְהוָה
[a]לֹא־יִזָּרַע מִשִּׁמְךָ עוֹד[a][b]
מִבֵּית אֱלֹהֶיךָ אַכְרִית פֶּסֶל וּמַסֵּכָה
ל — אָשִׂים קִבְרֶךָ [c]כִּי קַלּוֹתָ[c]׃ פ

2 1 הִנֵּה עַל־הֶהָרִים רַגְלֵי מְבַשֵּׂר מַשְׁמִיעַ שָׁלוֹם[a]
ל. ל — חָגִּי יְהוּדָה חַגַּיִךְ שַׁלְּמִי נְדָרָיִךְ
לעבר ק חד מן ד[1] מל בליש — כִּי לֹא יוֹסִיף עוֹד לַעֲבָור־בָּךְ[b] בְּלִיַּעַל
כת כן[2] — כֻּלֹּה[c] נִכְרָת׃

[7] Mm 973. [8] Mm 2751. [9] Mm 475. [10] Mm 3110. [11] Mm 486. [12] Mm 2808. [13] Mm 2832. **Cp 2** [1] Mm 1259. [2] Cf Mp sub loco, Mm 2264 et 2480.

7 [a] exc vb; l exempli cs לְמְחַסֵּי־לוֹ מָעוֹז || [b] י-stropha, l יְהוָה ידע || **8** [a] exc vb; prb יַעֲבִירֵם || [b] 𝔊 *τοὺς ἐπεγειρομένους* α′ *ἀπὸ ἀνισταμένων* θ′ sec Hier *consurgentibus ei* ε′ sec Hier *a consurgentibus illi*, l בְּקָמָיו || [c] prp יֶהְדֹּף || **9** [a] 𝔊 *ἐκδικήσει* = יִקּוֹם; prp יקומו || [b] prp צָרָיו cf [a] || **10/11** [a] cj c 2,2.4sqq? || [b–b] frt l הוֹי עִיר cf 3,1, al יִבְעֲרוּ כְּ || [c–c] aut secundum aut utrumque vb dttg; al prp וּ ... לְבִיאִים et cj c מלא (cf [d]), al dl || [d] al tr ante [c–c] (מָלְאוּ לביאים), al l הֲלֹא et cj c 11 || [e] unum vb (כִּי?) aut plur exc? || **12** [a–a] 𝔊 *κατάρχων ὑδάτων πολλῶν* = מֹשֵׁל מַיִם רבים, 𝔖 *ʿl rjšj mjʾ sgjʾʾ* = אֶל מֹשְׁלֵי מַיִם רבים; prp רבים (inundationes, imbres) אם שַׁלְמִים || [b] frt l מֹשְׁלִים cf 𝔊𝔖 || [c] frt l וְאִם הֵם, al וְאִם || [d–d] l ועברו עניתך || [e] > 𝔊 || **13** [a] prp מַטֵּהוּ cf 𝔊𝔙, al מֹטָה || **14** [a–a] frt l לא יִזָּכֵר עוד שְׁמֶךָ cf 𝔗 || [b] exc hemist? || [c–c] prp קִיקָלוֹת stercilinium vel (קִי)קָלוֹן || **Cp 2,1** [a] hic ins 3? || [b] prp בֶּן־ || [c] 𝔊 *συντετέλεσται*, frt l כָּלָה.

18 מִי־אֵ֣ל כָּמ֗וֹךָ נֹשֵׂ֤א עָוֺן֙ לׄחׄ
וְעֹבֵ֣ר עַל־פֶּ֔שַׁע ᵃלִשְׁאֵרִ֖ית נַחֲלָת֑וֹᵃ
לֹא־הֶחֱזִ֤יק לָעַד֙ אַפּ֔וֹ כִּֽי־חָפֵ֥ץ חֶ֖סֶד הֽוּא׃
19 יָשׁ֣וּב יְרַֽחֲמֵ֔נוּ יִכְבֹּ֖שׁ עֲוֺנֹתֵ֑ינוּ
וְתַשְׁלִ֛יךְᵃ בִּמְצֻל֥וֹת יָ֖ם כָּל־חַטֹּאותָֽםᵇ׃ לׄ[20]. טׄ בליש וכל בחטאתם ובחטאתם דכות[21]
20 תִּתֵּ֤ן אֱמֶת֙ לְיַֽעֲקֹ֔ב חֶ֖סֶד לְאַבְרָהָ֑ם סׄ יׄבׄ[20]
אֲשֶׁר־נִשְׁבַּ֥עְתָּ לַאֲבֹתֵ֖ינוּ מִ֥ימֵי קֶֽדֶם׃

סכום הפסוקים
מאה וחמשה

NAHUM נחום

1 1 מַשָּׂ֖א נִֽינְוֵ֑ה סֵ֧פֶר חֲז֛וֹן נַח֖וּם הָאֶלְקֹשִֽׁי׃ מׄאׄ. לׄ
(א) 2 אֵ֣ל קַנּ֤וֹא וְנֹקֵםᵃ֙ יְהוָ֔ה ᵇנֹקֵ֤ם יְהוָה֙ᵇ וּבַ֣עַל חֵמָ֑ה דׄ בׄ מלׄ ובׄ חסׄ[1]
ᶜנֹקֵ֤ם יְהוָה֙ לְצָרָ֔יו וְנוֹטֵ֥ר ה֖וּא לְאֹיְבָֽיוᶜ׃
3 ᵃיְהוָ֗הᵃ אֶ֤רֶךְ אַפַּ֙יִם֙ וּגְדָול־כֹּ֔חַᵇ וְנַקֵּ֖ה לֹ֣א יְנַקֶּ֑ה יְהוָ֗הᵃᶜ וגדל קׄ בׄ חד כתׄ מלׄ וחד חסׄ[2]
(ב) בְּסוּפָ֤ה וּבִשְׂעָרָה֙ דַּרְכּ֔וֹ וְעָנָ֖ן אֲבַ֥ק רַגְלָֽיו׃ בׄ כתׄ ש
(ג) 4 גּוֹעֵ֤ר בַּיָּם֙ וַֽיַּבְּשֵׁ֔הוּᵃ וְכָל־הַנְּהָר֖וֹת הֶחֱרִ֑יב בׄ חד מלׄ וחד חסׄ
(ד) אֻמְלַ֤לᵇ בָּשָׁן֙ וְכַרְמֶ֔ל וּפֶ֥רַח לְבָנ֖וֹן אֻמְלָֽל׃
(ה) 5 הָרִיםᵃ֙ רָעֲשׁ֣וּ מִמֶּ֔נּוּ וְהַגְּבָע֖וֹת הִתְמֹגָ֑גוּ לׄ וחד מן גׄ[3] חסׄ בליש
(ו) וַתִּשָּׂ֤אᵇ הָאָ֙רֶץ֙ מִפָּנָ֔יו ᶜוְתֵבֵ֖ל וְכָל־יֹ֥שְׁבֵי בָֽהᶜ׃ כגׄ. בׄ. חׄ[4]. לדׄ מלׄ[5]
(ז) 6 לִפְנֵ֤יᵃ זַעְמוֹ֙ מִ֣י יַֽעֲמ֔וֹד ᵃוּמִ֥י יָק֖וּם בַּחֲר֣וֹן אַפּ֑וֹ גׄ מלׄ[6]. בׄ
(ח) חֲמָתוֹ֙ נִתְּכָ֣ה כָאֵ֔שׁ וְהַצֻּרִ֖ים נִתְּצ֥וּᵇ מִמֶּֽנּוּ׃ בׄ

[20] Mp sub loco. [21] Mm 759 et Mm 929.
Cp 1 [1] Mm 1382. [2] Mm 3440. [3] Mm 3532. [4] Mm 2556. [5] Mp contra textum, cf Mp sub loco. [6] Mm 3482.

18 ᵃ⁻ᵃ nonn add hab, sed l 𝔐 || **19** ᵃ l וְהִשְׁלִיךְ cf Vrs || ᵇ l c pc Mss 𝔊𝔖𝔙 חטאתֵנוּ.
Cp 1,2 ᵃ tr post יהוה? || ᵇ⁻ᵇ > 𝔊^Mss || ᶜ⁻ᶜ add || **3** ᵃ⁻ᵃ add || ᵇ prp חֶסֶד || ᶜ huc tr ‸ cf 𝔊 || **4** ᵃ frt l וַיֹּבִשֵׁהוּ || ᵇ ד-stropha, prp דָּלְלוּ (cf parallelismum et Vrs) || **5** ᵃ l c Mur הֶהָרִים cf 𝔊𝔗 || ᵇ l ותשא cf 𝔖(om cop)𝔙 || ᶜ⁻ᶜ prp וְאָבְלוּ כל vel וַיֶּאֶבְלוּ כל || **6** ᵃ l לְפָנָיו et tr post יעמוד (ז-stropha) || ᵇ prp c Ms נִצְּתוּ.

6 כִּֽי־בֵן֙ מְנַבֵּ֣ל אָ֔ב בַּ֚ת קָמָ֣ה בְאִמָּ֔הּ
כַּלָּ֖ה בַּחֲמֹתָ֑הּ אֹיְבֵ֥י אִ֖ישׁ אַנְשֵׁ֥י בֵיתֽוֹ׃ ל
7 וַאֲנִי֙ בַּיהוָ֣ה אֲצַפֶּ֔ה אוֹחִ֖ילָה לֵאלֹהֵ֣י יִשְׁעִ֑י סז ר״פ. ג[8]
יִשְׁמָעֵ֖נִי אֱלֹהָֽי׃

8 אַל־תִּשְׂמְחִ֤י אֹיַ֨בְתִּי֙ לִ֔י כִּ֥י נָפַ֖לְתִּי קָ֑מְתִּי ב. ל
כִּֽי־אֵשֵׁ֣ב בַּחֹ֔שֶׁךְ יְהוָ֖ה א֥וֹר לִֽי׃ ס
9 זַ֤עַף יְהוָה֙ אֶשָּׂ֔א כִּ֥י חָטָ֖אתִי ל֑וֹ כג
עַד֩ אֲשֶׁ֨ר יָרִ֤יב רִיבִי֙ וְעָשָׂ֣ה מִשְׁפָּטִ֔י יו[9]
יוֹצִיאֵ֣נִי לָא֔וֹר אֶרְאֶ֖ה בְּצִדְקָתֽוֹ׃ ג מל. ז[10]
10 וְתֵרֶ֤א אֹיַ֨בְתִּי֙ וּתְכַסֶּ֣הָ בוּשָׁ֔ה ל. ב
הָאֹמְרָ֣ה אֵלַ֔י אַיּ֖וֹ[a] יְהוָ֣ה אֱלֹהָ֑יִךְ ה[11]. ו[12] בנביא וכל ס״פ דכות ב מ א
עֵינַי֙ תִּרְאֶ֣ינָּה בָּ֔הּ ל דגש
עַתָּ֛ה תִּהְיֶ֥ה לְמִרְמָ֖ס כְּטִ֥יט חוּצֽוֹת׃ כ בטע
11 י֖וֹם[a] לִבְנ֣וֹת גְּדֵרָ֑יִךְ י֥וֹם הַה֖וּא[b] יִרְחַק־חֹֽק[c]׃ ל
12 י֣וֹם ה֤וּא וְעָדֶ֙יךָ֙[a] יָב֔וֹא[b] לְמִנִּ֥י אַשּׁ֖וּר וְעָרֵ֣י[c] מָצ֑וֹר ל[13]. ל
וּלְמִנִּ֤י מָצוֹר֙ וְעַד־נָהָ֔ר וְיָ֥ם[d] מִיָּ֖ם וְהַ֥ר הָהָֽר[de]׃ ג[14]. ל
13 וְהָיְתָ֥ה הָאָ֛רֶץ לִשְׁמָמָ֖ה עַל־יֹשְׁבֶ֑יהָ מִפְּרִ֖י מַעַלְלֵיהֶֽם׃ ס
14 רְעֵ֨ה עַמְּךָ֤ בְשִׁבְטֶ֙ךָ֙ צֹ֣אן נַחֲלָתֶ֔ךָ ב[15]
שֹׁכְנִ֣י[a] לְבָדָ֔ד יַ֖עַר בְּת֣וֹךְ כַּרְמֶ֑ל ד[16]. ג[17]
יִרְע֥וּ בָשָׁ֛ן וְגִלְעָ֖ד כִּימֵ֥י עוֹלָֽם׃ ב
15 כִּימֵ֥י צֵאתְךָ֖ [a]מֵאֶ֣רֶץ מִצְרָ֑יִם[a] אַרְאֶ֖נּוּ[b] נִפְלָאֽוֹת׃ ב
16 יִרְא֤וּ גוֹיִם֙ וְיֵבֹ֔שׁוּ מִכֹּ֖ל גְּבוּרָתָ֑ם
יָשִׂ֤ימוּ יָד֙ עַל־פֶּ֔ה אָזְנֵיהֶ֖ם תֶּחֱרַֽשְׁנָה׃ ב
17 יְלַחֲכ֤וּ עָפָר֙ כַּנָּחָ֔שׁ כְּזֹחֲלֵ֣י אֶ֔רֶץ ב. ב
יִרְגְּז֖וּ מִמִּסְגְּרֹתֵיהֶ֑ם [a]אֶל־יְהוָ֤ה אֱלֹהֵ֙ינוּ֙[a] יִפְחָ֔דוּ וְיִֽרְא֖וּ מִמֶּֽךָּ׃ ב חד חס וחד מל[18]. ה ל מנה חס[19]

[8] Mm 3104. [9] Mm 2362. [10] Mm 3105. [11] Mm 3106. [12] Mm 3133. [13] Mm 3306. [14] Mm 3107. [15] Mm 3108. [16] Mm 2727. [17] Mm 3199. [18] Mm 3109. [19] Mm 1056.

10 [a] l אַיֵּה ? ‖ **11** [a] prp יוֹם הוּא aut הִנֵּה יוֹם ‖ [b] l וְ הוּא cf 12aα ‖ [c] prb l חֻקָּךְ cf 𝔊^{L Mss} 𝔄 Arm ‖ **12** [a] l וְעָדַיִךְ ‖ [b] prp יָבוֹאוּ cf 𝔊 ‖ [c] l וְעַד ‖ [d–d] prp מִיָּם עַד יָם וּמֵהַר ‖ [e] 𝔙(𝔊^{-WQ86} θ′) *de monte*, l מֵהָר ‖ **14** [a] l שֹׁכְנֵי cf Vrs ‖ **15** [a–a] l c Ms 𝔊* מִמִּצְרַיִם ‖ [b] l הַרְאֵנוּ ‖ **17** [a–a] add, frt etiam יפחדו dl m cs.

13 וְגַם־אֲנִי הֶחֱלֵיתִי[a] הַכּוֹתֶךָ הַשְׁמֵם עַל־חַטֹּאתֶךָ׃ ל . ל . ל חס
14 [a]אַתָּה תֹאכַל וְלֹא תִשְׂבָּע[a] יא ר״פ ז מנה בנביא
[b]וְיֶשְׁחֲךָ[c] בְּקִרְבֶּךָ וְתַסֵּג[b]
וְלֹא תַפְלִיט[d] וַאֲשֶׁר תְּפַלֵּט לַחֶרֶב אֶתֵּן׃
15 [a]אַתָּה תִזְרַע וְלֹא תִקְצוֹר יא ר״פ ז מנה בנביא . ט פסוק ולא ולא ולא . ב מל[12]
אַתָּה תִדְרֹךְ־זַיִת וְלֹא־תָסוּךְ שֶׁמֶן וְתִירוֹשׁ וְלֹא תִשְׁתֶּה־יָּיִן׃ ה וחס[13] . ב
16 וְיִשְׁתַּמֵּר[a] חֻקּוֹת עָמְרִי וְכֹל מַעֲשֵׂה בֵית־אַחְאָב [b]וַתֵּלְכוּ[c] ל . ט . ג[14]
לְמַעַן תִּתִּי אֹתְךָ[d] לְשַׁמָּה וְיֹשְׁבֶיהָ לִשְׁרֵקָה [בְּמֹעֲצוֹתָם[b]
[e]וְחֶרְפַּת עַמִּי[f] תִּשָּׂאוּ[eg]׃ פ

7 1 אַלְלַי לִי ל בטע[1]
כִּי הָיִיתִי כְּאָסְפֵּי[a]־קַיִץ כְּעֹלְלֹת[b] בָּצִיר ל חס
אֵין־אֶשְׁכּוֹל לֶאֱכוֹל בִּכּוּרָה אִוְּתָה נַפְשִׁי׃ יג מל[2] . ג
2 אָבַד חָסִיד מִן־הָאָרֶץ וְיָשָׁר בָּאָדָם אָיִן
כֻּלָּם לְדָמִים יֶאֱרֹבוּ אִישׁ אֶת־אָחִיהוּ יָצוּדוּ חֵרֶם׃ ל . ד[3] . ב ס״פ
3 [a]עַל־הָרַע כַּפַּיִם לְהֵיטִיב[a] הַשַּׂר שֹׁאֵל[b] ב[4] . ד פת[5]
וְהַשֹּׁפֵט[c] בַּשִּׁלּוּם וְהַגָּדוֹל[d] דֹּבֵר הַוַּת נַפְשׁוֹ הוּא ב . ל[6]
וַיְעַבְּתוּהָ[e]׃ 4 טוֹבָם כְּחֵדֶק [a]יָשָׁר מִמְּסוּכָה[a] ל . ל . ל
יוֹם[b] מְצַפֶּיךָ[c] פְּקֻדָּתְךָ[d] בָאָה[e] עַתָּה תִהְיֶה מְבוּכָתָם׃ ל
5 אַל־תַּאֲמִינוּ בְרֵעַ אַל[a]־תִּבְטְחוּ בְּאַלּוּף ל . ל . ל . כו ר״פ אל אל[7]
מִשֹּׁכֶבֶת חֵיקֶךָ שְׁמֹר פִּתְחֵי־פִיךָ׃

[12] Mm 805. [13] Mm 1118. [14] Mm 1012. Cp 7 [1] Cf Mm 3160 et חד אַלְלַי Hi 10,15. [2] Mm 1640. [3] Mm 2660. [4] Mm 3290. [5] Mm 3103. [6] Mp sub loco. [7] Mm 3261.

13 [a] l הַחִלּוֹתִי cf 𝔊α′θ′𝔖𝔙 ‖ **14** [a–a] nonn tr 14 a ante 15, sed cf 9[a] ‖ [b–b] prp וַאֲשֶׁר בקרבך תַּסִּג, al וְיֶשׁ־כֹּחַ בקרבך תְּסָּגֵר cf Gn 20,18; prb l וְיֶשׁ־כֹּחַ בקרבָהּ וְתִסָּגֵר et cf 9[a] ‖ [c] 𝔊*θ′ *καὶ σκοτάσει* = וְיֶחֱשַׁךְ, 𝔖 *wʿbrtʾ* (dysenteria) *thwʾ*, 𝔗 *wjhj lk lmrʿ* (infirmitas), 𝔙 *humiliatio* ‖ [d] prb l תְּפַלֵּט cf bβ ‖ **15** [a] nonn huc tr 14 aα, sed cf 9[a] ‖ **16** [a] θ′(𝔊[Mss]𝔖𝔙) *καὶ ἐφύλαξας*, l וַתִּשְׁמֹר, sed 3 f (cf וישביה bβ); cf **9**[a] ‖ [b–b] nonn add hab (2 pl), sed cf [c] ‖ [c] frt l ותלֵךְ et cf 9[a] ‖ [d] prb l אֹתָהּ cf וישביה et 9[a] ‖ [e–e] prb add (2 pl), sed cf [g] ‖ [f] 𝔊 *λαῶν*, l עַמִּים? cf 𝔊 Ob 13 ‖ [g] prb l תִּשָּׂא et cf 9[a] ‖ **Cp 7,1** [a] frt l כְּאֹסְפִּ(י)? ; 𝔊 *ὡς συνάγων* = כַּאֲסִיף ‖ [b] prp כעֹלֵל cf [a] ‖ **3** [a–a] l לְהָרַע כַּפֵּיהֶם הֵיטִיבוּ cf 𝔊𝔖𝔙 ‖ [b] exc vb cf 𝔖 et [d] ‖ [c] exc vb; prp שֹׁפֵט ‖ [d] > 𝔊[-W]; l גְּדוֹלוֹת et tr post שֹׁאֵל? ‖ [e] frt l יעבתו הַ . . . (al יְעַוְּתוּ vel יְתַעֲבוּ cf 𝔖 et 3,9) et ins מִשְׁפָּט ex 4b (cf 4[c]) ‖ **4** [a–a] frt l יְשָׁרָם כִּמְסוּכָה cf σ′𝔙 ‖ [b] prp הוֹי cf 𝔊 ‖ [c] frt l מִשְׁפָּט et tr ad fin 3; cf 3[e] ‖ [d] prb l פקדתָם ‖ [e] frt l בָּא cf יום ‖ **5** [a] Mur mlt Mss ואל.

6 1 שִׁמְעוּ־נָא ᵃאֵתᵇ אֲשֶׁר־יְהוָה אֹמֵרᵃ
קוּם רִיב אֶת־הֶהָרִים וְתִשְׁמַעְנָה הַגְּבָעוֹת קוֹלֶךָ׃ ל
2 שִׁמְעוּ הָרִים אֶת־רִיב יְהוָה וְהָאֵתָנִיםᵃ מֹסְדֵי אָרֶץ ל
כִּי רִיב לַיהוָה עִם־עַמּוֹ וְעִם־יִשְׂרָאֵל יִתְוַכָּח׃ ל
3 עַמִּי מֶה־עָשִׂיתִי לְךָᵃ וּמָה הֶלְאֵתִיךָ עֲנֵה בִי׃
4 כִּי הֶעֱלִתִיךָ מֵאֶרֶץ מִצְרַיִם וּמִבֵּית עֲבָדִים פְּדִיתִיךָ ל חס. ל. ב
וָאֶשְׁלַח לְפָנֶיךָ אֶת־מֹשֶׁה ° אַהֲרֹן וּמִרְיָם׃ 5 עַמִּיᵃ [ᶜבֶּן־בְּעוֹרᶜ ל[1]. ג[2]
זְכָר־נָא מַה־יָּעַץ בָּלָק ᵇמֶלֶךְ מוֹאָבᵇ וּמֶה־עָנָה אֹתוֹ בִּלְעָם
מִן־הַשִּׁטִּים עַד־הַגִּלְגָּל לְמַעַן דַּעַת ᵈצִדְקוֹת יְהוָהᵈ׃ ד
6 בַּמָּה אֲקַדֵּם יְהוָה אִכַּף לֵאלֹהֵי מָרוֹם ח קמ[3]. ל
הַאֲקַדְּמֶנּוּ בְעוֹלוֹת בַּעֲגָלִים בְּנֵי שָׁנָה׃ ל. ג מל[4]
7 הֲיִרְצֶה יְהוָהᵃ בְּאַלְפֵי אֵילִים בְּרִבְבוֹת נַחֲלֵי־שָׁמֶן ג געיא
הַאֶתֵּן בְּכוֹרִי פִּשְׁעִי פְּרִי בִטְנִי חַטַּאת נַפְשִׁי׃ ל מל
8 הִגִּידᵃ לְךָ אָדָם מַה־טּוֹב וּמָה־יְהוָה דּוֹרֵשׁ מִמְּךָ [אֱלֹהֶיךָ׃ פ ג[1]. ל. ד מל[5]
כִּי אִם־עֲשׂוֹת מִשְׁפָּט וְאַהֲבַת חֶסֶד וְהַצְנֵעַ לֶכֶת עִם־ ב
ᶜוּמִי יְעָדָהּ׃ᶜ] 10 עוֹד ג[6]
9 ᵃקוֹל יְהוָה לָעִיר יִקְרָא ᵇוְתוּשִׁיָּה יִרְאֶה שְׁמֶךָᵇ שִׁמְעוּ מַטֶּה ז מל
ᵈהַאִשׁᵈ ᵉבֵּית רָשָׁעᵉ אֹצְרוֹת רֶשַׁע וְאֵיפַת רָזוֹן זְעוּמָה׃ ב[7] חד מל וחד מן ב חס בליש וחד מן ג[8] סביר יש. ה זוגין בבית בית[9]. יז[10]. ל
11 הַאֶזְכֶּהᵃ בְּמֹאזְנֵי רֶשַׁע וּבְכִיס אַבְנֵי מִרְמָה׃ ל. יז[10]
12 ᵃאֲשֶׁרᵇ עֲשִׁירֶיהָ מָלְאוּ חָמָס וְיֹשְׁבֶיהָ דִּבְּרוּ־שָׁקֶר
ᶜוּלְשׁוֹנָם רְמִיָּה בְּפִיהֶםᶜ׃ ד[11]. ל

Cp 6 [1] Mp sub loco. [2] Mm 904. [3] Mm 96. [4] Mm 297. [5] Mm 4142. [6] Mm 513. [7] Neh 6,11, cf Mp sub loco. [8] Mm 3620. [9] Mm 3761. [10] Mm 1667. [11] Mm 3102.

Cp 6,1 [a–a] 𝔊* *λόγον κυρίου· κύριος εἶπεν* ∥ [b] frt ins c Ms 𝔊[Mss] הַדָּבָר; an tot stich add? ∥ **2** [a] l וְהַאֲזִינוּ ∥ **3** [a] 𝔊 + *ἢ τί ἐλύπησά σε* ∥ **5** [a] prb l עִמּוֹ et cj c 4b ∥ [b–b] add? ∥ [c–c] add? al prp (בְּ)עָבְרְךָ vel וַתַּעֲבֹר et cj c v b ∥ [d–d] prp צדקוֹתַי ∥ **7** [a] dl m cs? ∥ **8** [a] 𝔊 *εἰ* (> 𝔊[LC]) *ἀνηγγέλη*, θ′ *ἐρρέθη* = הֻגַּד; 𝔙(𝔖) *indicabo* ∥ **9/10** [a] 9–16 textus mixtus esse vid: 9. 12. 14aβb. 16 (3f) et 10. 11. 13. 14aα. 15 (2m) ∥ [b–b] add; 𝔊 *καὶ σώσει φοβουμένους τὸ ὄνομα αὐτοῦ* = וְהוֹשִׁיעַ יִרְאֵי שְׁמוֹ? ∥ [c–c] 𝔊 *καὶ τίς κοσμήσει πόλιν* = וּמִי יַעֲדֶה עִיר; l וּמוֹעֵד הָעִיר et tr : ∥ [d] l הָאִשָּׁה vel הָאֶשָּׂא ∥ [e–e] prb dl, var lect ad אצרות רשע vel gl; al ins אוֹצַר cf 𝔊 ∥ **11** [a] 𝔙 *iustificabo*, l הַאֲזַכֶּה ∥ **12** [a] nonn tr 12 post 9, sed cf 9[a] ∥ [b] nonn add hab ∥ [c–c] cf [b].

2 לָכֵן֙ יִתְּנֵ֔ם עַד־עֵ֥ת יוֹלֵדָ֖ה יָלָ֑דָה
וְיֶ֣תֶר אֶחָ֔יו יְשׁוּב֖וּן עַל[a]־בְּנֵ֥י יִשְׂרָאֵֽל׃ ל[1] . ז[2] . ד בסיפ[3]
3 וְעָמַ֗ד וְרָעָה֙ בְּעֹ֣ז יְהוָ֔ה בִּגְא֕וֹן שֵׁ֖ם יְהוָ֣ה אֱלֹהָ֑יו ט[4] . ב חד חס וחד מל
וְיָשָׁ֕בוּ כִּֽי־עַתָּ֥ה יִגְדַּ֖ל עַד־אַפְסֵי־אָֽרֶץ׃ ב וכל אתנח וס״פ דכות . יב[5] יא מנה בנביא
4 וְהָיָ֥ה זֶ֖ה שָׁל֑וֹם[a]
[b]אַשּׁ֣וּר ׀ כִּֽי־יָב֣וֹא בְאַרְצֵ֗נוּ וְכִ֤י יִדְרֹךְ֙ בְּאַרְמְנֹתֵ֔ינוּ[bc] לא פסוק כי וכי[6]
וַהֲקֵמֹ֤נוּ[d] עָלָיו֙ שִׁבְעָ֣ה רֹעִ֔ים וּשְׁמֹנָ֖ה נְסִיכֵ֥י אָדָֽם׃ ל
5 וְרָע֨וּ אֶת־אֶ֤רֶץ[a] אַשּׁוּר֙ בַּחֶ֔רֶב וְאֶת־אֶ֥רֶץ נִמְרֹ֖ד בִּפְתָחֶ֑יהָ[b] ו . ל
וְהִצִּיל֙[c] מֵֽאַשּׁ֔וּר כִּֽי־יָב֣וֹא בְאַרְצֵ֔נוּ וְכִ֥י יִדְרֹ֖ךְ בִּגְבוּלֵֽנוּ׃ ס ג[7] . לא פסוק כי וכי[6]

6 וְהָיָ֣ה ׀ שְׁאֵרִ֣ית יַעֲקֹ֗ב[a] בְּקֶ֙רֶב֙ עַמִּ֣ים רַבִּ֔ים ו בטע בסיפ
כְּטַל֙ מֵאֵ֣ת יְהוָ֔ה כִּרְבִיבִ֖ים עֲלֵי־עֵ֑שֶׂב ב
אֲשֶׁ֤ר לֹֽא־יְקַוֶּה֙ לְאִ֔ישׁ וְלֹ֥א יְיַחֵ֖ל לִבְנֵ֥י אָדָֽם׃ ל
7 וְהָיָה֩ שְׁאֵרִ֨ית יַעֲקֹ֜ב בַּגּוֹיִ֗ם[a] בְּקֶ֙רֶב֙ עַמִּ֣ים רַבִּ֔ים
כְּאַרְיֵה֙ בְּבַהֲמ֣וֹת יַ֔עַר כִּכְפִ֖יר בְּעֶדְרֵי־צֹ֑אן
אֲשֶׁ֧ר אִם[b] עָבַ֛ר וְרָמַ֥ס וְטָרַ֖ף וְאֵ֥ין מַצִּֽיל׃ ב[8]
8 תָּרֹ֥ם[a] יָדְךָ֖ עַל־צָרֶ֑יךָ וְכָל־אֹיְבֶ֖יךָ יִכָּרֵֽתוּ׃ פ ל

9 וְהָיָ֤ה בַיּוֹם־הַהוּא֙ נְאֻם־יְהוָ֔ה
וְהִכְרַתִּ֥י סוּסֶ֖יךָ מִקִּרְבֶּ֑ךָ וְהַאֲבַדְתִּ֖י מַרְכְּבֹתֶֽיךָ׃ ב וחס
10 וְהִכְרַתִּ֖י עָרֵ֣י אַרְצֶ֑ךָ וְהָרַסְתִּ֖י כָּל־מִבְצָרֶֽיךָ׃ ח לשון שנאה
11 וְהִכְרַתִּ֥י כְשָׁפִ֖ים מִיָּדֶ֑ךָ וּֽמְעוֹנְנִ֖ים לֹ֥א יִֽהְיוּ־לָֽךְ׃ ל . ג ב מל וחד חס[9]
12 וְהִכְרַתִּ֧י פְסִילֶ֛יךָ וּמַצֵּבוֹתֶ֖יךָ מִקִּרְבֶּ֑ךָ
וְלֹֽא־תִשְׁתַּחֲוֶ֥ה ע֖וֹד לְמַעֲשֵׂ֥ה יָדֶֽיךָ׃ ב[10] . ב . יא[11] מל וכל תלים דכות ב מ ה
13 וְנָתַשְׁתִּ֥י אֲשֵׁירֶ֖יךָ מִקִּרְבֶּ֑ךָ וְהִשְׁמַדְתִּ֖י עָרֶֽיךָ[a]׃ ג מל בליש[12] . ח לשון שנאה
14 וְעָשִׂ֜יתִי בְּאַ֧ף וּבְחֵמָ֛ה נָקָ֖ם אֶת־הַגּוֹיִ֑ם אֲשֶׁ֖ר לֹ֥א שָׁמֵֽעוּ׃ ס ב

Cp 5 [1]Mm 2398. [2]Mm 762. [3]Mm 953. [4]Mm 1144. [5]Mm 230. [6]Mm 2059. [7]Mm 3101. [8]Dt 33,20. [9]Mm 1457. [10]Mm 3337. [11]Mm 477. [12]Mp sub loco.

2 [a] = אֶל ‖ **4** [a] huc tr 5b? cf [b–b] ‖ [b–b] dl? textus mutilatus = textus originalis 5b ‖ [c] 𝔊* *ἐπὶ τὴν χώραν ἡμῶν* = בְּאַדְמָתֵנוּ, 𝔖 *bsḥrtn* ‖ [d] prp וַהֲקִים ‖ **5** [a] > 𝔊 ‖ [b] l בַּפְּתִיחָה cf ε′ *ἐν παραξιφίσιν αὐτῶν* ‖ [c] prp והצילָנוּ ‖ **6** [a] 𝔊*(𝔖) + *ἐν τοῖς ἔθνεσιν* cf 7[a] ‖ **7** [a] dl m cs? cf 6[a] ‖ [b] sic L, mlt Mss Edd אִם־ ‖ **8** [a] mlt Mss Vrs תרום ‖ **13** [a] l עֲצַבֶּיךָ vel צִרֶיךָ.

[b]וּמָלַךְ יְהוָה[b] עֲלֵיהֶם בְּהַר צִיּוֹן מֵעַתָּה וְעַד־עוֹלָם׃ פ   ב16 . ל . יב17

8 וְאַתָּה מִגְדַּל־עֵדֶר עֹפֶל בַּת־צִיּוֹן
עָדֶיךָ [a]תֵּאתֶה[b] וּבָאָה[a] הַמֶּמְשָׁלָה הָרִאשֹׁנָה   ג18 . ל . יא19 בטע וכל מלכים ויחזק דכות ב מ ב . ח
[c]מַמְלֶכֶת[d] לְבַת־יְרוּשָׁלָ͏ִם[c]׃
9 עַתָּה[a] לָמָּה תָרִיעִי רֵעַ   כה ר״פ20
הֲמֶלֶךְ אֵין־בָּךְ אִם־יוֹעֲצֵךְ אָבָד   ב חד חס וחד מל . ב זקף קמ21
כִּי־הֶחֱזִיקֵךְ חִיל כַּיּוֹלֵדָה׃
10 חוּלִי וָגֹחִי[a] בַּת־צִיּוֹן כַּיּוֹלֵדָה
כִּי־עַתָּה תֵצְאִי מִקִּרְיָה וְשָׁכַנְתְּ בַּשָּׂדֶה   יב22 יא מנה בנביא . ג23
[b]וּבָאת עַד־בָּבֶל שָׁם תִּנָּצֵלִי[b]   ה24 . ל
שָׁם יִגְאָלֵךְ יְהוָה מִכַּף אֹיְבָיִךְ׃
11 וְעַתָּה נֶאֶסְפוּ עָלַיִךְ גּוֹיִם רַבִּים   כ בטע . ה
הָאֹמְרִים[a] תֶּחֱנָף[b] וְתַחַז בְּצִיּוֹן עֵינֵינוּ[c]׃   ל
12 וְהֵמָּה לֹא יָדְעוּ מַחְשְׁבוֹת יְהוָה   י ר״פ25
וְלֹא הֵבִינוּ עֲצָתוֹ כִּי קִבְּצָם כֶּעָמִיר גֹּרְנָה׃   ב26 . ל
13 קוּמִי וָדוֹשִׁי בַת־צִיּוֹן כִּי־קַרְנֵךְ אָשִׂים בַּרְזֶל   ד ר״פ27 . ל
וּפַרְסֹתַיִךְ אָשִׂים נְחוּשָׁה וַהֲדִקּוֹת עַמִּים רַבִּים   ל
וְהַחֲרַמְתִּי[a] לַיהוָה בִּצְעָם וְחֵילָם לַאֲדוֹן כָּל־הָאָרֶץ׃   ל
14 עַתָּה תִּתְגֹּדְדִי [a]בַת־גְּדוּד[a] מָצוֹר שָׂם עָלֵינוּ   כה ר״פ20
בַּשֵּׁבֶט יַכּוּ עַל־הַלְּחִי אֵת שֹׁפֵט יִשְׂרָאֵל׃ ס

5 1 וְאַתָּה בֵּית־לֶחֶם [a]אֶפְרָתָה צָעִיר[a] לִהְיוֹת[b] בְּאַלְפֵי יְהוּדָה
מִמְּךָ לִי[c] יֵצֵא לִהְיוֹת מוֹשֵׁל בְּיִשְׂרָאֵל   ל בסיפ . יד מל
וּמוֹצָאֹתָיו מִקֶּדֶם מִימֵי עוֹלָם׃   ל

[16] Mm 2577. [17] Mm 2487. [18] Mm 3306. [19] Mm 279. [20] Mm 1057. [21] Mm 3099. [22] Mm 230. [23] Mm 2461. [24] Mm 2052. [25] Mm 1249. [26] Mm 3100. [27] Mm 3732.

7 [b–b] prb l וּמָלַכְתִּי || **8** [a–a] var lect (orig תָּבֹא)? cf [d] || [b] sic L, mlt Mss Edd sine dageš || [c–c] nonn add hab || [d] 𝔊[-C] + *ἐκ Βαβυλῶνος*; frt exc vb (ובאה ex bα?) et l מַמְלָכֶת || **9** [a] pc Mss 𝔊𝔗[Mss] pr cop || **10** [a] prp ונוחי vel וֶהֱגִי || [b–b] add? || **11** [a] add? cf 2[b] || [b] 𝔊 *ἐπιχαρούμεθα*, prp תֶּחֱשַׂף || [c] 𝔖𝔗𝔙 sg, l עיננו || **13** [a] 2 f sg = והחרמְתְּ cf 𝔊𝔖𝔙 || **14** [a–a] frt l הִתְגּוֹדֵד || **Cp 5,1** [a–a] prb l אֶפְרָת הַצָּעִיר || [b] prb dl, ex aδ || [c] frt l יֶלֶד cf 2aβ; an exc vb post יצא?

9 שִׁמְעוּ־נָא זֹאת רָאשֵׁי בֵּית יַעֲקֹב וּקְצִינֵי בֵּית יִשְׂרָאֵל
הַֽמֲתַעֲבִים מִשְׁפָּט וְאֵת כָּל־הַיְשָׁרָה יְעַקֵּשׁוּ׃
10 בֹּנֶה[a] צִיּוֹן בְּדָמִים וִירוּשָׁלִַם בְּעַוְלָה׃
11 רָאשֶׁיהָ ׀ בְּשֹׁחַד יִשְׁפֹּטוּ וְכֹהֲנֶיהָ בִּמְחִיר יוֹרוּ
וּנְבִיאֶיהָ בְּכֶסֶף יִקְסֹמוּ וְעַל־יְהוָה יִשָּׁעֵנוּ לֵאמֹר
הֲלוֹא יְהוָה בְּקִרְבֵּנוּ לֹא־תָבוֹא עָלֵינוּ רָעָה׃
12 לָכֵן בִּגְלַלְכֶם צִיּוֹן שָׂדֶה תֵחָרֵשׁ
וִירוּשָׁלִַם עִיִּין[a] תִּהְיֶה וְהַר הַבַּיִת לְבָמוֹת[b] יָעַר׃ פ

4 1 וְהָיָה ׀ בְּאַחֲרִית הַיָּמִים[a] יִהְיֶה הַר בֵּית־[b]יְהוָה
נָכוֹן בְּרֹאשׁ הֶהָרִים וְנִשָּׂא הוּא[c] מִגְּבָעוֹת
וְנָהֲרוּ [d]עָלָיו עַמִּים[d]׃
2 וְהָלְכוּ גּוֹיִם[a] רַבִּים וְאָמְרוּ[b]
לְכוּ ׀ וְנַעֲלֶה אֶל־הַר־יְהוָה וְאֶל־בֵּית אֱלֹהֵי יַעֲקֹב
וְיוֹרֵנוּ מִדְּרָכָיו וְנֵלְכָה בְּאֹרְחֹתָיו
כִּי מִצִּיּוֹן תֵּצֵא תוֹרָה וּדְבַר־יְהוָה מִירוּשָׁלִָם׃
3 וְשָׁפַט בֵּין [a]עַמִּים רַבִּים[a] וְהוֹכִיחַ [b]לְגוֹיִם עֲצֻמִים[b] [c]עַד־רָחוֹק[c]
וְכִתְּתוּ חַרְבֹתֵיהֶם לְאִתִּים וַחֲנִיתֹתֵיהֶם לְמַזְמֵרוֹת
לֹא־יִשְׂאוּ[d] גּוֹי אֶל־גּוֹי חֶרֶב וְלֹא־יִלְמְדוּן עוֹד מִלְחָמָה׃
4 וְיָשְׁבוּ אִישׁ תַּחַת גַּפְנוֹ וְתַחַת תְּאֵנָתוֹ וְאֵין מַחֲרִיד
כִּי־פִי יְהוָה צְבָאוֹת דִּבֵּר׃
5 כִּי כָּל־הָעַמִּים יֵלְכוּ [a]אִישׁ בְּשֵׁם אֱלֹהָיו[a] ס̄יא
וַאֲנַחְנוּ נֵלֵךְ בְּשֵׁם־יְהוָה אֱלֹהֵינוּ לְעוֹלָם וָעֶד׃ פ
6 בַּיּוֹם הַהוּא נְאֻם־יְהוָה
אֹסְפָה הַצֹּלֵעָה וְהַנִּדָּחָה אֲקַבֵּצָה וַאֲשֶׁר הֲרֵעֹתִי׃
7 וְשַׂמְתִּי אֶת־הַצֹּלֵעָה לִשְׁאֵרִית וְהַנַּהֲלָאָה[a] לְגוֹי עָצוּם

עה · ל · ג. ב. ח[7] · ה[8]. ב[9]. ב · חצי הספר בפסוקים · ו בטע בסיפ · לה[1]. יב[2] · ג[3] · יו וכל אל הר הכרמל דכות[4]. יא[5] · ג ב מל וחד חס[6] · יח. ז · ל. ג[7] חס וכל אורית דכות ב מ א · ג[8]. ב וחס[9]. ב. ב · ל. כ. ב[10] · ב[11]. ג בסיפ · ג[13]. ט[14] · ל. ג. ל · ג. ל. ג[15]

[7] Mm 1862. [8] Mm 158. [9] Mm 3621. **Cp 4** [1] Mm 2840. [2] Mm 545. [3] Mm 3096. [4] Mm 385. [5] Mm 324. [6] Mm 1481. [7] Mm 3063. [8] Mm 3173. [9] Mm 3097. [10] Mm 3098. [11] Mm 1896. [12] Mp sub loco. [13] Mm 2605. [14] Mm 478. [15] Mm 1102.

10 [a] l בְּנֵי cf Vrs || **12** [a] pc Mss עיים cf Jer 26,18 || [b] Vrs sg, prp לְבָמַת; sed cf עיין (pl) || **Cp 4,1** [a] Jes 2,2 huc tr נכון || [b] > 𝔊* || [c] > Jes 2,2 || [d–d] Jes 2,2 אֵלָיו כָּל־הַגּוֹיִם cf 𝔖 || **2** [a] Jes 2,3 עַמִּים || [b] add? || **3** [a–a] Jes 2,4 הַגּוֹיִם || [b–b] Jes 2,4 לְעַמִּים רַבִּים || [c–c] > Jes 2,4, add || [d] Jes 2,4 יִשָּׂא || **5** [a–a] 𝔊 *τὴν ὁδὸν αὐτοῦ* || **7** [a] 𝔊 *καὶ τὴν ἀπωσμένην* 𝔖 *wrḥjq'* 𝔗 *wmbdrj'*, prp וְהַנִּדָּחָה aut וְהַנִּלְאָה.

יַ֥חַד אֲשִׂימֶ֖נּוּ כְּצֹ֣אן בָּצְרָ֑ה[b] כְּעֵ֙דֶר֙ בְּת֣וֹךְ הַדָּֽבְר֔וֹ[c] תְּהִימֶ֖נָה[d] ז. ל. ל

13 עָלָ֤ה[a] הַפֹּרֵץ֙ לִפְנֵיהֶ֔ם פָּֽרְצ֗וּ[b] וַֽיַּעֲבֹ֙רוּ֙[c] שַׁ֔עַר וַיֵּ֖צְאוּ[d] ב֑וֹ [מֵאָדָֽם[e]׃ ג16. ב17

וַיַּעֲבֹ֤ר[e] מַלְכָּם֙ לִפְנֵיהֶ֔ם וַיהוָ֖ה בְּרֹאשָֽׁם׃ פ ח18

3 1 וָאֹמַ֕ר[a]

שִׁמְעוּ־נָא֙ רָאשֵׁ֣י יַעֲקֹ֔ב וּקְצִינֵ֖י בֵּ֣ית יִשְׂרָאֵ֑ל עה

הֲל֣וֹא לָכֶ֔ם לָדַ֖עַת אֶת־הַמִּשְׁפָּֽט׃

2 שֹׂ֥נְאֵי ט֖וֹב וְאֹ֣הֲבֵי רָ֑עה ד1. רע ק

[a]גֹּזְלֵ֤י עוֹרָם֙ מֵעֲלֵיהֶ֔ם וּשְׁאֵרָ֖ם מֵעַ֥ל עַצְמוֹתָֽם׃

3 וַאֲשֶׁ֣ר[a] אָֽכְלוּ֮ שְׁאֵ֣ר עַמִּי֒ [b]וְעוֹרָם֙ מֵעֲלֵיהֶ֣ם הִפְשִׁ֔יטוּ[b] וְאֶת־ יב ר״פ

[עַצְמֹתֵיהֶ֖ם פִּצֵּ֑חוּ ל

וּפָֽרְשׂוּ֙ כַּאֲשֶׁ֣ר[c] בַּסִּ֔יר וּכְבָשָׂ֖ר בְּת֥וֹךְ קַלָּֽחַת׃ ל. ל

4 אָ֚ז יִזְעֲק֣וּ אֶל־יְהוָ֔ה וְלֹ֥א יַעֲנֶ֖ה אוֹתָ֑ם ה

וְיַסְתֵּ֨ר פָּנָ֤יו מֵהֶם֙ [a]בָּעֵ֣ת הַהִ֔יא[a] כַּאֲשֶׁ֥ר הֵרֵ֖עוּ מַעַלְלֵיהֶֽם׃ פ ב

5 כֹּ֚ה אָמַ֣ר יְהוָ֔ה עַל־הַנְּבִיאִ֖ים הַמַּתְעִ֣ים [a]אֶת־עַמִּ֑י[a]

הַנֹּשְׁכִ֤ים בְּשִׁנֵּיהֶם֙ וְקָרְא֣וּ שָׁל֔וֹם[b]

וַאֲשֶׁ֨ר לֹא־יִתֵּ֤ן עַל־פִּיהֶם֙ וְקִדְּשׁ֥וּ עָלָ֖יו מִלְחָמָֽה׃ ח2

6 לָכֵ֨ן לַ֤יְלָה לָכֶם֙ מֵֽחָז֔וֹן וְחָשְׁכָ֥ה[a] לָכֶ֖ם מִקְּסֹ֑ם ג בטע בסיפ

וּבָ֤אָה הַשֶּׁ֙מֶשׁ֙ עַל־הַנְּבִיאִ֔ים וְקָדַ֥ר עֲלֵיהֶ֖ם הַיּֽוֹם׃

7 וּבֹ֣שׁוּ הַחֹזִ֗ים וְחָֽפְרוּ֙ הַקֹּ֣סְמִ֔ים ג

וְעָט֥וּ עַל־שָׂפָ֖ם כֻּלָּ֑ם כִּ֛י אֵ֥ין מַעֲנֵ֖ה אֱלֹהִֽים׃ ג3

8 וְאוּלָ֗ם אָנֹכִ֞י מָלֵ֤אתִי כֹ֙חַ֙ [a]אֶת־ר֣וּחַ יְהוָ֔ה[a] וּמִשְׁפָּ֖ט וּגְבוּרָ֑ה ה ר״פ וכל איוב דכות ב מ ג4. ג5. ל

לְהַגִּ֤יד לְיַעֲקֹב֙ פִּשְׁע֔וֹ וּלְיִשְׂרָאֵ֖ל חַטָּאתֽוֹ׃ ס ב. ו6

16 Mm 3092. 17 Mm 1262. 18 Mm 2876. **Cp 3** 1 Mm 3093. 2 Mm 3985. 3 Mm 3094. 4 Hi 2,5; 5,8; 13,3. 5 Mm 3095. 6 Mm 967.

12 b prb l בַּצָּרָה cf 𝔗𝔙 ‖ c l הַדֹּבֶר cf σ′θ′𝔗 𝔙 ‖ d prb l תְּהֶמֶה ‖ e dl (gl)? an exc vb? ‖ **13** a 𝔊 *διά* = עַל, sed potius l יַעֲלֶה cf σ′𝔙 *(ascendet)* et impf 12 ‖ b cj c α (cf 𝔊) et prb l וּפָרַץ cf 𝔖𝔙 ‖ c prb l יַעַבְרוּ ‖ d prb l וְיָצְאוּ ‖ e prb l וְיַעֲבֹר ‖ **Cp 3,1** a 𝔊 *καὶ ἐρεῖ* cf 𝔖 ‖ **2** a exc stich an v b tr? frt l יִגְזְלוּ et tr v b post 3 ‖ **3** a prb dl ‖ b–b add? cf 2b ‖ c 𝔊 *ὡς σάρκας*, l כִּשְׁאֵר ‖ **4** a–a add? ‖ **5** a–a prp אֶת־עַם (י)הוה ‖ b 𝔊(𝔗) + *ἐπ᾽ αὐτόν* ‖ **6** a 𝔊(𝔙) *καὶ σκοτία*, l וַחֲשֵׁכָה ‖ **8** a–a dl cf σ′ et cet Vrs.

אֲשֶׁר לֹא־תָמִישׁוּ מִשָּׁם צַוְּארֹתֵיכֶם
וְלֹא תֵלְכוּ רוֹמָה[b] כִּי עֵת רָעָה הִיא׃ ב̇[6] . ל̇
4 בַּיּוֹם הַהוּא יִשָּׂא עֲלֵיכֶם מָשָׁל וְנָהָה נְהִי נִהְיָה[a] אָמַר[b] לז̇ . ח̇[7]
[c]שָׁדוֹד נְשַׁדֻּנוּ[c] חֵלֶק עַמִּי יָמִיר[d] ל̇
[e]אֵיךְ יָמִישׁ לִי[e] לְשׁוֹבֵב[f] שָׂדֵינוּ יְחַלֵּק[g]׃ ז̇[8]
5 לָכֵן לֹא־יִהְיֶה לְךָ[a] מַשְׁלִיךְ חֶבֶל בְּגוֹרָל בִּקְהַל יְהוָה׃ י̇ זקף קמ̇ בנ״ך . ג̇ מ̇ל בליש

6 אַל־תַּטִּפוּ יַטִּיפוּן לֹא־יַטִּפוּ לָאֵלֶּה[a] ל̇ . ל̇ . ל̇ . ה̇[9]
לֹא יִסַּג[b] כְּלִמּוֹת׃ 7 הֶאָמוּר[a] בֵּית־יַעֲקֹב ל̇ . ל̇
הֲקָצַר רוּחַ יְהוָה אִם־אֵלֶּה מַעֲלָלָיו ל̇
הֲלוֹא [b]דְבָרַי יֵיטִיבוּ[b] [c]עִם הַיָּשָׁר הוֹלֵךְ[c]׃ כ̇ז[10] מ̇ל וכל משלי וקהלת דכות ב̇ מ̇ ה̇
8 [a]וְאֶתְמוּל עַמִּי[a] לְאוֹיֵב יְקוֹמֵם[b] ל̇
[c]מִמּוּל שַׂלְמָה אֶדֶר[c] תַּפְשִׁטוּן ב̇ . ב̇
[d]מֵעֹבְרִים בֶּטַח שׁוּבֵי[de] מִלְחָמָה׃ ל̇
9 נְשֵׁי עַמִּי תְּגָרְשׁוּן מִבֵּית תַּעֲנֻגֶיהָ[a] ל̇ . ב̇ חס̇ ו ול̇ בליש[11]
מֵעַל עֹלָלֶיהָ[b] תִּקְחוּ הֲדָרִי[c] לְעוֹלָם׃ ל̇
10 קוּמוּ וּלְכוּ כִּי לֹא־זֹאת הַמְּנוּחָה
בַּעֲבוּר טָמְאָה[a] [b]תְּחַבֵּל[c] וְחֶבֶל[b] נִמְרָץ׃ ב̇[12]
11 לוּ־אִישׁ הֹלֵךְ[a] רוּחַ וָשֶׁקֶר כִּזֵּב כ̇ב[13] ו̇[14] מנה̇ ר״פ
אַטִּף לְךָ[b] לַיַּיִן וְלַשֵּׁכָר ל̇ וחס̇ . י̇ זקף קמ̇ בנ״ך
וְהָיָה מַטִּיף הָעָם[c] הַזֶּה׃
12 אָסֹף אֶאֱסֹף יַעֲקֹב כֻּלָּךְ[a] קַבֵּץ אֲקַבֵּץ שְׁאֵרִית יִשְׂרָאֵל ג̇ חס̇[15] . ג̇

[6] Mm 3091. [7] Mm 3609. [8] Mm 3293. [9] Mm 232. [10] Mm 1788. [11] Mm 3689. [12] Jos 17,14, cf Mp sub loco. [13] Mm 1444. [14] Mm 1236. [15] Mm 2496.

3 [b] 𝔊* + *ἐξαίφνης* ‖ **4** [a] prb dl, dttg ‖ [b] l c nonn Mss 𝔖 וְאָמַר ‖ [c–c] tr in fin v, cf [g] ‖ [d] 𝔊(𝔖) *κατεμετρήθη ἐν σχοινίῳ*, prb l (? בַּחֶבֶל) יִמַּד ‖ [e–e] 𝔊 *καὶ οὐκ ἦν ὁ κωλύσων αὐτόν* (cf 𝔖), prb l וְאֵין מֵשִׁיב et cj c aγ ‖ [f] prb l לְשׁוֹבֵינוּ ‖ [g] l יְחֻלַּק cf 𝔊*; huc tr [c–c] ‖ **5** [a] prb l לָכֶם, hpgr ‖ **6** [a] prp כָּאֵלֶּה ‖ [b] prb l יַסִּגֵנוּ = ישׂ׳ ‖ **7** [a] l הארור ‖ [b–b] prb l דברָיו ייטיב cf 𝔊 ‖ [c–c] crrp; prp עִם עַמּוֹ יִשְׂרָאֵל ‖ **8** [a–a] prb l (עַל־עמי) וְאַתֶּם לְעמי ‖ [b] prb l תָּקוּמוּ cf aδ; prp קָמִים ‖ [c–c] crrp; frt l מֵעַל שְׁלֵמִים אַדֶּרֶת, al prp תִּשְׁלוּ שׂ׳ א׳ ‖ [d–d] prp מַעֲבִרִים לְבֶטַח שֶׁבֶר ‖ [e] frt l שְׁבִי; 𝔊 *συντριμμόν* = שֶׁבֶר? cf [d–d] ‖ **9** [a] prp תַּעֲנֻגֵיהֶן; frt l תענֻגָם ‖ [b] prp עֹלְלֵיהֶן; frt l עלָלָם cf [c] ‖ [c] frt l הֶדְרוֹ ‖ **10** [a] prb l מְאוּמָה, prp מְעַט מְאוּמָה ‖ [b–b] prp חֲבֹל תַּחְבְּלוּ, sed m cs prb l sol תַּחְבְּלוּ (חבל dttg) ‖ [c] prp תְּחֻבַּל ‖ **11** [a] l הָלַךְ ‖ [b] prp לָכֶם ‖ [c] prp לעם ‖ **12** [a] 𝔊 *σὺν πᾶσιν*, l כֻּלּוֹ.

1,11—2,3 MICHA 1035

[d]בְּבֵ֣ית לְעַפְרָ֔ה[d] עָפָ֖ר הִתְפַּלָּֽשְׁתִּי[e]׃ — התפלשי ק חד מן ז[14] יתיר ת
11 עִבְרִ֥י[a] לָכֶ֛ם[b] יוֹשֶׁ֥בֶת שָׁפִ֖יר
עֶרְיָה־[c]בֹ֑שֶׁת[d] לֹ֣א יָצְאָ֗ה יוֹשֶׁ֙בֶת֙ צַאֲנָ֔ן
[e]מִסְפַּד֙ בֵּ֣ית הָאֵ֔צֶל — ג . ל
[gf]יִקַּ֥ח מִכֶּ֖ם עֶמְדָּתֽוֹ[g]׃ — ל
12 [a]כִּֽי־חָ֥לָה[a] לְט֖וֹב יוֹשֶׁ֣בֶת מָר֑וֹת — ג בטע . ל
כִּֽי־יָ֤רַד רָע֙ מֵאֵ֣ת יְהוָ֔ה לְשַׁ֖עַר[b] יְרוּשָׁלִָֽם׃ — ל
13 רְתֹ֧ם[a] הַמֶּרְכָּבָ֛ה לָרֶ֖כֶשׁ יוֹשֶׁ֣בֶת לָכִ֑ישׁ [יִשְׂרָאֵֽל[b]׃ 14 לָכֵן֙[a] — ל
[b]רֵאשִׁ֨ית חַטָּ֥את הִיא֙ לְבַת־צִיּ֔וֹן כִּי־בָ֥ךְ נִמְצְא֖וּ פִּשְׁעֵ֥י — כח . ל בסיפ[15]
תִּתְּנִי֙[b] שִׁלּוּחִ֔ים עַ֖ל[c] מוֹרֶ֣שֶׁת גַּ֑ת — ב חד מל וחד חס
בָּתֵּ֤י[d] אַכְזִיב֙ לְאַכְזָ֔ב לְמַלְכֵ֖י[e] יִשְׂרָאֵֽל׃ — ב ול בליש . ל וכל הלוא הגם דכות
15 [a]עֹ֚ד הַיֹּרֵשׁ֙[a] אָ֣בִי[b] לָ֔ךְ יוֹשֶׁ֖בֶת מָֽרֵשָׁ֑ה — יד חס[16] . ב . ט חס א ב מנה בליש
[dc]עַד־עֲדֻלָּ֥ם[d] יָב֖וֹא[e] כְּב֥וֹד[f] יִשְׂרָאֵֽל׃
16 קָרְחִ֣י וָגֹ֔זִּי[a] עַל־בְּנֵ֖י תַּעֲנוּגָ֑יִךְ — ל
הַרְחִ֤בִי קָרְחָתֵךְ֙ כַּנֶּ֔שֶׁר כִּ֥י גָל֖וּ מִמֵּֽךְ׃ ס — ב חד חס וחד מל

2 1 הֽוֹי חֹֽשְׁבֵי־אָ֛וֶן [a]וּפֹ֥עֲלֵי רָ֖ע[a] עַל־מִשְׁכְּבוֹתָ֑ם — ד ומל[1]
בְּא֤וֹר הַבֹּ֙קֶר֙ יַעֲשׂ֔וּהָ כִּ֥י יֶשׁ־לְאֵ֖ל יָדָֽם׃
2 וְחָמְד֤וּ שָׂדוֹת֙ וְגָזָ֔לוּ וּבָתִּ֖ים וְנָשָׂ֑אוּ — ד[2] . ל קמ בליש[3]
וְעָֽשְׁקוּ֙ גֶּ֣בֶר וּבֵית֔וֹ וְאִ֖ישׁ[a] וְנַחֲלָתֽוֹ׃ פ — ו[4]
3 לָכֵ֗ן כֹּ֚ה אָמַ֣ר יְהוָ֔ה — כ[5]
הִנְנִ֥י חֹשֵׁ֛ב [a]עַל־הַמִּשְׁפָּחָ֥ה הַזֹּ֖את[a] רָעָ֑ה

[14]Mm 2792. [15]Mm 676. [16]Mm 62. **Cp 2** [1]Mm 3446. [2]Mm 1090. [3]Mp sub loco. [4]Mm 3090. [5]Mm 2168.

10 [d–d] crrp? 𝔖𝔗 om ל; prp בְּכַרְמֵי בית עפרה ‖ [e] 𝔊(𝔖) *καταπάσασθε*, l התפלשו cf Q et Mur ־שי vel ־שו ‖ **11** [a] exc init stich; prp שׁוֹפָר יַעֲבִ(י)רוּ ‖ [b] l לָךְ? ‖ [c] prb l מֵעִירָהּ; prp עִירָהּ ‖ [d] > 𝔊, prb dl (gl); prp תֵּשֵׁב ‖ [e] prb exc hemist ‖ [f] prb exc hemist ‖ [g–g] inc; prp יֻקַּח מִמְּכוֹן עמדתו, al יִקְחוּ מכם עֶמְדָּה ‖ **12** [a–a] 𝔊 *τίς ἤρξατο*, prb l מִי יִחֲלָה; prp אֵיךְ יִחֲלָה ‖ [b] 𝔊𝔖𝔗 pl, frt l לְשַׁעֲרֵי ‖ **13** [a] prb crrp; prp רָתֹם, sed vix recte ‖ [b–b] prb add ‖ **14** [a] prb dl c 13b; al prp לָךְ נִ(תְּנוּ) cf [b] et [c] ‖ [b] 𝔊[BQ min](𝔏[C]𝔙) *δώσει*; l prb יִתְּנוּ, al prp נִתְּנוּ cf [a] ‖ [c] l prb עָלַיִךְ = אֵלַיִךְ, al dl (cf [a]) ‖ [d] l prb יוֹשֶׁבֶת; prp בַּת ‖ [e] l לְמֶלֶךְ, dttg ‖ **15** [a–a] prb l הַעֹד ירשׁ vel הַעֹד הירשׁ ‖ [b] nonn Mss אביא, sed prb l יבוא ‖ [c] exc vb? prp אָכֵן vel אֵיךְ ‖ [d–d] prb l עד־עוֹלָם cf 𝔖 ‖ [e] prb l אָבַד, prp יֹאבַד ‖ [f] prp מְאַבֵּד ‖ **16** [a] prb exc vb, prp (בַּת) צִיּוֹן ‖ **Cp 2,1** [a–a] add? prp (ופעל vel) וּפָעֲלֵי רע ‖ **2** [a] sic L, mlt Mss Edd 𝔊[-BO] 𝔗[Ms]𝔙 אִישׁ ‖ **3** [a–a] add an crrp? cf 2 pl in v b.

MICHA מיכה

1 1 [a]דְּבַר־יְהוָה׀ אֲשֶׁר הָיָה[a] אֶל־מִיכָה הַמֹּרַשְׁתִּי בִּימֵי יוֹתָם אָחָז ס — ב חד מל וחד חס[1]
יְחִזְקִיָּה מַלְכֵי יְהוּדָה אֲשֶׁר־חָזָה עַל־שֹׁמְרוֹן וִירוּשָׁלָֽם׃ — ב[2]
2 שִׁמְעוּ עַמִּים כֻּלָּם הַקְשִׁיבִי אֶרֶץ וּמְלֹאָהּ — ג. ב[3]
[a]וִיהִי [b]אֲדֹנָי יְהוִה[ab] בָּכֶם לְעֵד אֲדֹנָי מֵהֵיכַל קָדְשֽׁוֹ׃ — לב
3 כִּֽי־[a]הִנֵּה יְהוָה[a] יֹצֵא מִמְּקוֹמוֹ [b]וְיָרַד וְדָרַךְ[b] עַל־בָּמֳתֵי — במתי חד מן ג[4] ק̇ יתיר ו בליש
4 וְנָמַסּוּ הֶהָרִים תַּחְתָּיו וְהָעֲמָקִים יִתְבַּקָּעוּ [אָֽרֶץ[c]׃ — ל̇
כַּדּוֹנַג מִפְּנֵי הָאֵשׁ כְּמַיִם מֻגָּרִים בְּמוֹרָֽד׃ — ג רפי[5]. ג ב פת וחד קמ[6]
5 בְּפֶשַׁע יַעֲקֹב כָּל־זֹאת וּבְחַטֹּאות[a] [b]בֵּית יִשְׂרָאֵל[b]
מִֽי־[c]פֶשַׁע יַעֲקֹב הֲלוֹא שֹֽׁמְרוֹן
[d]וּמִי[e] בָּמוֹת[f] יְהוּדָה הֲלוֹא יְרוּשָׁלָֽםִ[d]׃
6 וְשַׂמְתִּי שֹׁמְרוֹן לְעִי[a] הַשָּׂדֶה לְמַטְּעֵי כָרֶם — ל̇. ל̇
וְהִגַּרְתִּי לַגַּי אֲבָנֶיהָ וִיסֹדֶיהָ אֲגַלֶּֽה׃ [עֲצַבֶּיהָ אָשִׂים שְׁמָמָה — ל̇. ג חס. ב
7 וְכָל־פְּסִילֶיהָ יֻכַּתּוּ [a]וְכָל־אֶתְנַנֶּיהָ יִשָּׂרְפוּ בָאֵשׁ[a] וְכָל־ — ה̇ פסוק וכל וכל וכל[7]. ג[8]. ב[9]
כִּי מֵאֶתְנַן זוֹנָה קִבָּצָה[b] וְעַד־אֶתְנַן זוֹנָה יָשֽׁוּבוּ׃ — ה פת. ל̇. ה פת

8 עַל־זֹאת אֶסְפְּדָה וְאֵילִילָה אֵילְכָה[a] שׁילל[l] וְעָרוֹם — ל̇ מל. שולל[10] ק̇ חד מן ג[11] בליש
אֶעֱשֶׂה מִסְפֵּד כַּתַּנִּים וְאֵבֶל כִּבְנוֹת יַעֲנָֽה׃ — ג[12]. ב
9 כִּי אֲנוּשָׁה מַכּוֹתֶיהָ[a] כִּי־בָאָה עַד־יְהוּדָה — ב מל
נָגַע עַד־שַׁעַר עַמִּי עַד־יְרוּשָׁלָֽםִ׃
10 [ab]בְּגַת אַל־תַּגִּידוּ[b] [c]בָּכוֹ אַל־[c]תִּבְכּוּ — ה כת ו[13]

Cp 1 [1]Mm 2606. [2]Mm 2997. [3]Mm 2246. [4]Mp sub loco. [5]Mm 2760. [6]Mm 1299. [7]Mm 2951. [8]Mm 3087. [9]Mm 3088. [10]Mm 832. [11]Mm 3089. [12]Mm 2918. [13]Mm 2739.

Cp 1,1 a–a 𝔊* *καὶ ἐγένετο λόγος κυρίου* ‖ **2** a–a 𝔔 יהוה אדני יהיה ‖ b–b 𝔊* *κύριος* ut bβ; 2 Mss om אדני, dl ‖ **3** a–a prp הִנֵּהוּ m cs ‖ b–b var lect? alterum dl m cs (cf 𝔔)? ‖ c 𝔔 הארץ ‖ **5** a 𝔊(𝔗^Mss) *καὶ διὰ ἁμαρτίαν*, prb l וּבְחַטַּאת ‖ b–b prp יהודה cf v b ‖ c cf e ‖ d–d add? ‖ e 𝔔 ומה, sic et bα? ‖ f 𝔊(𝔖𝔗) *ἡ ἁμαρτία*; 𝔊 + *οἴκου* ‖ **6** a 𝔊 *εἰς ὀπωροφυλάκιον* (cf 3,12) 𝔖 *bjt dbr'* ‖ **7** a–a prb add ‖ b 𝔖𝔗(𝔙) *'tknšw*, l קֻבָּצוּ ‖ **8** a mlt Mss אלכה ‖ b mlt Mss ut Q ‖ **9** a l מַכָּתָהּ (cf Vrs) vel potius מכת (יה)וה ‖ **10** a init 10–15 (16a) omnia mutilata sunt ‖ b–b crrp (cf 2S 1,20); 𝔊 *μὴ μεγαλύνεσθε* 𝔖 *l' tḥdwn*, prb l אַל־תָּגִילוּ et antea frt בְּגַנֹּת גִּלֹה ‖ c–c prb l בְּכוּ אַף; al prp nom loci (כַּבּוֹן?).

6 קְטַנָּם׃ 6 וַיִּגַּע הַדָּבָר אֶל־מֶלֶךְ[a] נִינְוֵה וַיָּקָם מִכִּסְאוֹ וַיַּעֲבֵר אַדַּרְתּוֹ   ט[6]
7 מֵעָלָיו וַיְכַס שַׂק וַיֵּשֶׁב עַל־הָאֵפֶר׃ 7 וַיַּזְעֵק וַיֹּאמֶר בְּנִינְוֵה מִטַּעַם   ד
הַמֶּלֶךְ וּגְדֹלָיו לֵאמֹר הָאָדָם וְהַבְּהֵמָה הַבָּקָר וְהַצֹּאן אַל־יִטְעֲמוּ   ל
8 מְאוּמָה אַל־יִרְעוּ וּמַיִם אַל־יִשְׁתּוּ׃ 8 וְיִתְכַּסּוּ שַׂקִּים הָאָדָם וְהַבְּהֵמָה   ל
וְיִקְרְאוּ אֶל־אֱלֹהִים בְּחָזְקָה וְיָשֻׁבוּ אִישׁ מִדַּרְכּוֹ הָרָעָה וּמִן־הֶחָמָס   ד[7]. ח[8]
9 אֲשֶׁר בְּכַפֵּיהֶם׃ 9 מִי־יוֹדֵעַ יָשׁוּב וְנִחַם הָאֱלֹהִים וְשָׁב מֵחֲרוֹן אַפּוֹ וְלֹא   ו פת וכל ישעיה דכות[9]
10 נֹאבֵד׃ 10 וַיַּרְא הָאֱלֹהִים אֶת־מַעֲשֵׂיהֶם כִּי־שָׁבוּ מִדַּרְכָּם הָרָעָה
וַיִּנָּחֶם הָאֱלֹהִים עַל־הָרָעָה אֲשֶׁר־דִּבֶּר לַעֲשׂוֹת־לָהֶם וְלֹא עָשָׂה׃   ל. ה[10]
4 1 וַיֵּרַע אֶל־יוֹנָה רָעָה גְדוֹלָה וַיִּחַר לוֹ׃ 2 וַיִּתְפַּלֵּל אֶל־יְהוָה
וַיֹּאמַר אָנָּה יְהוָה הֲלוֹא־זֶה דְבָרִי עַד־הֱיוֹתִי עַל־אַדְמָתִי עַל־כֵּן   צא. ו כת ה וכל ר״פ וכל לשון ארמית דכות[1]. יג[2]. ג
קִדַּמְתִּי לִבְרֹחַ תַּרְשִׁישָׁה כִּי יָדַעְתִּי כִּי אַתָּה אֵל־חַנּוּן וְרַחוּם אֶרֶךְ   ב. ד[3]
3 אַפַּיִם וְרַב־חֶסֶד וְנִחָם עַל־הָרָעָה׃ 3 וְעַתָּה יְהוָה קַח־נָא אֶת־נַפְשִׁי
4 מִמֶּנִּי כִּי טוֹב מוֹתִי מֵחַיָּי׃ ס 4 וַיֹּאמֶר יְהוָה הַהֵיטֵב חָרָה לָךְ׃   נז וכל תלים דכות ב מ יא. ב. ב
5 [a] וַיֵּצֵא יוֹנָה מִן־הָעִיר וַיֵּשֶׁב מִקֶּדֶם לָעִיר וַיַּעַשׂ לוֹ שָׁם סֻכָּה וַיֵּשֶׁב
6 תַּחְתֶּיהָ בַּצֵּל עַד אֲשֶׁר יִרְאֶה מַה־יִּהְיֶה בָּעִיר׃ 6 וַיְמַן יְהוָה־אֱלֹהִים   ה כת בנביא
קִיקָיוֹן וַיַּעַל ׀ מֵעַל לְיוֹנָה לִהְיוֹת צֵל עַל־רֹאשׁוֹ לְהַצִּיל[a] לוֹ מֵרָעָתוֹ   לב בנביא
7 וַיִּשְׂמַח יוֹנָה עַל־הַקִּיקָיוֹן שִׂמְחָה גְדוֹלָה׃ 7 וַיְמַן הָאֱלֹהִים תּוֹלַעַת   ל
8 בַּעֲלוֹת הַשַּׁחַר לַמָּחֳרָת וַתַּךְ אֶת־הַקִּיקָיוֹן וַיִּיבָשׁ׃ 8 וַיְהִי ׀ כִּזְרֹחַ הַשֶּׁמֶשׁ   ה[4]. ל. ג ב מל וחד חס[5]. ב וחס[6]
וַיְמַן אֱלֹהִים רוּחַ קָדִים חֲרִישִׁית[a] וַתַּךְ הַשֶּׁמֶשׁ עַל־רֹאשׁ יוֹנָה וַיִּתְעַלָּף   ל. ל
9 וַיִּשְׁאַל אֶת־נַפְשׁוֹ לָמוּת וַיֹּאמֶר טוֹב מוֹתִי מֵחַיָּי׃ 9 וַיֹּאמֶר אֱלֹהִים   כה[7]
אֶל־יוֹנָה הַהֵיטֵב חָרָה־לְךָ עַל־הַקִּיקָיוֹן וַיֹּאמֶר הֵיטֵב חָרָה־לִי עַד־   ב. ב
10 מָוֶת׃ 10 וַיֹּאמֶר יְהוָה אַתָּה חַסְתָּ עַל־הַקִּיקָיוֹן אֲשֶׁר לֹא־עָמַלְתָּ בּוֹ
11 וְלֹא גִדַּלְתּוֹ שֶׁבִּן־לַיְלָה הָיָה וּבִן־לַיְלָה אָבָד׃ 11 וַאֲנִי לֹא אָחוּס עַל־   ל. ל. ל. טז ר״פ. ל
נִינְוֵה הָעִיר הַגְּדוֹלָה אֲשֶׁר יֶשׁ־בָּהּ הַרְבֵּה מִשְׁתֵּים־עֶשְׂרֵה רִבּוֹ אָדָם   ד חס א[8]
אֲשֶׁר לֹא־יָדַע בֵּין־יְמִינוֹ לִשְׂמֹאלוֹ וּבְהֵמָה רַבָּה׃   ה

סכום הפסוקים
ארבעים ושמונה

[6]Mm 57. [7]Mm 1439. [8]Mm 2668. [9]Mm 1775. [10]Mm 1821. **Cp 4** [1]Mm 2169. [2]Mm 902. [3]Mm 2288. [4]Mm 1943. [5]Mm 1993. [6]Mm 1456. [7]Mm 5. [8]Mm 3847.

6 [a] sic L, mlt Mss Edd ךְ– ‖ **Cp 4,5** [a] cf 3,4[a] ‖ **6** [a] 𝔊 *τοῦ σκιάζειν* ‖ **8** [a] prp חריפית.

1032 יונה 2,1—3,5

2 ¹ וַיְמַ֤ן יְהוָה֙ דָּ֣ג גָּד֔וֹל לִבְלֹ֖עַ אֶת־יוֹנָ֑ה וַיְהִ֤י יוֹנָה֙ בִּמְעֵ֣י הַדָּ֔ג
שְׁלֹשָׁ֥ה יָמִ֖ים וּשְׁלֹשָׁ֥ה לֵילֽוֹת׃ ² וַיִּתְפַּלֵּ֣ל י֔וֹנָה אֶל־יְהוָ֖ה אֱלֹהָ֑יו מִמְּעֵ֖י ד[1]
הַדָּגָֽה׃ ³ וַיֹּ֗אמֶר

קָ֠רָאתִי מִצָּ֥רָה לִ֛י אֶל־יְהוָ֖ה וַֽיַּעֲנֵ֑נִי ל בטע
מִבֶּ֧טֶן שְׁא֛וֹל שִׁוַּ֖עְתִּי שָׁמַ֥עְתָּ קוֹלִֽי׃
⁴ וַתַּשְׁלִיכֵ֤נִי [a]מְצוּלָה֙ בִּלְבַ֣ב יַמִּ֔ים[a] וְנָהָ֖ר יְסֹבְבֵ֑נִי ב[2]. ד[3]. ב וחס
כָּל־מִשְׁבָּרֶ֥יךָ וְגַלֶּ֖יךָ עָלַ֥י עָבָֽרוּ׃
⁵ וַאֲנִ֣י אָמַ֔רְתִּי נִגְרַ֖שְׁתִּי מִנֶּ֣גֶד עֵינֶ֑יךָ סז ר״פ. ל
אַ֚ךְ[a] אוֹסִ֣יף לְהַבִּ֔יט אֶל־הֵיכַ֖ל קָדְשֶֽׁךָ׃ יט
⁶ אֲפָפ֤וּנִי מַ֙יִם֙ עַד־נֶ֔פֶשׁ תְּה֖וֹם יְסֹבְבֵ֑נִי ד ג מל וחד חס[4]. ב וחס
ס֖וּף חָב֥וּשׁ לְרֹאשִֽׁי׃ ⁷ לְקִצְבֵ֤י[a] הָרִים֙ ד[5]
יָרַ֔דְתִּי הָאָ֥רֶץ בְּרִחֶ֛יהָ בַעֲדִ֖י לְעוֹלָ֑ם ד ול כת כן
וַתַּ֧עַל מִשַּׁ֛חַת חַיַּ֖י יְהוָ֥ה אֱלֹהָֽי׃
⁸ בְּהִתְעַטֵּ֤ף עָלַי֙ נַפְשִׁ֔י אֶת־יְהוָ֖ה זָכָ֑רְתִּי ב
וַתָּב֤וֹא אֵלֶ֙יךָ֙ תְּפִלָּתִ֔י אֶל־הֵיכַ֖ל קָדְשֶֽׁךָ׃ י מל בנביא
⁹ מְשַׁמְּרִ֖ים[a] הַבְלֵי־שָׁ֑וְא חַסְדָּ֖ם יַעֲזֹֽבוּ׃ ב[6]
¹⁰ וַאֲנִ֗י בְּק֤וֹל תּוֹדָה֙ אֶזְבְּחָה־לָּ֔ךְ סז ר״פ
אֲשֶׁ֥ר נָדַ֖רְתִּי אֲשַׁלֵּ֑מָה יְשׁוּעָ֖תָה לַיהוָֽה׃ ס ב. ב[7]
¹¹ וַיֹּ֥אמֶר יְהוָ֖ה לַדָּ֑ג וַיָּקֵ֥א אֶת־יוֹנָ֖ה אֶל־הַיַּבָּשָֽׁה׃ פ ל[8]

3 ¹ וַיְהִ֧י דְבַר־יְהוָ֛ה אֶל־יוֹנָ֖ה שֵׁנִ֥ית לֵאמֹֽר׃ ² ק֛וּם לֵ֥ךְ אֶל־נִֽינְוֵ֖ה 3 ט ר״פ[1]
הָעִ֣יר הַגְּדוֹלָ֑ה וּקְרָ֤א[a] אֵלֶ֙יהָ֙ אֶת־הַקְּרִיאָ֔ה אֲשֶׁ֥ר אָנֹכִ֖י דֹּבֵ֥ר אֵלֶֽיךָ׃ ד[2]. ל
³ וַיָּ֣קָם יוֹנָ֗ה וַיֵּ֛לֶךְ אֶל־נִֽינְוֶ֖ה[a] כִּדְבַ֣ר יְהוָ֑ה וְנִֽינְוֵ֗ה הָיְתָ֤ה עִיר־גְּדוֹלָה֙ 3
לֵֽאלֹהִ֔ים מַהֲלַ֖ךְ שְׁלֹ֥שֶׁת יָמִֽים׃ ⁴ וַיָּ֤חֶל יוֹנָה֙ לָב֣וֹא בָעִ֔יר מַהֲלַ֖ךְ י֣וֹם 4 ט[3]. [4]
אֶחָ֑ד וַיִּקְרָא֙ וַיֹּאמַ֔ר ע֚וֹד אַרְבָּעִ֣ים י֔וֹם וְנִֽינְוֵ֖ה נֶהְפָּֽכֶת׃[a] ⁵ וַיַּאֲמִ֛ינוּ 5 [4]. צא. ל. ג[5]
אַנְשֵׁ֥י נִֽינְוֵ֖ה בֵּֽאלֹהִ֑ים וַיִּקְרְאוּ־צוֹם֙ וַיִּלְבְּשׁ֣וּ שַׂקִּ֔ים מִגְּדוֹלָ֖ם וְעַד־

Cp 2 [1]Mm 1952. [2]Mm 3084. [3]Mm 2273. [4]Mm 1838. [5]Mm 3085. [6]Mm 3248. [7]Mp sub loco. [8]וחד יקה Prv 30,1. **Cp 3** [1]Mm 1995. [2]Mm 3086. [3]Mm 4056. [4]Mp sub loco. [5]Mm 3376.

Cp 2,4 [a–a] dl aut מצולה aut בלבב ימים, gl ‖ **5** [a] prp אֵיךְ cf θ′ πῶς; frt ins לֹא ‖ **7** [a] prb l לְקַצְוֵי et tr post הרים ‖ **9** [a] prp מְשַׁמְּרֵי, al הַשֹּׁמְרִים ‖ **Cp 3,2** [a] sic L = וְקָ׳ + וּקְ׳, mlt Mss Edd וּקְ׳ ‖ **3** [a] sic L, mlt Mss Edd ־וֵה ‖ **4** [a] nonn huc tr 4,5.

JONA יוֹנָה

1 ¹ וַֽיְהִי֙ דְּבַר־יְהוָ֔ה אֶל־יוֹנָ֥ה בֶן־אֲמִתַּ֖י לֵאמֹֽר׃ ² ק֠וּם לֵ֧ךְ אֶל־ ט ר״פ[1]
3 נִֽינְוֵ֛ה הָעִ֥יר הַגְּדוֹלָ֖ה וּקְרָ֣א עָלֶ֑יהָ כִּֽי־עָלְתָ֥ה רָעָתָ֖ם לְפָנָֽי׃ ³ וַיָּ֣קָם ד[2]
יוֹנָה֙ לִבְרֹ֣חַ תַּרְשִׁ֔ישָׁה מִלִּפְנֵ֖י יְהוָ֑ה וַיֵּ֨רֶד יָפ֜וֹ וַיִּמְצָ֥א אָנִיָּה[a] ׀ בָּאָ֣ה ד[3]. ח[4] וכל אורית דכות ב מ ב . יא[5] בטע וכל מלכים ויחזק דכות ב מ ב
תַרְשִׁ֗ישׁ וַיִּתֵּ֨ן שְׂכָרָ֜הּ וַיֵּ֤רֶד בָּהּ֙ לָב֤וֹא עִמָּהֶם֙ תַּרְשִׁ֔ישָׁה מִלִּפְנֵ֖י יְהוָֽה׃ ד[3]. ח[4] וכל אורית דכות ב מ ב
4 וַֽיהוָ֗ה הֵטִ֤יל רֽוּחַ־גְּדוֹלָה֙ אֶל־הַיָּ֔ם וַיְהִ֥י סַֽעַר־גָּד֖וֹל בַּיָּ֑ם ו[6] בטע ר״פ וחד מן ה ר״פ בסיפ . ב
5 וְהָ֣אֳנִיָּ֔ה חִשְּׁבָ֖ה לְהִשָּׁבֵֽר׃ ⁵ וַיִּֽירְא֣וּ הַמַּלָּחִ֗ים וַֽיִּזְעֲקוּ֮ אִ֣ישׁ אֶל־אֱלֹהָיו֒
וַיָּטִ֨לוּ אֶת־הַכֵּלִ֜ים אֲשֶׁ֤ר בָּֽאֳנִיָּה֙ אֶל־הַיָּ֔ם לְהָקֵ֖ל מֵעֲלֵיהֶ֑ם וְיוֹנָ֗ה יָרַד֙ ל
6 אֶל־יַרְכְּתֵ֣י הַסְּפִינָ֔ה וַיִּשְׁכַּ֖ב וַיֵּרָדַֽם׃ ⁶ וַיִּקְרַ֤ב אֵלָיו֙ רַ֣ב הַחֹבֵ֔ל וַיֹּ֥אמֶר ל . ה . ה פת[7]
ל֖וֹ מַה־לְּךָ֣ נִרְדָּ֑ם ק֚וּם קְרָ֣א אֶל־אֱלֹהֶ֔יךָ אוּלַ֞י יִתְעַשֵּׁ֧ת הָאֱלֹהִ֛ים לָ֖נוּ ה . ל
7 וְלֹ֥א נֹאבֵֽד׃ ⁷ וַיֹּאמְר֞וּ אִ֣ישׁ אֶל־רֵעֵ֗הוּ לְכוּ֙ וְנַפִּ֣ילָה גֽוֹרָל֔וֹת ו בטע ר״פ[8]
וְנֵ֣דְעָ֔ה בְּשֶׁלְּמִ֛י הָרָעָ֥ה הַזֹּ֖את לָ֑נוּ וַיַּפִּ֙לוּ֙ גּֽוֹרָל֔וֹת וַיִּפֹּ֥ל הַגּוֹרָ֖ל עַל־יוֹנָֽה׃ ו . ו[9] חס בליש וחד מן ד בליש . ל
8 וַיֹּאמְר֣וּ אֵלָ֔יו הַגִּֽידָה־נָּ֣א לָ֔נוּ [a]בַּאֲשֶׁ֛ר לְמִי־הָרָעָ֥ה הַזֹּ֖את לָ֑נוּ[a] מַה־ ה[10]
9 מְּלַאכְתְּךָ֙ וּמֵאַ֣יִן תָּב֔וֹא מָ֣ה אַרְצֶ֔ךָ וְאֵֽי־מִזֶּ֥ה עַ֖ם אָֽתָּה׃ ⁹ וַיֹּ֥אמֶר אֲלֵיהֶ֖ם ה[11] . לא
עִבְרִ֣י אָנֹ֑כִי וְאֶת־יְהוָ֞ה אֱלֹהֵ֤י הַשָּׁמַ֙יִם֙ אֲנִ֣י יָרֵ֔א אֲשֶׁר־עָשָׂ֥ה אֶת־הַיָּ֖ם ו[12] . [13]
10 וְאֶת־הַיַּבָּשָֽׁה׃ ¹⁰ וַיִּֽירְא֤וּ הָֽאֲנָשִׁים֙ יִרְאָ֣ה גְדוֹלָ֔ה וַיֹּאמְר֥וּ אֵלָ֖יו מַה־
זֹּ֣את עָשִׂ֑יתָ כִּֽי־יָדְע֣וּ הָאֲנָשִׁ֗ים כִּֽי־מִלִּפְנֵ֤י יְהוָה֙ ה֣וּא בֹרֵ֔חַ [a]כִּ֥י הִגִּ֖יד ח וכל אורית דכות ב מ ב
11 לָהֶֽם׃[a] ¹¹ וַיֹּאמְר֤וּ אֵלָיו֙ מַה־נַּ֣עֲשֶׂה לָּ֔ךְ וְיִשְׁתֹּ֥ק הַיָּ֖ם מֵעָלֵ֑ינוּ כִּ֥י הַיָּ֖ם ב[14]
12 הוֹלֵ֥ךְ וְסֹעֵֽר׃ ¹² וַיֹּ֣אמֶר אֲלֵיהֶ֗ם שָׂא֙וּנִי֙ וַהֲטִילֻ֣נִי אֶל־הַיָּ֔ם וְיִשְׁתֹּ֥ק הַיָּ֖ם כז[15] מל ב מנה בעינ וכל משלי וקהלת דכות ב מ ה . ב . ב ומל[16] . ב
13 מֵעֲלֵיכֶ֑ם כִּ֚י יוֹדֵ֣עַ אָ֔נִי כִּ֣י בְשֶׁלִּ֔י הַסַּ֧עַר הַגָּד֛וֹל הַזֶּ֖ה עֲלֵיכֶֽם׃ ¹³ וַיַּחְתְּר֣וּ ל . ל
הָאֲנָשִׁ֗ים לְהָשִׁ֛יב אֶל־הַיַּבָּשָׁ֖ה וְלֹ֣א יָכֹ֑לוּ כִּ֣י הַיָּ֔ם הוֹלֵ֥ךְ וְסֹעֵ֖ר עֲלֵיהֶֽם׃ ג[17] . כז[15] מל ב מנה בעינ וכל משלי וקהלת דכות ב מ ה . ב
14 וַיִּקְרְא֨וּ אֶל־יְהוָ֜ה וַיֹּאמְר֗וּ אָנָּ֤ה יְהוָה֙ אַל־נָ֣א נֹאבְדָ֗ה בְּנֶ֙פֶשׁ֙ הָאִ֣ישׁ ו כת ה וכל ר״פ וכל לשון ארמית דכות[18]
הַזֶּ֔ה וְאַל־תִּתֵּ֥ן עָלֵ֖ינוּ דָּ֣ם נָקִ֑יא כִּֽי־אַתָּ֣ה יְהוָ֔ה כַּאֲשֶׁ֥ר חָפַ֖צְתָּ עָשִֽׂיתָ׃ ג . יב[19] יתיר א ס״ת ב מנה בליש
15 וַיִּשְׂאוּ֙ אֶת־יוֹנָ֔ה וַיְטִלֻ֖הוּ אֶל־הַיָּ֑ם וַיַּעֲמֹ֥ד הַיָּ֖ם מִזַּעְפּֽוֹ׃ ¹⁶ וַיִּֽירְא֧וּ מג . ל . ל
הָאֲנָשִׁ֛ים יִרְאָ֥ה גְדוֹלָ֖ה [a]אֶת־יְהוָ֑ה[a] וַיִּֽזְבְּחוּ־זֶ֙בַח֙ לַֽיהוָ֔ה וַֽיִּדְּר֖וּ נְדָרִֽים׃

Cp 1 [1]Mm 1995. [2]Mm 3086. [3]Mm 2288. [4]Mm 3083. [5]Mm 279. [6]Mm 3567. [7]Mm 710. [8]Mm 76. [9]Mm 1317. [10]Mm 2386. [11]Mm 1292. [12]Mm 2323. [13]Mm 3880. [14]Mp sub loco. [15]Mm 1788. [16]Mm 3500. [17]Mm 423. [18]Mm 2169. [19]Mm 907.

Cp 1,3 [a] sic L, mlt Mss Edd אֳנִיה cf 4.5 ‖ **8/10** [a–a] nonn add hab ‖ **16** [a–a] add?

1030 עבדיה 13—21

וְאַל־תַּגְדֵּ֥ל פִּ֖יךָ בְּי֥וֹם צָרָֽה׃ ל

13 אַל־תָּב֤וֹא בְשַֽׁעַר־עַמִּי֙ בְּי֣וֹם אֵידָ֔ם[a]

אַל־תֵּ֧רֶא גַם־אַתָּ֛ה בְּרָעָת֖וֹ בְּי֣וֹם אֵיד֑וֹ כז בטע

[b]וְאַל־תִּשְׁלַ֥חְנָה[b] בְחֵיל֖וֹ בְּי֥וֹם אֵידֽוֹ[c]׃

14 וְאַל־תַּֽעֲמֹד֙ עַל־הַפֶּ֔רֶק לְהַכְרִ֖ית אֶת־פְּלִיטָ֑יו ל . ב[14]

וְאַל־תַּסְגֵּ֥ר שְׂרִידָ֖יו בְּי֥וֹם צָרָֽה׃ ב

15 כִּֽי־קָר֥וֹב יוֹם־יְהוָ֖ה עַל־כָּל־הַגּוֹיִ֑ם י

כַּאֲשֶׁ֤ר עָשִׂ֙יתָ֙[a] יֵעָ֣שֶׂה לָּ֔ךְ גְּמֻלְךָ֖ יָשׁ֥וּב בְּרֹאשֶֽׁךָ׃ לו[15] . ל וחס[16] . ג

16 כִּ֗י כַּאֲשֶׁ֤ר שְׁתִיתֶם֙ עַל־הַ֣ר קָדְשִׁ֔י יִשְׁתּ֥וּ כָֽל־הַגּוֹיִ֖ם תָּמִ֑יד[a]

וְשָׁת֣וּ וְלָע֔וּ[b] וְהָי֖וּ כְּל֥וֹא הָיֽוּ׃ ל . ל

17 וּבְהַ֥ר צִיּ֛וֹן תִּהְיֶ֥ה פְלֵיטָ֖ה [a]וְהָ֣יָה קֹ֑דֶשׁ[a]

וְיָֽרְשׁוּ֙ בֵּ֣ית יַעֲקֹ֔ב אֵ֖ת מוֹרָשֵׁיהֶֽם[b]׃ ל

18 וְהָיָה֩ בֵית־יַעֲקֹ֨ב אֵ֜שׁ וּבֵ֧ית יוֹסֵ֣ף לֶהָבָ֗ה ב[17]

וּבֵ֤ית עֵשָׂו֙ לְקַ֔שׁ וְדָלְק֥וּ בָהֶ֖ם וַאֲכָל֑וּם ל[16] . ב

וְלֹֽא־יִהְיֶ֤ה שָׂרִיד֙ לְבֵ֣ית עֵשָׂ֔ו

כִּ֥י יְהוָ֖ה דִּבֵּֽר׃

19 וְיָרְשׁ֨וּ הַנֶּ֜גֶב [a]אֶת־הַ֣ר עֵשָׂ֗ו[a] וְהַשְּׁפֵלָה֙ [a]אֶת־פְּלִשְׁתִּ֔ים[a] וְיָרְשׁוּ֙

[b]אֶת־שְׂדֵ֣ה[b] אֶפְרַ֔יִם [a]וְאֵ֖ת שְׂדֵ֣ה שֹׁמְר֑וֹן[a] וּ[c]בִנְיָמִ֖ן אֶת־[c]הַגִּלְעָֽד׃ ב . ט וכל יהודה ויוסף דכות[18]

20 וְגָלֻ֨ת [a]הַֽחֵל־הַ֜זֶּה לִ[a]בְנֵ֣י יִשְׂרָאֵ֗ל אֲשֶׁר־[b]כְּנַעֲנִים֙ עַד־צָ֣רְפַ֔ת ה חס ול[19] פת . ג

וְגָלֻ֥ת יְרוּשָׁלִַ֖ם [c]אֲשֶׁ֣ר בִּסְפָרַ֑ד[c] יִֽרְשׁ֕וּ אֵ֖ת עָרֵ֥י הַנֶּֽגֶב׃

ס̄ט[16] 21 וְעָל֤וּ מֽוֹשִׁעִים֙[a] בְּהַ֣ר[b] צִיּ֔וֹן לִשְׁפֹּ֖ט אֶת־הַ֣ר עֵשָׂ֑ו ב חד חס וחד מל[20]

וְהָיְתָ֥ה לַֽיהוָ֖ה הַמְּלוּכָֽה׃ כ[21]

סכום הפסוקים
עשרים ואחד

[14] Mm 3081. [15] Mm 210. [16] Mp sub loco. [17] Mm 3082. [18] Mm 334. [19] Mm 1546. [20] Mm 3978. [21] Mm 1581.

13 [a] 𝔊 *πόνων* (vel *πόνου*) *αὐτῶν*, prp אוֹנוֹ ‖ [b–b] l ואל־תשלח יָד ‖ [c] 𝔊 *ἀπωλείας αὐτῶν*, prp אָבְדוֹ ‖ **15** [a] L עשית ‖ **16** [a] mlt Mss סָבִיב ‖ [b] prp וְנָעוּ ‖ **17** [a–a] add? ‖ [b] l מוֹרִשֵׁיהֶם cf Mur מוריש׳ et Vrs ‖ **19** [a–a] prb gl ‖ [b–b] 𝔊 *τὸ ὄρος*, frt l הַר ‖ [c–c] prb l את־בְּנֵי עַמּוֹן (gl ad (והגלעד ‖ **20** [a–a] crrp; prp חֲלַח זה (gl); frt l (dominabuntur) בְּחֲלַח יִזְבְּלוּ et tr post אשר ‖ [b] prp יִרְשׁוּ, sed cf [a] ‖ [c–c] gl? ‖ **21** [a] 𝔊 (α′θ′𝔖) *ἄνδρες σεσῳσμένοι*, prb l מוּשָׁעִים vel נוֹשָׁעִים ‖ [b] 𝔊 *ἐξ ὄρους*, frt l מֵהַר.

2 הִנֵּ֥ה קָטֹ֛ן נְתַתִּ֖יךָ בַּגּוֹיִ֑ם בָּז֥וּי [a]אַתָּ֖ה מְאֹֽד[a]׃
3 [a]זְד֤וֹן לִבְּךָ֙ הִשִּׁיאֶ֔ךָ[a]
שֹׁכְנִ֥י בְחַגְוֵי־סֶ֖לַע [b]מְר֣וֹם[c] שִׁבְתּ֑וֹ[b] ד⁴. ג⁵
אֹמֵ֣ר בְּלִבּ֔וֹ מִ֥י יוֹרִדֵ֖נִי אָֽרֶץ׃ ל⁶
4 אִם־[a]תַּגְבִּ֣יהַּ כַּנֶּ֔שֶׁר [b]וְאִם־בֵּ֥ין כּֽוֹכָבִ֖ים שִׂ֣ים[bc] קִנֶּ֑ךָ ג⁷
מִשָּׁ֥ם אוֹרִֽידְךָ֖ נְאֻם־יְהוָֽה׃ ג⁸
5 [a]אִם־גַּנָּבִ֤ים בָּאֽוּ־לְךָ֙ אִם־שׁ֣וֹדְדֵי לַ֔יְלָה[b] ב ר״פ אם אם אם⁹. יד פסוק לך לך¹⁰. ל ומל
אֵ֣יךְ נִדְמֵ֔יתָה[b] הֲל֥וֹא [c]יִגְנְב֖וּ דַּיָּ֑ם[a] ב חד חס וחד מל. ג
אִם־בֹּֽצְרִים֙ בָּ֣אוּ לָ֔ךְ הֲל֖וֹא [d]יַשְׁאִ֥ירוּ עֹלֵלֽוֹת׃
6 אֵ֚יךְ נֶחְפְּשׂ֣וּ[a] עֵשָׂ֔ו נִבְע֖וּ מַצְפֻּנָֽיו׃ ל. ל
7 עַֽד־הַגְּב֣וּל שִׁלְּח֗וּךָ כֹּ֚ל אַנְשֵׁ֣י בְרִיתֶ֔ךָ
הִשִּׁיא֛וּךָ יָכְל֥וּ לְךָ֖ אַנְשֵׁ֣י שְׁלֹמֶ֑ךָ ב חס לא. ג
לַחְמְךָ֗[a] יָשִׂ֤ימוּ[b] מָזוֹר֙[c] תַּחְתֶּ֔יךָ
[d]אֵ֥ין תְּבוּנָ֖ה בּֽוֹ[d]׃ ל
8 הֲל֛וֹא בַּיּ֥וֹם הַה֖וּא נְאֻם־יְהוָ֑ה
וְהַאֲבַדְתִּ֤י חֲכָמִים֙ מֵֽאֱד֔וֹם וּתְבוּנָ֖ה מֵהַ֥ר עֵשָֽׂו׃
9 וְחַתּ֥וּ גִבּוֹרֶ֖יךָ[a] תֵּימָ֑ן לְמַ֧עַן יִכָּֽרֶת־אִ֛ישׁ מֵהַ֥ר עֵשָׂ֖ו
מִקָּֽטֶל[b]׃ 10 מֵחֲמַ֛ס[a] אָחִ֥יךָ יַעֲקֹ֖ב תְּכַסְּךָ֣ בוּשָׁ֑ה וְנִכְרַ֖תָּ לְעוֹלָֽם׃ ל. ל
11 [a]בְּיוֹם֙ עֲמָֽדְךָ֣ מִנֶּ֔גֶד[a] בְּי֛וֹם שְׁב֥וֹת זָרִ֖ים חֵיל֑וֹ ל
וְנָכְרִ֞ים בָּ֣אוּ שְׁעָרָ֗ו[b] וְעַל־יְרוּשָׁלִַ֙ם֙ יַדּ֣וּ גוֹרָ֔ל שעריו. ב¹¹. ג¹² ק
גַּם־אַתָּ֖ה כְּאַחַ֥ד מֵהֶֽם׃ ב¹³
12 וְאַל־תֵּ֤רֶא [a]בְיוֹם־אָחִ֙יךָ֙[a] בְּי֣וֹם נָכְר֔וֹ ל
וְאַל־תִּשְׂמַ֥ח לִבְנֵֽי־יְהוּדָ֖ה בְּי֣וֹם אָבְדָ֑ם

[4]Mm 2727. [5]Mm 3672. [6]וחד אָמַר בלבו Ps 10,13. [7]Mm 3079. [8]Mm 2728. [9]Mm 3554. [10]Mm 1860. [11]Mm 3080. [12]Mp sub loco. [13]Mm 361.

2 [a–a] Jer 49,15 בָּאָדָם ‖ **3** [a–a] Jer 49,16 תִּפְלַצְתְּךָ הִשִּׁיא אֹתָךְ זדון לִבֶּךָ ‖ [b–b] Jer 49,16 תֹּפְשִׂי מרום גִּבְעָה ‖ [c] 𝔊 ὑψῶν = מֵרִים? cf 𝔙 ‖ **4** [a] Jer 49,16 כִּי ‖ [b–b] > Jer 49,16 ‖ [c] aut l תָּשִׂים (cf Vrs) aut dl ‖ **5** [a–a] Jer 49,9b אם גנבים באו לך הִשְׁחִיתוּ דים ‖ [b–b] tr ad fin v a an dl (gl ex Jer 49,9)? ‖ [c] prp הֲ(יגנבו) cf [d] ‖ [d] Jer 49,9a לא; prp הֲ(ישאירו) ‖ **6** [a] prb l נחפַּשׂ ‖ **7** [a] prp לְחֻמֶּיךָ cf $𝔊^{L}$σ′𝔗𝔙; $𝔊^{W}$(𝔎𝔄) *ἐπολέμησάν σε*; sed frt exc vb ‖ [b] frt l שָׂמוּ cf 𝔊𝔖𝔗 ‖ [c] prp מָצוֹד cf Vrs ‖ [d–d] gl ad 8b? ‖ **9** [a] prp גבורֵי ‖ [b] 𝔊𝔖𝔙 cj c 10, frt recte (cf 10a); al gl vel var lect ad מחמס 10 hab ‖ **10** [a] 𝔊𝔖𝔙 pr cop, frt l ׳וּמ; sed cf 9[b] ‖ **11** [a–a] prp מֵעָמְדְךָ ‖ [b] K שַׁעֲרוֹ ‖ **12** [a–a] prp בְּאחיך.

1028 עמוס — עבדיה Am 9,9—Ob 1

[b]אֶ֗פֶס כִּ֠י לֹ֣א הַשְׁמֵ֥יד אַשְׁמִ֛יד אֶת־בֵּ֥ית יַעֲקֹ֖ב[b] נְאֻם־יְהוָֽה׃ — ל̇ מל

9 כִּֽי־הִנֵּ֤ה אָנֹכִי֙ מְצַוֶּ֔ה וַהֲנִע֥וֹתִי [a]בְכָל־הַגּוֹיִ֖ם[a] אֶת־בֵּ֣ית יִשְׂרָאֵ֑ל — ג̇[16] חס ול בליש

כַּאֲשֶׁ֤ר יִנּ֙וֹעַ֙ בַּכְּבָרָ֔ה וְלֹֽא־יִפּ֥וֹל צְר֖וֹר אָֽרֶץ׃ — ל̇. ל̇. ו̇ מל וכל קהלת ומשלי דכות ב̇ מ̇ ג̇. ה̇ דמטע

10 בַּחֶ֣רֶב יָמ֔וּתוּ כֹּ֖ל חַטָּאֵ֣י עַמִּ֑י

הָאֹמְרִ֗ים [a]לֹֽא־תַגִּ֧ישׁ וְתַקְדִּ֛ים בַּעֲדֵ֖ינוּ[a] הָרָעָֽה׃ — ל̇. ל̇ מל

11 בַּיּ֣וֹם הַה֔וּא אָקִ֛ים אֶת־סֻכַּ֥ת דָּוִ֖יד הַנֹּפֶ֑לֶת [עוֹלָֽם׃

וְגָדַרְתִּ֣י [a]אֶת־פִּרְצֵיהֶ֗ן[a] וַהֲרִסֹתָיו[b] אָקִ֔ים וּבְנִיתִ֖יהָ כִּימֵ֥י — ל̇. ל̇.

12 לְמַ֨עַן יִֽירְשׁ֜וּ אֶת־שְׁאֵרִ֤ית אֱדוֹם֙ וְכָל־הַגּוֹיִ֔ם אֲשֶׁר־נִקְרָ֥א שְׁמִ֖י — ב̇[17]

עֲלֵיהֶ֑ם נְאֻם־יְהוָ֖ה עֹ֥שֶׂה זֹּֽאת׃ פ — כ̇ב̇[18]

13 הִנֵּ֨ה יָמִ֤ים בָּאִים֙ נְאֻם־יְהוָ֔ה — כו̇ פסוק דאית בהון א״ב

וְנִגַּ֤שׁ חוֹרֵשׁ֙[a] בַּקֹּצֵ֔ר וְדֹרֵ֥ךְ עֲנָבִ֖ים [b]בְּמֹשֵׁ֣ךְ הַזָּ֑רַע[b] — ל̇ מל

וְהִטִּ֤יפוּ הֶֽהָרִים֙ עָסִ֔יס וְכָל־הַגְּבָע֖וֹת תִּתְמוֹגַֽגְנָה׃ — ב̇. ל̇

14 וְשַׁבְתִּי֮ אֶת־שְׁב֣וּת עַמִּ֣י יִשְׂרָאֵל֒ וּבָנ֞וּ עָרִ֤ים נְשַׁמּוֹת֙ וְיָשָׁ֔בוּ — י̇. ב̇ וכל אתנח וס״פ דכות

וְנָטְע֣וּ כְרָמִ֔ים וְשָׁת֖וּ אֶת־יֵינָ֑ם וְעָשׂ֣וּ גַנּ֔וֹת וְאָכְל֖וּ אֶת־פְּרִיהֶֽם׃

15 וּנְטַעְתִּ֖ים עַל־אַדְמָתָ֑ם וְלֹ֨א יִנָּתְשׁ֜וּ ע֗וֹד מֵעַ֤ל אַדְמָתָם֙ אֲשֶׁ֣ר — ג̇[19]

נָתַ֣תִּי לָהֶ֔ם אָמַ֖ר יְהוָ֥ה אֱלֹהֶֽיךָ׃ — ל̇ ס״פ בנביא[20]

סכום הפסוקים
מאה וארבעים
וששה

OBADIA עבדיה

1 חֲז֖וֹן עֹבַדְיָ֑ה — ל̇ בנביא[1]

כֹּֽה־אָמַר֩ אֲדֹנָ֨י יְהוִ֜ה לֶאֱד֗וֹם

שְׁמוּעָ֨ה שָׁמַ֜עְנוּ[a] מֵאֵ֣ת יְהוָ֗ה וְצִיר֙ בַּגּוֹיִ֣ם שֻׁלָּ֔ח[b] — ג̇[2]

[c]ק֛וּמוּ וְנָק֥וּמָה עָלֶ֖יהָ[d] לַמִּלְחָמָֽה[c]׃ — ג̇[3]

[16] Mm 3730. [17] Mm 1375. [18] Mm 475. [19] Mm 2650. [20] Mm 3133.
[1] Mm 4135. [2] Mm 3077. [3] Mm 3078.

8 [b–b] prb add ‖ **9** [a–a] add ‖ **10** [a–a] prb l לֹא־תִגַּשׁ וּתְקַדֵּם עָדֵינוּ cf Vrs ‖ **11** [a–a] l פִּרְצֶיהָ cf 𝔊*𝔖 ‖ [b] l ־תֶיהָ cf 𝔊 ‖ **13** [a] prp הַח׳ ‖ [b–b] 𝔊 *ἐν τῷ σπόρῳ*, prp sol בַּמֹּשֵׁךְ aut בַּזֶּ֫רַע· **1** [a] Jer 49,14 𝔊 שָׁמַעְתִּי ‖ [b] Jer 49,14 שָׁלוּחַ ‖ [c–c] Jer 49,14 הִתְקַבְּצוּ וּבֹאוּ עליה וְקוּמוּ למלחמה ‖ [d] 𝔊^{III}(𝔙) *ἐπ᾽ αὐτόν* = עָלָיו; sic nonn prp (cf 2), al נַעֲלֶה.

וְאָמְרוּ חֵי אֱלֹהֶיךָ דָּן וְחֵי דֶּרֶךְ[c] בְּאֵר־שָׁבַע
[d]וְנָפְלוּ וְלֹא־יָקוּמוּ עוֹד[d]׃ ס — ב[14]

9 1 רָאִיתִי אֶת־אֲדֹנָי נִצָּב עַל־הַמִּזְבֵּחַ וַיֹּאמֶר[a] הַךְ[b] הַכַּפְתּוֹר וְיִרְעֲשׁוּ[c] — ט ר״פ[1]. ל
הַסִּפִּים — ז[2]
[d]וּבְצַעַם[e] בְּרֹאשׁ[df] כֻּלָּם וְאַחֲרִיתָם בַּחֶרֶב אֶהֱרֹג — ל. לה[3]. ב חד מל וחד חס[4]
לֹא־יָנוּס לָהֶם נָס וְלֹא־יִמָּלֵט לָהֶם פָּלִיט׃ — יג[5]
2 אִם־יַחְתְּרוּ בִשְׁאוֹל מִשָּׁם יָדִי תִקָּחֵם
וְאִם־יַעֲלוּ הַשָּׁמַיִם מִשָּׁם אוֹרִידֵם׃
3 וְאִם־יֵחָבְאוּ בְּרֹאשׁ הַכַּרְמֶל מִשָּׁם אֲחַפֵּשׂ וּלְקַחְתִּים [וּנְשָׁכָם׃ — ג[6] ר״פ בסיפ וחד מן ח[7] פסוק ואם ואם. לה[3]. ל
וְאִם־יִסָּתְרוּ [a]מִנֶּגֶד עֵינַי[a] בְּקַרְקַע הַיָּם מִשָּׁם[b] אֲצַוֶּה אֶת־הַנָּחָשׁ — ב[8]
4 וְאִם־יֵלְכוּ בַשְּׁבִי[a] לִפְנֵי אֹיְבֵיהֶם[b] מִשָּׁם[c] אֲצַוֶּה אֶת־הַחֶרֶב — ג ר״פ בסיפ[6]
וְשַׂמְתִּי עֵינִי עֲלֵיהֶם לְרָעָה וְלֹא לְטוֹבָה׃ [וַהֲרָגָתַם — כט[9] ול בסיפ [ל
5 [a]וַאדֹנָי יְהוִה הַצְּבָאוֹת[a] — ד[10]. ה
הַנּוֹגֵעַ בָּאָרֶץ וַתָּמוֹג [b]וְאָבְלוּ כָּל־יוֹשְׁבֵי בָהּ[b] — ג מל[11]. לד מל
וְעָלְתָה כַיְאֹר כֻּלָּהּ וְשָׁקְעָה כִּיאֹר מִצְרָיִם׃ — ל
6 הַבּוֹנֶה בַשָּׁמַיִם מַעֲלוֹתָו[a] וַאֲגֻדָּתוֹ עַל־אֶרֶץ יְסָדָהּ — ה מל בליש. מעלותיו ק. ט וכל על ארץ מצרים דאורית דכות[12]. ד[13]
הַקֹּרֵא לְמֵי־הַיָּם וַיִּשְׁפְּכֵם עַל־פְּנֵי הָאָרֶץ — ה
יְהוָה[b] שְׁמוֹ׃ — ד

7 הֲלוֹא כִבְנֵי כֻשִׁיִּים אַתֶּם לִי בְּנֵי יִשְׂרָאֵל [a]נְאֻם־יְהוָה[a] — ג[14]. ל. ד בסיפ[15]
הֲלוֹא אֶת־יִשְׂרָאֵל הֶעֱלֵיתִי מֵאֶרֶץ מִצְרַיִם
וּפְלִשְׁתִּיִּים מִכַּפְתּוֹר וַאֲרָם מִקִּיר׃ — ל

8 הִנֵּה [a]עֵינֵי׀ אֲדֹנָי יְהוִה[a] בַּמַּמְלָכָה הַחַטָּאָה — ל
וְהִשְׁמַדְתִּי אֹתָהּ מֵעַל פְּנֵי הָאֲדָמָה

[14] Mm 2493. **Cp 9** [1] Mp sub loco. [2] Mm 4217. [3] Mm 2840. [4] Mm 3052. [5] Mm 3044. [6] Mm 3075. [7] Mm 4191. [8] Nu 5,17. [9] Mm 2501. [10] Mm 2508. [11] Mm 755. [12] Mm 2946. [13] Mm 2292. [14] Mm 3076. [15] Mm 953.

14 [c] 𝔊 *ὁ θεός (= θεῖος) σου*; prb l דֹּדְךָ ‖ [d–d] prb tr ante v a ‖ **Cp 9,1** [a] prb tr post הספים ‖ [b] prb l וַיַּךְ aut (וּ)מַכֵּה ‖ [c] l וַיִּרְעֲשׁוּ ‖ [d–d] prp אֶבְצַע ראש ‖ [e] prb l אֶבְצָעֵם ‖ [f] prp בְּרַעַשׁ ‖ **3** [a–a] add ‖ [b] prb dl; prp שָׁם ‖ **4** [a] frt gl ‖ [b] sic L, mlt Mss Edd אֹיְבֵ׳ ‖ [c] cf 3[b] ‖ **5** [a–a] add? cf 6b ‖ [b–b] Mur ואבל כל יושב בה ‖ **6** [a] l עֲלִיָּתוֹ ‖ [b] 𝔊 + *ὁ θεὸς ὁ παντοκράτωρ* 𝔖 + *ḥjltn'* = צְבָאוֹת ‖ **7** [a–a] add? al tr ad fin ‖ **8** [a–a] prp עֵינַי.

רַ֣ב הַפֶּ֔גֶר בְּכָל־מָק֖וֹם [d]הִשְׁלִ֥יךְ הָֽס׃[d] פ — ד

4 שִׁמְעוּ־זֹ֕את הַשֹּׁאֲפִ֖ים[a] אֶבְי֑וֹן וְלַשְׁבִּ֖ית[b] עֲנִוֵּי־[c]אָֽרֶץ׃ — ב. ל. עניי ק

5 לֵאמֹ֗ר[a] מָתַ֞י יַעֲבֹ֤ר הַחֹ֙דֶשׁ֙ וְנַשְׁבִּ֣ירָה שֶּׁ֔בֶר[b] וְהַשַּׁבָּ֖ת וְנִפְתְּחָה־בָּ֑ר — ט ר״פ[4]. ל. ל

לְהַקְטִ֣ין אֵיפָ֗ה וּלְהַגְדִּ֣יל שֶׁ֔קֶל וּלְעַוֵּ֖ת מֹאזְנֵ֥י מִרְמָֽה׃ — ל

6 [a]לִקְנ֤וֹת בַּכֶּ֙סֶף֙ דַּלִּ֔ים וְאֶבְי֖וֹן בַּעֲב֣וּר נַעֲלָ֑יִם[a] [b]וּמַפַּ֥ל בַּ֖ר נַשְׁבִּֽיר׃[b] — ב. ל

7 נִשְׁבַּ֥ע יְהוָ֖ה בִּגְא֣וֹן יַעֲקֹ֑ב אִם־אֶשְׁכַּ֥ח לָנֶ֖צַח כָּל־מַעֲשֵׂיהֶֽם׃

8 הַ֤עַל זֹאת֙ לֹא־תִרְגַּ֣ז הָאָ֔רֶץ וְאָבַ֖ל כָּל־יוֹשֵׁ֣ב בָּ֑הּ — ל. מט מל בנביא

וְעָלְתָ֤ה כָאֹר֙[a] כֻּלָּ֔הּ וְנִגְרְשָׁ֥ה[b] וְנִשְׁקְה֖[c] כִּיא֥וֹר מִצְרָֽיִם׃ ס — ונשקעה ק. ו מל

9 וְהָיָ֣ה ׀ בַּיּ֣וֹם הַה֗וּא נְאֻם֙ [a]אֲדֹנָ֣י יְהוִ֔ה[a] — ו בטע בסיפ. ז[5] וכל יחזק דכות ב מ ד

וְהֵבֵאתִ֥י הַשֶּׁ֖מֶשׁ בַּֽצָּהֳרָ֑יִם וְהַחֲשַׁכְתִּ֥י לָאָ֖רֶץ בְּי֥וֹם אֽוֹר׃ — יב. ל

10 וְהָפַכְתִּ֨י חַגֵּיכֶ֜ם לְאֵ֗בֶל וְכָל־שִֽׁירֵיכֶם֙ לְקִינָ֔ה — ג פסוק וכל כל כל

וְהַעֲלֵיתִ֤י עַל־כָּל־מָתְנַ֙יִם֙ שָׂ֔ק וְעַל־כָּל־רֹ֖אשׁ קָרְחָ֑ה — ד קמ וכל בשק אתנח וס״פ דכות[6]

וְשַׂמְתִּ֙יהָ֙ כְּאֵ֣בֶל יָחִ֔יד וְאַחֲרִיתָ֖הּ כְּי֥וֹם מָֽר׃ — יא[7]

11 הִנֵּ֣ה ׀ יָמִ֣ים בָּאִ֗ים [a]נְאֻם֙ אֲדֹנָ֣י יְהוִ֔ה[a] — ז[5] וכל יחזק דכות ב מ ד

וְהִשְׁלַחְתִּ֥י רָעָ֖ב בָּאָ֑רֶץ — ג

לֹֽא־רָעָ֤ב לַלֶּ֙חֶם֙ [b]וְלֹֽא־צָמָ֣א לַמַּ֔יִם[b] — ד[8]. ה[9]

כִּ֣י אִם־לִשְׁמֹ֔עַ אֵ֖ת דִּבְרֵ֥י[c] יְהוָֽה׃ — ה

12 וְנָעוּ֙ מִיָּ֣ם עַד־יָ֔ם וּמִצָּפ֖וֹן וְעַד־[a]מִזְרָ֑ח יְשֽׁוֹטְט֛וּ — ג[10]. ג[11]. יז פסוק עד ועד[12]. ב חד מל וחד חס[13]

לְבַקֵּ֥שׁ [b]אֶת־דְּבַר־יְהוָ֖ה[b] וְלֹ֥א יִמְצָֽאוּ׃ [בַּצָּמָֽא׃[b]

13 [a]בַּיּ֣וֹם הַה֗וּא[a] תִּתְעַלַּ֜פְנָה הַבְּתוּלֹ֥ת הַיָּפ֛וֹת וְהַבַּחוּרִ֖ים

14 [a]הַנִּשְׁבָּעִים֙ בְּאַשְׁמַ֣ת[b] שֹׁמְר֔וֹן — ל

[4] Mm 3072. [5] Mm 2459. [6] Mm 2484. [7] Mm 1630. [8] Mm 3073. [9] Mm 494. [10] Mp sub loco. [11] Mm 3169. [12] Mm 912. [13] Mm 3074.

3 [d–d] crrp; 𝔊 *ἐπιρρίψω σιωπήν*, prp אַשְׁלִיכֵם vel הִשְׁלִיכֵם; exc nonn vb? ‖ **4** [a] prp הַשָּׁאפִים cf 2,7 ‖ [b] frt dl ו et l לְהַשְׁבִּית; prp לשחית ‖ [c] K עֲנִיֵּי ‖ **5** [a] add ‖ [b] > 𝔊, dl ‖ **6** [a–a] > Ms, prb dl cf 2,6 ‖ [b–b] prb dl, gl; al cj c 5a ‖ **8** [a] l c nonn Mss 𝔊𝔖𝔗 כַּיְאֹר cf 9,5 ‖ [b] > Ms 𝔊, dl ‖ [c] mlt Mss ut Q cf Vrs et 9,5 ‖ **9** [a–a] 𝔊*(𝔖) *κύριος* ‖ **11** [a–a] 𝔊*(𝔖𝔙) *λέγει κύριος*; nonn add hab ‖ [b–b] nonn add hab ‖ [c] l c pc Mss 𝔊𝔖𝔙 דְּבַר cf 12; al dl יהוה et l דְּבָרִי ‖ **12** [a] frt l c pc Mss עד ‖ [b–b] prp דְּבָרִי ‖ **13** [a–a] nonn add hab ‖ [b] prb add; prp הָאַמִּצִים ‖ **14** [a] prb huc tr v b ‖ [b] prp בַּאֲשֵׁרַת.

7 כֹּה הִרְאַנִי וְהִנֵּה [a]אֲדֹנָי[b] נִצָּב עַל־[c]חוֹמַת אֲנָךְ[c] וּבְיָדוֹ אֲנָךְ[a]׃ ד . ד . ד[8]
8 וַיֹּאמֶר יְהוָה אֵלַי מָה־אַתָּה רֹאֶה עָמוֹס וָאֹמַר אֲנָךְ וַיֹּאמֶר אֲדֹנָי[a] ד
הִנְנִי שָׂם אֲנָךְ בְּקֶרֶב עַמִּי יִשְׂרָאֵל לֹא־אוֹסִיף עוֹד עֲבוֹר לוֹ׃ ד . יט . ד מל[9]

9 וְנָשַׁמּוּ בָּמוֹת יִשְׂחָק וּמִקְדְּשֵׁי יִשְׂרָאֵל יֶחֱרָבוּ ד כינוי ליצחק[10]
וְקַמְתִּי עַל־בֵּית יָרָבְעָם בֶּחָרֶב׃ פ

10 וַיִּשְׁלַח אֲמַצְיָה כֹּהֵן בֵּית־אֵל אֶל־יָרָבְעָם מֶלֶךְ־יִשְׂרָאֵל לֵאמֹר ט[11]
קָשַׁר עָלֶיךָ עָמוֹס בְּקֶרֶב בֵּית יִשְׂרָאֵל לֹא־תוּכַל הָאָרֶץ לְהָכִיל
אֶת־כָּל־דְּבָרָיו׃ 11 כִּי־כֹה אָמַר עָמוֹס ב
בַּחֶרֶב יָמוּת יָרָבְעָם וְיִשְׂרָאֵל גָּלֹה יִגְלֶה מֵעַל אַדְמָתוֹ׃ ס לג
12 וַיֹּאמֶר אֲמַצְיָה אֶל־עָמוֹס חֹזֶה לֵךְ בְּרַח־לְךָ אֶל־אֶרֶץ יְהוּדָה ט[11]
וֶאֱכָל־שָׁם לֶחֶם וְשָׁם תִּנָּבֵא׃ 13 וּבֵית־אֵל לֹא־תוֹסִיף עוֹד לְהִנָּבֵא יג
כִּי מִקְדַּשׁ־מֶלֶךְ הוּא וּבֵית מַמְלָכָה הוּא׃ ס 14 וַיַּעַן עָמוֹס ב פסוק דמטע הוא הוא[12]
וַיֹּאמֶר אֶל־אֲמַצְיָה לֹא־נָבִיא אָנֹכִי וְלֹא בֶן־נָבִיא אָנֹכִי כִּי־בוֹקֵר[a] ט[11] . ל
אָנֹכִי וּבוֹלֵס שִׁקְמִים׃ 15 וַיִּקָּחֵנִי יְהוָה מֵאַחֲרֵי הַצֹּאן וַיֹּאמֶר אֵלַי סח[9] ח[13] בטע וכל זקף אתנח וס״פ דכות ב מ א . ד[14]
יְהוָה לֵךְ הִנָּבֵא אֶל־עַמִּי יִשְׂרָאֵל׃ 16 וְעַתָּה שְׁמַע דְּבַר־יְהוָה אַתָּה ו[15] . ד[16]
אֹמֵר לֹא תִנָּבֵא עַל־יִשְׂרָאֵל וְלֹא תַטִּיף עַל־בֵּית יִשְׂחָק׃ 17 לָכֵן ד כינוי ליצחק[10] . ג בטע בסיפ . כ[17]
כֹּה־אָמַר יְהוָה
אִשְׁתְּךָ בָּעִיר תִּזְנֶה וּבָנֶיךָ וּבְנֹתֶיךָ בַּחֶרֶב יִפֹּלוּ ז . ג[18]
וְאַדְמָתְךָ בַּחֶבֶל תְּחֻלָּק וְאַתָּה עַל־אֲדָמָה טְמֵאָה תָּמוּת ל . יא[19]
וְיִשְׂרָאֵל גָּלֹה יִגְלֶה מֵעַל אַדְמָתוֹ׃ ס לג

8 1 כֹּה הִרְאַנִי אֲדֹנָי[a] יְהוִה וְהִנֵּה כְּלוּב קָיִץ׃ 2 וַיֹּאמֶר מָה־אַתָּה רֹאֶה
עָמוֹס וָאֹמַר כְּלוּב קָיִץ וַיֹּאמֶר יְהוָה אֵלַי
בָּא הַקֵּץ אֶל־עַמִּי יִשְׂרָאֵל לֹא־אוֹסִיף עוֹד עֲבוֹר לוֹ׃ ד[1] יט . ד מל[2]
3 וְהֵילִילוּ שִׁירוֹת[a] הֵיכָל [b]בַּיּוֹם הַהוּא נְאֻם [c]אֲדֹנָי יְהוִה[b] ז[3] וכל יחזק דכות ב מ ד

[8] Mm 2013. [9] Mp sub loco. [10] Mm 2659. [11] Mm 3071. [12] Okhl 342. [13] Mm 1571. [14] Mm 2280. [15] Mm 2860. [16] Mm 364. [17] Mm 2168. [18] Mm 122. [19] Mm 512. **Cp 8** [1] Mm 364. [2] Mp sub loco. [3] Mm 2459.

7 [a–a] prp אנך נצב על־חוֹמָה ‖ [b] l c mlt Mss 𝔊* יהוה et tr c 𝔊 post הראני cf 𝔙 ‖ [c–c] l חוֹמָה ‖ **8** [a] l c mlt Mss יהוה ‖ **14** [a] 𝔊 *αἰπόλος*, frt l נוֹקֵד ‖ **Cp 8,1** [a] > 2 Mss 𝔊* ‖ **3** [a] prb l שָׁרוֹת ‖ [b–b] nonn add hab ‖ [c] > 𝔊*, frt recte.

8 נִשְׁבַּע אֲדֹנָיᵃ יְהוִה בְּנַפְשׁוֹ ᵇנְאֻם־יְהוָה אֱלֹהֵי צְבָאוֹתᵇ — יב̇[9]
מְתָאֵבᶜ אָנֹכִי אֶת־גְּאוֹן יַעֲקֹב וְאַרְמְנֹתָיו שָׂנֵאתִי — ל̇ . ד̇ חס[10]
וְהִסְגַּרְתִּי עִיר וּמְלֹאָהּ׃
9 וְהָיָה אִם־יִוָּתְרוּ עֲשָׂרָה אֲנָשִׁים בְּבַיִת אֶחָד וָמֵתוּ׃ 10 ᵃוּנְשָׂאוֹ — ו̇[11] . ח̇[12]
דּוֹדוֹ וּמְסָרְפוֹᵃ לְהוֹצִיא עֲצָמִים מִן־הַבַּיִת וְאָמַר לַאֲשֶׁר — ה̇ מל̇[13] . ז̇ בסיפ̇ ג̇ מנה̇ בפסוק
בְּיַרְכְּתֵי הַבַּיִת הַעוֹד עִמָּךְ וְאָמַר אָפֶס וְאָמַר הָס כִּי לֹא — ז̇ בסיפ̇ ג̇ מנה̇ בפסוק . ב̇ קמ̇ . ז̇ בסיפ̇ ג̇ מנה̇ בפסוק . ב̇ זקף קמ̇[14]
לְהַזְכִּיר בְּשֵׁם יְהוָה׃

11 כִּי־הִנֵּה יְהוָה מְצַוֶּהᵃ
וְהִכָּה הַבַּיִת הַגָּדוֹל רְסִיסִים וְהַבַּיִת הַקָּטֹן בְּקִעִים׃ — ל̇ . ל̇

12 הַיְרֻצוּן בַּסֶּלַע סוּסִים אִם־יַחֲרוֹשׁᵃ בַּבְּקָרִיםᵇ — ב̇ מל̇[15]
כִּי־הֲפַכְתֶּם לְרֹאשׁ מִשְׁפָּט וּפְרִי צְדָקָה לְלַעֲנָה׃ — כ̇ד̇ . ב̇

13 ᵃהַשְּׂמֵחִים לְלֹא דָבָרᵇ — ג̇ ר״פ[16] . יא̇[17]
הָאֹמְרִים הֲלוֹא בְחָזְקֵנוּ לָקַחְנוּ לָנוּ קַרְנָיִם׃ [הַצְּבָאוֹתᵃ גּוֹי — ה̇
14 כִּי הִנְנִי מֵקִים עֲלֵיכֶם בֵּית יִשְׂרָאֵל ᵃנְאֻם־יְהוָה אֱלֹהֵי
וְלָחֲצוּ אֶתְכֶם מִלְּבוֹא חֲמָת עַד־נַחַל הָעֲרָבָה׃ ס

7 1 כֹּה הִרְאַנִי אֲדֹנָיᵃ יְהוִה וְהִנֵּה יוֹצֵרᵇ גֹּבַי בִּתְחִלַּת עֲלוֹת הַלָּקֶשׁ — ב̇ . ו̇[1] . ו̇ . ל̇[2]
ᶜוְהִנֵּה־לֶקֶשׁᵈ אַחַר גִּזֵּי הַמֶּלֶךְᶜ׃ 2 ᵃוְהָיָה אִם־כִּלָּהᵃ לֶאֱכוֹל אֶת־עֵשֶׂב — ל̇ . יג̇ מל̇[3] . ה̇[2]
הָאָרֶץ וָאֹמַר אֲדֹנָי יְהוִה סְלַח־נָא מִי יָקוּם יַעֲקֹב כִּי קָטֹן הוּא׃ 3 נִחַם — ו̇ פת̇ וכל ישעיה דכות̇[4]
יְהוָה עַל־זֹאת לֹא תִהְיֶה אָמַרᵃ יְהוָה׃ — כ̇ ס״פ[5]
4 כֹּה הִרְאַנִי אֲדֹנָיᵃ יְהוִה וְהִנֵּה קֹרֵא ᵇלָרִב בָּאֵשׁᵇ ᶜאֲדֹנָיᵃ יְהוִהᶜ — ה̇[6] חס וחד מן ה̇[7] בליש
וַתֹּאכַל אֶת־תְּהוֹם רַבָּה וְאָכְלָה אֶת־הַחֵלֶק׃ 5 וָאֹמַר אֲדֹנָי יְהוִה
חֲדַל־נָא מִי יָקוּם יַעֲקֹב כִּי קָטֹן הוּא׃ 6 נִחַם יְהוָה עַל־זֹאת גַּם־ — ו̇ פת̇ וכל ישעיה דכות̇[4]
הִיא לֹא תִהְיֶה אָמַר אֲדֹנָיᵃ יְהוִה׃ ס

[9] Mm 2015. [10] Mm 2340. [11] Mm 3067. [12] Mm 3068. [13] Mm 1460. [14] Mm 1406. [15] Mm 3069. [16] Mm 3070. [17] Mm 2442. **Cp 7** [1] Mm 1834. [2] Mp sub loco. [3] Mm 1640. [4] Mm 1775. [5] Mm 2481. [6] Mm 3480. [7] Mm 1526.

8 ᵃ > Ms 𝔊 ‖ ᵇ⁻ᵇ > Ms 𝔊*, add ‖ ᶜ = מתעב cf Vrs ‖ **10** ᵃ⁻ᵃ 𝔊 *καὶ λήμψονται οἱ οἰκεῖοι αὐτῶν καὶ παραβιῶνται*, prp וְנִשְׁאֲרוּ מְתֵי מִסְפָּר ‖ **11** ᵃ exc nonn vb? ‖ **12** ᵃ prp יֵחָרֵשׁ ‖ ᵇ l בַּבָּקָר יָם ‖ **13** ᵃ frt ins הוֹי ‖ ᵇ exc hemist? ‖ **14** ᵃ⁻ᵃ > 𝔊*, add; al tr ad fin v ‖ **Cp 7,1** ᵃ > pc Mss 𝔊* cf 4ᵃ.6ᵃ.7ᵇ 8,1ᵃ ‖ ᵇ prp יֶצֶר (cf 𝔊) aut יוֹצֵא ‖ ᶜ⁻ᶜ nonn add hab (gl) ‖ ᵈ 𝔊 *βροῦχος* = יֶלֶק? ‖ **2** ᵃ⁻ᵃ prb l וַיְהִי הִא מְכַלָּה ‖ **3** ᵃ pc Mss + אֲדֹנָי ‖ **4** ᵃ > 𝔊* ‖ ᵇ⁻ᵇ prb l לַהֶבֶת אֵשׁ ‖ ᶜ⁻ᶜ dl, gl ‖ **6** ᵃ > Ms 𝔊*.

וּבָא הַבַּיִת וְסָמַךְ יָדוֹ עַל־הַקִּיר וּנְשָׁכוֹ הַנָּחָשׁ׃ ד[22]. ג
20 הֲלֹא־חֹשֶׁךְ יוֹם יְהוָה וְלֹא־אוֹר וְאָפֵל וְלֹא־נֹגַהּ לוֹ׃ ל̇ חס בסיפ̇

21 שָׂנֵאתִי מָאַסְתִּי חַגֵּיכֶם וְלֹא אָרִיחַ בְּעַצְּרֹתֵיכֶם׃ ב[23]. ל̇
22 [a]כִּי אִם־תַּעֲלוּ־לִי עֹלוֹת[a][b]
וּמִנְחֹתֵיכֶם לֹא אֶרְצֶה וְשֶׁלֶם[c] מְרִיאֵיכֶם לֹא אַבִּיט׃ ל̇
23 הָסֵר[a] מֵעָלַי הֲמוֹן שִׁרֶיךָ[b] וְזִמְרַת נְבָלֶיךָ[b] לֹא אֶשְׁמָע׃ ל̇. ב
24 וְיִגַּל כַּמַּיִם מִשְׁפָּט וּצְדָקָה כְּנַחַל אֵיתָן׃ [יִשְׂרָאֵל׃ ל̇
25 [a]הַזְּבָחִים וּמִנְחָה[b] הִגַּשְׁתֶּם־לִי בַמִּדְבָּר[c] אַרְבָּעִים שָׁנָה בֵּית
26 וּנְשָׂאתֶם[a] אֵת סִכּוּת[b] מַלְכְּכֶם וְאֵת כִּיּוּן[c] צַלְמֵיכֶם [d]כּוֹכַב ב[24]. ל̇. ל̇. ב חד פת וחד קמ̇[25]
אֱלֹהֵיכֶם[d] אֲשֶׁר עֲשִׂיתֶם לָכֶם׃]
27 וְהִגְלֵיתִי אֶתְכֶם מֵהָלְאָה לְדַמָּשֶׂק אָמַר יְהוָה ג ב קמ̇ וחד פת̇[26]. יב[27]
[a]אֱלֹהֵי־צְבָאוֹת שְׁמוֹ[a]׃ פ

6 1 הוֹי הַשַּׁאֲנַנִּים בְּצִיּוֹן[a] וְהַבֹּטְחִים בְּהַר שֹׁמְרוֹן ג. ל̇
נְקֻבֵי רֵאשִׁית הַגּוֹיִם [b]וּבָאוּ לָהֶם בֵּית[b] יִשְׂרָאֵל׃ [פְּלִשְׁתִּים[b] כח̇. ל̇
2 עִבְרוּ כַלְנֵה וּרְאוּ וּלְכוּ מִשָּׁם[a] חֲמַת רַבָּה וּרְדוּ גַת־ ל̇[1]. ל וכל חמת אף דכות̇
הַטּוֹבִים[c] מִן־הַמַּמְלָכוֹת הָאֵלֶּה אִם־רַב [d]גְּבוּלָם מִגְּבֻלְכֶם[d]׃ ג ב חס וחד מל̇
3 הַמְנַדִּים לְיוֹם רָע וַתַּגִּישׁוּן שֶׁבֶת[a] חָמָס׃ ל̇. ל̇
4 הַשֹּׁכְבִים עַל־מִטּוֹת שֵׁן וּסְרֻחִים עַל־עַרְשׂוֹתָם ב. ל̇[2]
וְאֹכְלִים כָּרִים מִצֹּאן וַעֲגָלִים מִתּוֹךְ מַרְבֵּק׃ ד[3]
5 הַפֹּרְטִים עַל־פִּי הַנָּבֶל כְּדָוִיד[a] חָשְׁבוּ לָהֶם כְּלֵי־[b]שִׁיר׃ ג מיחד וכל עשייה דכות̇[4]. ב[5] ול̇ בסיפ̇
6 הַשֹּׁתִים בְּמִזְרְקֵי יַיִן וְרֵאשִׁית שְׁמָנִים יִמְשָׁחוּ ו[6]
[a]וְלֹא נֶחְלוּ עַל־שֵׁבֶר יוֹסֵף[a][b]׃ ב. ג בליש̇[7]
7 לָכֵן עַתָּה יִגְלוּ בְּרֹאשׁ גֹּלִים וְסָר מִרְזַח סְרוּחִים׃ פ לה̇[8]. ל̇

[22] Mm 3065. [23] Mm 3066. [24] Gn 45,19. [25] Mm 974. [26] Mm 2732. [27] Mm 2015. **Cp 6** [1] וחד וכלנה Gn 10,10. [2] Mp sub loco. [3] Mm 2715. [4] Mm 1654. [5] Mm 2781. [6] Mm 1157. [7] Mm 2445. [8] Mm 2840.

22 [a–a] nonn add hab || [b] exc fin stich || [c] prp וְשַׁלְמֵי || **23** [a] prp הָסִירוּ || [b] prb l שִׁירֵיכֶם et נִבְלֵיכֶם || **25** [a] tot v add? || [b] > Ms, add? || [c] > 𝔊* || **26** [a] prp וּנְשָׂאתֶם || [b] 𝔊 σ′(𝔖𝔙) *τὴν σκηνήν*, frt l סֻכַּת; prp סַכּוּת aut מַסֵּכוֹת || [c] frt add; prp כֵּיוָן aut כִּיּוּן || [d–d] add, gl || **27** [a–a] add? || **Cp 6,1** [a] prp בִּגְאוֹנָם || [b–b] prb l וְכֵאלֹהִים בְּבֵית || **2** [a] add? al tr post וּרדוּ || [b] sic L, mlt Mss Edd ־תִּים || [c] prb l הַיְטַבְתֶּם, al ins אַתֶּם || [d–d] l מִגְּבוּלָם גְּבוּלְכֶם vel גבולכם מִגבולם || **3** [a] prb l שְׁנַת; prp שֶׁבֶר וְ vel שֹׁד וְ || **5** [a] add (gl)? prp הֵידָד || [b] prp כְּ, al כָּל־ || **6** [a–a] nonn cj c 13a || [b] exc fin v?

8 עֹשֵׂה[a] כִימָה וּכְסִיל ה̇ ר״פ
וְהֹפֵךְ לַבֹּקֶר צַלְמָוֶת וְיוֹם לַיְלָה הֶחְשִׁיךְ
הַקּוֹרֵא לְמֵי־הַיָּם וַיִּשְׁפְּכֵם עַל־פְּנֵי הָאָרֶץ י̇ מל̇ בליש̇ . ה̇
יְהוָה[b] שְׁמוֹ׃ ס ד̇
9 הַמַּבְלִיג[a] [b]שֹׁד[c] עַל־עָז[bd] וְשֹׁד[c] עַל־מִבְצָר[e] יָבוֹא[f]׃ ל̇ . ז̇ קמ̇ למערב̇[9]
10 שָׂנְאוּ בַשַּׁעַר מוֹכִיחַ וְדֹבֵר תָּמִים יְתָעֵבוּ׃ ה̇ . ד̇ קמ̇ בליש
11 לָכֵן יַעַן בּוֹשַׁסְכֶם[a] עַל־דָּל וּמַשְׂאַת[b]־בַּר תִּקְחוּ מִמֶּנּוּ ב̇ בטע̇ בסיפ̇ . ל̇ . ל̇[10]
בָּתֵּי גָזִית בְּנִיתֶם וְלֹא־תֵשְׁבוּ בָם ל̇
כַּרְמֵי־חֶמֶד נְטַעְתֶּם וְלֹא תִשְׁתּוּ אֶת־יֵינָם׃
12 כִּי יָדַעְתִּי רַבִּים פִּשְׁעֵיכֶם וַעֲצֻמִים חַטֹּאתֵיכֶם[a] ג̇[11] חס̇ וכל אורית̇ דכות̇ ב̇ מ̇ א̇
צֹרְרֵי צַדִּיק לֹקְחֵי כֹפֶר וְאֶבְיוֹנִים בַּשַּׁעַר הִטּוּ׃ ג̇ חס̇[12] . ג̇ חס̇[13]
13 לָכֵן הַמַּשְׂכִּיל בָּעֵת הַהִיא יִדֹּם כִּי עֵת רָעָה הִיא׃ ב̇ וחס̇[14]

ס̄[15]
14 דִּרְשׁוּ־טוֹב וְאַל־רָע לְמַעַן תִּחְיוּ ג̇
וִיהִי־כֵן יְהוָה [a]אֱלֹהֵי־צְבָאוֹת[a] אִתְּכֶם כַּאֲשֶׁר אֲמַרְתֶּם׃ ל̇ . יב̇[16]
15 שִׂנְאוּ־רָע וְאֶהֱבוּ טוֹב וְהַצִּיגוּ בַשַּׁעַר מִשְׁפָּט ל̇
אוּלַי יֶחֱנַן יְהוָה [a]אֱלֹהֵי־צְבָאוֹת[a] שְׁאֵרִית יוֹסֵף׃ ס יב̇[16]
16 לָכֵן כֹּה־אָמַר יְהוָה אֱלֹהֵי צְבָאוֹת אֲדֹנָי[a] ב̇ בטע̇ בסיפ̇ . יב̇[16]
בְּכָל־רְחֹבוֹת מִסְפֵּד וּבְכָל־חוּצוֹת יֹאמְרוּ הוֹ־הוֹ ב̇ ובפסוק[15]
וְקָרְאוּ אִכָּר אֶל־אֵבֶל [b]וּמִסְפֵּד אֶל[b]־יוֹדְעֵי נֶהִי׃ ב̇ . ג̇ בליש̇[17] . ד̇ מל̇[18]
17 [a]וּבְכָל־כְּרָמִים[b] מִסְפֵּד[a] כִּי־אֶעֱבֹר בְּקִרְבְּךָ אָמַר יְהוָה׃ ס כ̇ ס״פ[19]
18 הוֹי הַמִּתְאַוִּים אֶת־יוֹם יְהוָה ב̇[20]
לָמָּה־זֶּה לָכֶם יוֹם יְהוָה הוּא[a]־חֹשֶׁךְ וְלֹא־אוֹר׃
19 כַּאֲשֶׁר יָנוּס אִישׁ מִפְּנֵי הָאֲרִי וּפְגָעוֹ הַדֹּב ג̇ דמטע̇[21] . ל̇

[9] Mm 3655. [10] Mm 326. [11] Mm 3063. [12] Mm 2249. [13] Mm 1729. [14] Mm 3247. [15] Mp sub loco. [16] Mm 2015. [17] Mm 3064. [18] Mm 4068. [19] Mm 2481. [20] Nu 11,34. [21] Mm 1025.

8 [a] exc init ‖ [b] pc Mss + צְבָאוֹת, 𝔊* + *ὁ θεὸς ὁ παντοκράτωρ* ‖ **9** [a] 𝔊 *ὁ διαιρῶν*, prp הַמַּפִּיל, al המפליג ‖ [b–b] 𝔊 *συντριμμὸν ἐπ᾽ ἰσχύν*, prp שֶׁבֶר עַל־עֹז ‖ [c] prp שׁוֹר taurus ‖ [d] prp עֵז capella ‖ [e] prp מְבַצֵּר vindemiator ‖ [f] prb l יָבִיא cf Vrs ‖ **11** [a] prp בּוּסְכֶם ‖ [b] 𝔊 *καὶ δῶρα*, frt l ומשׂאת ‖ **12** [a] frt l חֲטָאֵיכֶם ‖ **14** [a–a] prb add ‖ **15** [a–a] prb add ‖ **16** [a] > 𝔊𝔖 ‖ [b–b] prb l וְאֶל־מִסְפֵּד cf 𝔖 ‖ **17** [a–a] nonn add hab ‖ [b] 𝔊 *ὁδοῖς* ‖ **18** [a] 𝔊 *καὶ αὐτή*, frt l וְהוּא.

וְלֹא־שַׁבְתֶּם עָדַי נְאֻם־יְהוָה׃

11 הָפַכְתִּי[a] בָכֶם[b]

כְּמַהְפֵּכַת אֱלֹהִים אֶת־סְדֹם וְאֶת־עֲמֹרָה ג[14]

וַתִּהְיוּ כְּאוּד מֻצָּל מִשְּׂרֵפָה ב[15]

וְלֹא־שַׁבְתֶּם עָדַי נְאֻם־יְהוָה׃ ס

12 לָכֵן כֹּה אֶעֱשֶׂה־לְּךָ יִשְׂרָאֵל [a]עֵקֶב כִּי־זֹאת אֶעֱשֶׂה־לָּךְ יד פסוק לך לך[16]

הִכּוֹן לִקְרַאת־אֱלֹהֶיךָ יִשְׂרָאֵל[a]׃ 13 כִּי הִנֵּה ב חד מל וחד חס

יוֹצֵר הָרִים[a] וּבֹרֵא רוּחַ וּמַגִּיד לְאָדָם מַה־שֵּׂחוֹ ל חס . ב

עֹשֵׂה שַׁחַר עֵיפָה[b] וְדֹרֵךְ עַל־בָּמֳתֵי אָרֶץ

יְהוָה [c]אֱלֹהֵי־צְבָאוֹת[c] שְׁמוֹ׃ ס יב[17]

5 1 שִׁמְעוּ אֶת־הַדָּבָר הַזֶּה אֲשֶׁר אָנֹכִי נֹשֵׂא עֲלֵיכֶם קִינָה בֵּית לח
יִשְׂרָאֵל׃

2 נָפְלָה לֹא־תוֹסִיף קוּם בְּתוּלַת יִשְׂרָאֵל

נִטְּשָׁה עַל־אַדְמָתָהּ אֵין מְקִימָהּ׃ ל . ל

3 כִּי כֹה אָמַר אֲדֹנָי[a] יְהוִה[b] יג[1]

הָעִיר הַיֹּצֵאת אֶלֶף תַּשְׁאִיר מֵאָה

וְהַיּוֹצֵאת[c] מֵאָה תַּשְׁאִיר עֲשָׂרָה [d]לְבֵית יִשְׂרָאֵל[d]׃ ס ב[2] חד חס וחד מן ה מל בליש . ד[3] וכל יחזק דכות ב מ א

4 כִּי כֹה אָמַר יְהוָה לְבֵית יִשְׂרָאֵל כי מיחד[4] . ג[5] . ד[3] וכל יחזק דכות ב מ א

דִּרְשׁוּנִי וִחְיוּ׃ 5 וְאַל־תִּדְרְשׁוּ בֵּית־אֵל ח

וְהַגִּלְגָּל לֹא תָבֹאוּ וּבְאֵר שֶׁבַע לֹא תַעֲבֹרוּ ב . ד[6]

כִּי הַגִּלְגָּל גָּלֹה יִגְלֶה וּבֵית־אֵל יִהְיֶה לְאָוֶן׃

6 דִּרְשׁוּ אֶת־יְהוָה וִחְיוּ פֶּן־[a]יִצְלַח כָּאֵשׁ[a] בֵּית יוֹסֵף ח

וְאָכְלָה וְאֵין־מְכַבֶּה [b]לְבֵית־אֵל[b]׃

7 הַהֹפְכִים[a] לְלַעֲנָה[b] מִשְׁפָּט וּצְדָקָה לָאָרֶץ הִנִּיחוּ׃ ל[7] . ב . ד[8] ב מנה בליש

[14]Mm 2257. [15]Mm 3149. [16]Mm 1860. [17]Mm 2015. **Cp 5** [1]Mm 2827. [2]Mm 4131. [3]Mm 2435. [4]Mm 2049. [5]Mm 2888. [6]Mm 3062. [7]Mp sub loco. [8]Mm 1559.

11 [a] cf 10[e] ‖ [b] prp בָּתֵּיכֶם ‖ **12** [a–a] prb add ‖ **13** [a] 𝔊 *βροντήν* = רַעַם ‖ [b] l c nonn Mss 𝔊 וְעֵ׳ ‖ [c–c] prb dl cf 5,8 9,6 ‖ **Cp 5,3** [a] > 𝔊*, add ‖ [b] huc tr לבית ישראל ex 3b, cf 4a ‖ [c] frt l וְהָעִיר הַיּוֹ׳ ‖ [d–d] cf [b] ‖ **6** [a–a] prp יְשַׁלַּח באשׁ aut באשׁ בְּ aut יצלח לַהַב אשׁ בְּ ‖ [b–b] 𝔊 *τῷ οἴκῳ Ισραηλ* cf Hos 10,15, frt l לְבֵית־יִשְׂרָאֵל; al add hab יצלח ‖ **7** [a] frt l הֹ(ו)י (הַ)הֹ׳ cf 5,18 6,1 ‖ [b] 𝔊 *εἰς ὕψος* = לְמַעְלָה?

3 [a]וּפְרָצִ֥ים תֵּצֶ֖אנָה[a] אִשָּׁ֣ה נֶגְדָּ֑הּ וְהִשְׁלַכְתֶּ֥נָה[b] הַהַרְמ֖וֹנָה[c] ל̇. ל̇. ל̇.4
נְאֻם־יְהוָֽה׃]

4 בֹּ֤אוּ בֵֽית־אֵל֙ וּפִשְׁע֔וּ הַגִּלְגָּ֖ל הַרְבּ֣וּ[a] לִפְשֹׁ֑עַ ב̇5. ב̇ וחס
וְהָבִ֤יאוּ לַבֹּ֙קֶר֙ זִבְחֵיכֶ֔ם לִשְׁלֹ֥שֶׁת יָמִ֖ים מַעְשְׂרֹתֵיכֶֽם׃ ו̇6
5 וְקַטֵּ֤ר[a] מֵֽחָמֵץ֙ תּוֹדָ֔ה וְקִרְא֥וּ נְדָב֖וֹת הַשְׁמִ֑יעוּ
כִּ֣י כֵ֤ן אֲהַבְתֶּם֙ בְּנֵ֣י יִשְׂרָאֵ֔ל נְאֻ֖ם אֲדֹנָ֥י יְהוִֽה׃ ד̇ בסיפ7. ז̇8 וכל יחזק דכות ב̇ מ̇ ד̇

6 וְגַם־אֲנִ֞י נָתַ֨תִּי לָכֶ֜ם
נִקְי֤וֹן שִׁנַּ֙יִם֙ בְּכָל־עָ֣רֵיכֶ֔ם
וְחֹ֣סֶר לֶ֔חֶם בְּכֹ֖ל מְקוֹמֹתֵיכֶ֑ם ל̇
וְלֹא־שַׁבְתֶּ֥ם עָדַ֖י נְאֻם־יְהוָֽה׃
7 וְגַ֣ם אָנֹכִ֡י מָנַ֣עְתִּי מִכֶּם֩ אֶת־הַגֶּ֨שֶׁם ה̇9
בְּע֨וֹד שְׁלֹשָׁ֤ה חֳדָשִׁים֙ לַקָּצִ֔יר [a]וְהִמְטַרְתִּי֙ עַל־עִ֣יר אֶחָ֔ת ד̇10
וְעַל־עִ֥יר אַחַ֖ת לֹ֣א אַמְטִ֑יר חֶלְקָ֤ה אַחַת֙ תִּמָּטֵ֔ר וְחֶלְקָ֛ה ד̇10. ל̇
אֲשֶׁר־לֹא־תַמְטִ֥יר[b] עָלֶ֖יהָ תִּיבָֽשׁ׃ 8 וְנָע֡וּ שְׁתַּיִם֩ שָׁלֹ֨שׁ ג̇
עָרִ֜ים אֶל־עִ֥יר אַחַ֛ת לִשְׁתּ֥וֹת מַ֖יִם וְלֹ֣א יִשְׂבָּ֑עוּ[a]
וְלֹא־שַׁבְתֶּ֥ם עָדַ֖י נְאֻם־יְהוָֽה׃
9 הִכֵּ֣יתִי אֶתְכֶם֮ בַּשִּׁדָּפ֣וֹן וּבַיֵּרָקוֹן֒
הַרְבּ֞וֹת[a] גַּנּוֹתֵיכֶ֧ם וְכַרְמֵיכֶ֛ם
[b]וּתְאֵנֵיכֶ֥ם וְזֵיתֵיכֶ֖ם יֹאכַ֣ל הַגָּזָ֑ם[b]
וְלֹא־שַׁבְתֶּ֥ם עָדַ֖י נְאֻם־יְהוָֽה׃ ס
10 שִׁלַּ֨חְתִּי בָכֶ֥ם דֶּ֙בֶר֙ בְּדֶ֣רֶךְ[a] מִצְרַ֔יִם ל̇ ר״פ11. ג̇
הָרַ֤גְתִּי בַחֶ֙רֶב֙ בַּחוּרֵיכֶ֔ם עִ֖ם שְׁבִ֣י[b] סוּסֵיכֶ֑ם
[c]וָאַעֲלֶ֞ה בְּאֹ֤שׁ[d] מַחֲנֵיכֶם֙ וּבְאַפְּכֶ֔ם[ce] ג̇12. יז̇13 מפק א ול בליש. ל̇

[4]Mm 1735. [5]Mm 3061. [6]Mm 593. [7]Mm 953. [8]Mm 2459. [9]Mm 143. [10]Mm 1740. [11]Mm 978. [12]Mm 3995. [13]Mm 411.

3 [a–a] 𝔊 *καὶ ἐξενεχθήσεσθε γυμναί* = וַעֲרֻמּוֹת תוֹצֶאנָה?; frt l תּוּצֶאנָה (פְּצוּרוֹת vel) פְּרוּצוֹת ‖ [b] 𝔊(σ′𝔙) *καὶ ἀπορριφήσεσθε*, l וְהָשְׁ′ ‖ [c] 𝔊* *εἰς τὸ ὄρος τὸ Ρεμμαν*, α′ 𝔊^OC *ὄρος ερμωνα*, σ′(𝔖𝔗) *εἰς Ἀρμενίαν*; prp חֶרְמֹנָה, al הַמַּדְמֵנָה ‖ **4** [a] frt l וְהִ′ cf aα ‖ **5** [a] l וְקַטְּרוּ ‖ **7/8** [a–a] prb add ‖ [b] prb l c pc Mss 𝔊𝔙 אַמְטִיר, cf 7aδ ‖ **9** [a] prb l הֶחֱרַבְתִּי ‖ [b–b] add? ‖ **10** [a] prp כְּדֶבֶר; al dl ‖ [b] prp צְבִי, al dl עם שבי סוסיכם ‖ [c–c] add? al aβ add hab ‖ [d] pc Mss 𝔊 בָּאֵשׁ, frt recte ‖ [e] prp בְּאַ′ cf 𝔊; al dl (cf [d]) et ins וּבְאַפִּי in init 11.

9 הַשְׁמִ֙יעוּ֙ עַל־אַרְמְנ֣וֹת בְּאַשְׁדּ֔וֹד[a] וְעַל־אַרְמְנ֖וֹת בְּאֶ֣רֶץ[b] מִצְרָ֑יִם
וְאִמְר֗וּ[c] הֵאָֽסְפוּ֙ עַל־הָרֵ֣י[d] שֹׁמְר֔וֹן וּרְא֞וּ מְהוּמֹ֤ת רַבּוֹת֙[e] בְּתוֹכָ֔הּ ו[4]. ג בליש[5]. ב
[f]וַעֲשׁוּקִ֖ים בְּקִרְבָּֽהּ׃[f] [בְּאַרְמְנוֹתֵיהֶֽם׃[b] פ
10 וְלֹֽא־יָדְע֥וּ עֲשׂוֹת־נְכֹחָ֖ה [a]נְאֻם־יְהוָ֑ה[a] הָאֽוֹצְרִ֛ים חָמָ֥ס וָשֹׁ֖ד ג ר״פ. ג[6]. ל. ל
11 לָכֵ֗ן כֹּ֤ה אָמַר֙ אֲדֹנָ֣י[a] יְהוִ֔ה צַ֖ר וּסְבִ֣יב[b] הָאָ֑רֶץ כט. ל
וְהוֹרִ֤ד[c] מִמֵּךְ֙ עֻזֵּ֔ךְ וְנָבֹ֖זּוּ אַרְמְנוֹתָֽיִךְ׃ ל

12 כֹּ֘ה אָמַ֣ר יְהוָ֒ה ה בטע בסיפ[7]
כַּאֲשֶׁר֩ יַצִּ֨יל הָרֹעֶ֜ה מִפִּ֣י הָאֲרִ֗י ל
שְׁתֵּ֤י כְרָעַ֙יִם֙ א֣וֹ בְדַל־אֹ֔זֶן ל. כה
כֵּ֤ן יִנָּצְלוּ֙ בְּנֵ֣י יִשְׂרָאֵ֔ל ד בסיפ[8]

הַיֹּֽשְׁבִים֙ בְּשֹׁ֣מְר֔וֹן בִּפְאַ֥ת מִטָּ֖ה [a]וּבִדְמֶ֥שֶׁק עָֽרֶשׁ[a]׃ ל
13 שִׁמְע֥וּ וְהָעִ֖ידוּ בְּבֵ֣ית יַעֲקֹ֑ב [a]נְאֻם־אֲדֹנָ֥י יְהוִ֖ה אֱלֹהֵ֥י הַצְּבָאֽוֹת[a]׃ ב. ז[9] וכל יחזק דכות במ ד. ה
14 כִּ֗י בְּי֛וֹם פָּקְדִ֥י פִשְׁעֵֽי־יִשְׂרָאֵ֖ל עָלָ֑יו[a]
[b]וּפָקַדְתִּי֙ עַל־מִזְבְּח֣וֹת[c] בֵּֽית־אֵ֔ל[b]
וְנִגְדְּעוּ֙ קַרְנ֣וֹת הַמִּזְבֵּ֔חַ וְנָפְל֖וּ לָאָֽרֶץ׃
15 וְהִכֵּיתִ֥י בֵית־הַחֹ֖רֶף עַל־בֵּ֣ית הַקָּ֑יִץ
וְאָבְד֞וּ בָּתֵּ֣י הַשֵּׁ֗ן וְסָפ֛וּ [a]בָּתִּ֥ים רַבִּ֖ים[a] ל
נְאֻם־יְהוָֽה׃ ס

4 1 שִׁמְע֞וּ הַדָּבָ֣ר הַזֶּ֗ה פָּר֤וֹת הַבָּשָׁן֙ אֲשֶׁ֙ר[a] בְּהַ֣ר שֹׁמְר֔וֹן ל
הָעֹשְׁק֣וֹת דַּלִּ֔ים הָרֹצְצ֖וֹת אֶבְיוֹנִ֑ים ל. ל
הָאֹמְרֹ֥ת לַאֲדֹנֵיהֶ֖ם[b] הָבִ֥יאָה וְנִשְׁתֶּֽה׃ ל. ט פת ב[1] מנה בליש. ג[2]
2 נִשְׁבַּ֞ע אֲדֹנָ֤י[a] יְהוִה֙ בְּקָדְשׁ֔וֹ כִּ֛י הִנֵּ֥ה יָמִ֖ים בָּאִ֣ים עֲלֵיכֶ֑ם[b]
וְנִשָּׂ֤א אֶתְכֶם֙ בְּצִנּ֔וֹת[c] וְאַחֲרִיתְכֶ֖ן בְּסִיר֥וֹת דּוּגָֽה׃ יב[3]. ל. ל. ל. ל. ל

[4]Mm 2470. [5]Mm 2186. [6]Mm 3027. [7]Mm 3166. [8]Mm 953. [9]Mm 2459. Cp 4 [1]Mm 3059. [2]Mm 3060. [3]Mm 545.

9 [a] 𝔊 *ἐν Ἀσσυρίοις*, prp בְּאַשּׁוּר ‖ [b] > 𝔊* cf 11; prb l (מצרים)בְּ ‖ [c] add (an exc nonn vb)? ‖ [d] 𝔊(𝔖) *τὸ ὄρος*, prb l הַר ‖ [e] add? ‖ [f–f] frt add ‖ **10** [a–a] add ‖ [b] frt add ‖ **11** [a] > 𝔖 ‖ [b] 𝔖 *nḥdrjh*, prb l יְסוֹבֵב ‖ [c] l c pc Mss 𝔖𝔗 וְהוּרַד; mlt Mss והרד ‖ **12** [a–a] frt l וּבְעֶרֶשׂ דַּמֶּשֶׂק cf 𝔙; add? ‖ **13** [a–a] add; al l sol נאם יהוה ‖ **14** [a] add? ‖ [b–b] add an exc hemist? ‖ [c] prp מִזְבַּח ‖ **15** [a–a] prp בָּתֵּי הָבְנִים ‖ **Cp 4,1** [a] prb add ‖ [b] prp –יהן ‖ **2** [a] > 𝔊*, add? ‖ [b] prp –יכן ‖ [c] prp אַפְּכֶן.

לָרֶשֶׁת אֶת־אֶרֶץ הָאֱמֹרִי׃
11 וָאָקִים מִבְּנֵיכֶם לִנְבִיאִים וּמִבַּחוּרֵיכֶם לִנְזִרִים ל̇.ל̇.ל̇
הַאַף אֵין־זֹאת בְּנֵי יִשְׂרָאֵל נְאֻם־יְהוָה׃
12 וַתַּשְׁקוּ אֶת־הַנְּזִרִים יָיִן
וְעַל־הַנְּבִיאִים צִוִּיתֶם לֵאמֹר לֹא תִּנָּבְאוּ׃ ל̇
13 הִנֵּה אָנֹכִי מֵעִיק תַּחְתֵּיכֶם
כַּאֲשֶׁר תָּעִיק הָעֲגָלָה הַמְלֵאָה לָהּ עָמִיר׃ ל̇.ב̇
14 וְאָבַד מָנוֹס מִקָּל וְחָזָק לֹא־יְאַמֵּץ כֹּחוֹ ל̇.ב̇
[a]וְגִבּוֹר לֹא־יְמַלֵּט נַפְשׁוֹ׃[a] 15 וְתֹפֵשׂ הַקֶּשֶׁת לֹא יַעֲמֹד ג̇[11]. ח̇[12]. מז פסוק לא לא לא
[a]וְקַל בְּרַגְלָיו לֹא יְמַלֵּט[ab] וְרֹכֵב הַסּוּס לֹא יְמַלֵּט נַפְשׁוֹ׃ ח̇[12]. ח̇[12]
16 וְאַמִּיץ לִבּוֹ בַּגִּבּוֹרִים עָרוֹם יָנוּס [a]בַּיּוֹם־הַהוּא[a] ד̇
נְאֻם־יְהוָה׃ פ

3 1 שִׁמְעוּ אֶת־הַדָּבָר הַזֶּה אֲשֶׁר דִּבֶּר יְהוָה עֲלֵיכֶם בְּנֵי[a] יִשְׂרָאֵל עַל
כָּל־הַמִּשְׁפָּחָה אֲשֶׁר הֶעֱלֵיתִי מֵאֶרֶץ מִצְרַיִם לֵאמֹר׃
2 רַק אֶתְכֶם יָדַעְתִּי מִכֹּל מִשְׁפְּחוֹת הָאֲדָמָה ג̇[1]
עַל־כֵּן אֶפְקֹד עֲלֵיכֶם אֵת כָּל־עֲוֹנֹתֵיכֶם׃
3 הֲיֵלְכוּ שְׁנַיִם יַחְדָּו בִּלְתִּי אִם־נוֹעָדוּ׃ ל̇
4 הֲיִשְׁאַג אַרְיֵה בַּיַּעַר וְטֶרֶף אֵין לוֹ ל̇
הֲיִתֵּן כְּפִיר קוֹלוֹ מִמְּעֹנָתוֹ[a] בִּלְתִּי אִם־לָכָד׃ ל̇
5 הֲתִפֹּל צִפּוֹר עַל־פַּח[a] הָאָרֶץ וּמוֹקֵשׁ אֵין לָהּ ל̇.ל̇
הֲיַעֲלֶה־פַּח מִן־הָאֲדָמָה וְלָכוֹד לֹא יִלְכּוֹד׃ ל̇. ל̇ וחד מן ב̇ מל בליש. ל̇ וחד מן ב̇ מל בליש
6 אִם־יִתָּקַע שׁוֹפָר בְּעִיר וְעָם לֹא יֶחֱרָדוּ יב ר״פ אם אם[2]. ג̇[3]. ב̇
אִם־תִּהְיֶה רָעָה בְּעִיר וַיהוָה לֹא עָשָׂה׃ [הַנְּבִיאִים׃
7 [a]כִּי לֹא יַעֲשֶׂה אֲדֹנָי יְהוִה דָּבָר כִּי אִם־גָּלָה סוֹדוֹ אֶל־עֲבָדָיו
8 אַרְיֵה שָׁאָג מִי לֹא יִירָא ל̇. ג̇ מל בליש
אֲדֹנָי[a] יְהוִה דִּבֶּר מִי לֹא יִנָּבֵא׃

[11] Mm 3236. [12] Mm 3058. Cp 3 [1] Mm 81. [2] Mm 519. [3] Mm 3005.

14 [a–a] nonn add hab ‖ **15** [a–a] nonn add hab ‖ [b] 𝔊 *διασωθῇ*, prb l יְמָּלֵט cf 𝔖𝔗𝔙 ‖ **16** [a–a] add? ‖ **Cp 3,1** [a] 𝔊 *οἶκος* = בֵּית ‖ **4** [a] prb add ‖ **5** [a] > 𝔊, dl ‖ **7** [a] tot v add ‖ **8** [a] add?

15 וְהָלַ֥ךְ מַלְכָּ֖ם בַּגּוֹלָ֑ה ה֥וּא וְשָׂרָ֛יו יַחְדָּ֖ו

2 אָמַ֥ר יְהוָֽה׃ פ **2** 1 כֹּ֚ה אָמַ֣ר יְהוָ֔ה כ ס״פ[7]

עַל־שְׁלֹשָׁה֙ פִּשְׁעֵ֣י מוֹאָ֔ב וְעַל־אַרְבָּעָ֖ה לֹ֣א אֲשִׁיבֶ֑נּוּ

עַל־שָׂרְפ֛וֹ עַצְמ֥וֹת[a] מֶֽלֶךְ־אֱד֖וֹם לַשִּֽׂיד׃ ל . ל

2 וְשִׁלַּחְתִּי־אֵ֣שׁ בְּמוֹאָ֔ב[a] וְאָכְלָ֖ה [b]אַרְמְנ֣וֹת הַקְּרִיּ֑וֹת[b]

וּמֵ֤ת בְּשָׁאוֹן֙ מוֹאָ֔ב בִּתְרוּעָ֖ה בְּק֥וֹל[c] שׁוֹפָֽר׃

3 [a]וְהִכְרַתִּ֥י שׁוֹפֵ֖ט מִקִּרְבָּ֑הּ[b] וְכָל־שָׂרֶ֛יהָ[c] אֶהֱר֥וֹג עִמּ֖וֹ[a] ו מל . ב חד מל וחד חס[1]

אָמַ֥ר יְהוָֽה׃ פ 4 [a]כֹּ֚ה אָמַ֣ר יְהוָ֔ה כ ס״פ[2]

עַל־שְׁלֹשָׁה֙ פִּשְׁעֵ֣י יְהוּדָ֔ה וְעַל־אַרְבָּעָ֖ה לֹ֣א אֲשִׁיבֶ֑נּוּ

עַֽל־מָאֳסָ֞ם אֶת־תּוֹרַ֣ת יְהוָ֗ה וְחֻקָּיו֙ לֹ֣א שָׁמָ֔רוּ ל . ו קמ[3]

וַיַּתְעוּם֙ כִּזְבֵיהֶ֔ם אֲשֶׁר־הָלְכ֥וּ אֲבוֹתָ֖ם אַחֲרֵיהֶֽם׃ ל

5 וְשִׁלַּ֥חְתִּי אֵ֖שׁ בִּֽיהוּדָ֑ה וְאָכְלָ֖ה אַרְמְנ֥וֹת יְרוּשָׁלִָֽם[a]׃ פ

6 כֹּ֚ה אָמַ֣ר יְהוָ֔ה

עַל־שְׁלֹשָׁה֙ פִּשְׁעֵ֣י יִשְׂרָאֵ֔ל וְעַל־אַרְבָּעָ֖ה לֹ֣א אֲשִׁיבֶ֑נּוּ

עַל־מִכְרָ֤ם בַּכֶּ֙סֶף֙ צַדִּ֔יק וְאֶבְי֖וֹן בַּעֲב֥וּר נַעֲלָֽיִם׃ ג[4] . ב

7 הַשֹּׁאֲפִ֤ים[a] [b]עַל־עֲפַר־אֶ֙רֶץ֙ בְּרֹ֣אשׁ[b] דַּלִּ֔ים וְדֶ֥רֶךְ עֲנָוִ֖ים יַטּ֑וּ ב . ג[5] . לה[6] . ב דסמיכ לשון דל[7]

[c]וְאִ֣ישׁ וְאָבִ֗יו יֵֽלְכוּ֙ אֶל־הַֽנַּעֲרָ֔ה לְמַ֥עַן חַלֵּ֖ל אֶת־שֵׁ֥ם קָדְשִֽׁי׃[c] ט[8]

8 וְעַל־[a]בְּגָדִ֤ים חֲבֻלִים֙ יַטּ֔וּ [b]אֵ֖צֶל כָּל־מִזְבֵּ֑חַ[b] ל

וְיֵ֤ין עֲנוּשִׁים֙ יִשְׁתּ֔וּ [b]בֵּ֖ית אֱלֹהֵיהֶֽם[b]׃ י בליש . ל

9 וְאָנֹ֗כִי הִשְׁמַ֤דְתִּי אֶת־הָֽאֱמֹרִי֙ מִפְּנֵיהֶ֔ם[a]

אֲשֶׁ֨ר כְּגֹ֤בַהּ אֲרָזִים֙ גָּבְה֔וֹ וְחָסֹ֥ן ה֖וּא כָּֽאַלּוֹנִ֑ים ב וחס[9] . ל

וָאַשְׁמִ֤יד פִּרְיוֹ֙ מִמַּ֔עַל וְשָׁרָשָׁ֖יו מִתָּֽחַת׃

10 וְאָנֹכִ֛י הֶעֱלֵ֥יתִי אֶתְכֶ֖ם מֵאֶ֣רֶץ מִצְרָ֑יִם [ו]ס

וָאוֹלֵ֨ךְ אֶתְכֶ֤ם בַּמִּדְבָּר֙ אַרְבָּעִ֣ים שָׁנָ֔ה ד[10]

[7] Mm 2481. **Cp 2** [1] Mm 3052. [2] Mm 2481. [3] Mm 3053. [4] Mm 3054. [5] Mm 3055. [6] Mm 2840. [7] Mm 3549. [8] Mm 3056. [9] Mm 3057. [10] Mm 817.

Cp 2,1 [a] exc nomen regis? ‖ **2** [a] prp בְּקִיר מואב cf [b–b] ‖ [b–b] prp ארמנותֶיהָ cf [a] ‖ [c] l c pc Mss 𝔊𝔖 ובקול aut וְקוֹל ‖ **3** [a–a] nonn tr post 2a cf 2[a.b–b] ‖ [b] frt l מקרבוֹ vel מקרבֹה cf $\mathfrak{G}^{L}$ ‖ [c] frt l שָׂרָיו cf $\mathfrak{G}^{L}$ ‖ **4/5** [a–a] add ‖ **7** [a] prp הַשָּׁ(א)פִים cf 𝔊 *τὰ πατοῦντα* ‖ [b–b] prb add; al עַל־עפר־ארץ vel sol ארץ add hab ‖ [c–c] add? ‖ **8** [a] frt dl עַל־ et l וּבְג׳ cf 𝔊 ‖ [b–b] add? ‖ **9** [a] frt l c mlt Mss ־יכם.

3 כֹּה אָמַר יְהוָה
עַל־שְׁלֹשָׁה פִּשְׁעֵי דַמֶּשֶׂק וְעַל־אַרְבָּעָה לֹא אֲשִׁיבֶנּוּ
עַל־דּוּשָׁם בַּחֲרֻצוֹת הַבַּרְזֶל אֶת־הַגִּלְעָד׃ ל
4 וְשִׁלַּחְתִּי אֵשׁ בְּבֵית חֲזָאֵל וְאָכְלָה אַרְמְנוֹת בֶּן־הֲדָד׃
5 וְשָׁבַרְתִּי[a] בְּרִיחַ דַּמֶּשֶׂק[a] וְהִכְרַתִּי יוֹשֵׁב מִבִּקְעַת־אָוֶן מט מל בנביא
וְתוֹמֵךְ שֵׁבֶט מִבֵּית עֶדֶן[b] וְגָלוּ עַם־אֲרָם קִירָה ב מל . ד[2] . ב
אָמַר יְהוָה׃ פ 6 כֹּה אָמַר יְהוָה כ ס״פ[3]
עַל־שְׁלֹשָׁה פִּשְׁעֵי עַזָּה וְעַל־אַרְבָּעָה לֹא אֲשִׁיבֶנּוּ
עַל־הַגְלוֹתָם גָּלוּת שְׁלֵמָה לְהַסְגִּיר לֶאֱדוֹם׃
7 וְשִׁלַּחְתִּי אֵשׁ בְּחוֹמַת עַזָּה וְאָכְלָה אַרְמְנֹתֶיהָ׃ ד חס[4]
8 וְהִכְרַתִּי יוֹשֵׁב מֵאַשְׁדּוֹד וְתוֹמֵךְ שֵׁבֶט מֵאַשְׁקְלוֹן מט מל בנביא . ב מל
וַהֲשִׁיבוֹתִי יָדִי עַל־עֶקְרוֹן וְאָבְדוּ שְׁאֵרִית פְּלִשְׁתִּים ב בטע
אָמַר אֲדֹנָי[a] יְהוִה׃ פ 9 כֹּה אָמַר יְהוָה
עַל־שְׁלֹשָׁה פִּשְׁעֵי־צֹר וְעַל־אַרְבָּעָה לֹא אֲשִׁיבֶנּוּ
עַל־הַסְגִּירָם גָּלוּת שְׁלֵמָה לֶאֱדוֹם[a] וְלֹא זָכְרוּ בְּרִית אַחִים[b]׃ ל . ג[5]
10 וְשִׁלַּחְתִּי אֵשׁ בְּחוֹמַת צֹר וְאָכְלָה אַרְמְנֹתֶיהָ׃ פ
11 כֹּה אָמַר יְהוָה
עַל־שְׁלֹשָׁה פִּשְׁעֵי אֱדוֹם וְעַל־אַרְבָּעָה לֹא אֲשִׁיבֶנּוּ
עַל־רָדְפוֹ בַחֶרֶב אָחִיו וְשִׁחֵת רַחֲמָיו ל
וַיִּטְרֹף[a] לָעַד אַפּוֹ וְעֶבְרָתוֹ[b] שְׁמָרָה נֶצַח[b]׃ ל
12 וְשִׁלַּחְתִּי אֵשׁ בְּתֵימָן וְאָכְלָה אַרְמְנוֹת בָּצְרָה׃ פ
13 כֹּה אָמַר יְהוָה
עַל־שְׁלֹשָׁה פִּשְׁעֵי בְנֵי־עַמּוֹן וְעַל־אַרְבָּעָה לֹא אֲשִׁיבֶנּוּ
עַל־בִּקְעָם הָרוֹת הַגִּלְעָד לְמַעַן הַרְחִיב אֶת־גְּבוּלָם׃ ל . ל
14 וְהִצַּתִּי אֵשׁ בְּחוֹמַת רַבָּה וְאָכְלָה אַרְמְנוֹתֶיהָ ו ול[6] בעינ
בִּתְרוּעָה בְּיוֹם מִלְחָמָה בְּסַעַר בְּיוֹם סוּפָה׃

[2] Mm 3050. [3] Mm 2481. [4] Mm 2340. [5] Mm 1446. [6] Mm 3051.

Cp 1,5 a–a frt tr post מבית עדן || b cf a–a || **8** a > 𝔊*, frt dl || **9** a frt l לַאֲרָם || b exc hemist? cf 11bβγ || **11** a 𝔖(𝔙) *wnṭr*, l וַיִּטֹּר || b–b 𝔊(σ′θ′𝔖𝔙) ἐφύλαξεν εἰς νῖκος, l שָׁמַר לָנֶצַח.

Jo 4,15—Am 1,2 JOEL — AMOS 1015

15 שֶׁ֥מֶשׁ וְיָרֵ֖חַ קָדָ֑רוּ וְכוֹכָבִ֖ים אָסְפ֥וּ נָגְהָֽם׃ ט̇ . ו̇
16 וַֽיהוָ֞ה מִצִּיּ֣וֹן יִשְׁאָ֗ג וּמִירוּשָׁלִַ֙ם֙ יִתֵּ֣ן קוֹל֔וֹ ה̇ ר״פ בסיפ̇
וְרָעֲשׁ֖וּ שָׁמַ֣יִם וָאָ֑רֶץ
וַֽיהוָה֙ מַחֲסֶ֣ה לְעַמּ֔וֹ וּמָע֖וֹז לִבְנֵ֥י יִשְׂרָאֵֽל׃ ח̇[12] רפי ג̇[13] מנה̇ בליש וכל אחסה דכות̇ ב̇ מ̇ א . ב̇[14]
17 וִֽידַעְתֶּ֗ם כִּ֣י אֲנִ֤י יְהוָה֙ אֱלֹהֵיכֶ֔ם שֹׁכֵ֖ן בְּצִיּ֣וֹן הַר־קָדְשִׁ֑י י̇
וְהָיְתָ֤ה יְרוּשָׁלִַ֙ם֙ קֹ֔דֶשׁ וְזָרִ֖ים לֹא־יַעַבְרוּ־בָ֥הּ עֽוֹד׃ ס
18 וְהָיָה֩ בַיּ֨וֹם הַה֜וּא
יִטְּפ֧וּ הֶהָרִ֣ים עָסִ֗יס וְהַגְּבָעוֹת֙ תֵּלַ֣כְנָה חָלָ֔ב ל̇
וְכָל־אֲפִ֥יקֵי יְהוּדָ֖ה יֵ֣לְכוּ מָ֑יִם[a]
וּמַעְיָ֗ן מִבֵּ֤ית יְהוָה֙ יֵצֵ֔א וְהִשְׁקָ֖ה אֶת־נַ֥חַל הַשִּׁטִּֽים׃ ל̇ . ג̇[15]
19 מִצְרַ֙יִם֙ לִשְׁמָמָ֣ה תִֽהְיֶ֔ה וֶאֱד֕וֹם לְמִדְבַּ֥ר שְׁמָמָ֖ה תִּֽהְיֶ֑ה[a] ג̇ ר״פ
מֵחֲמַס֙ בְּנֵ֣י יְהוּדָ֔ה אֲשֶׁר־[b]שָׁפְכ֥וּ דָם־נָקִ֖יא בְּאַרְצָֽם׃ יב̇[16] יתיר א ס״ת ב̇ מנה̇ בליש
20 וִיהוּדָ֖ה לְעוֹלָ֣ם תֵּשֵׁ֑ב וִירוּשָׁלִַ֖ם לְד֥וֹר וָדֽוֹר׃ ב̇ ר״פ[17]
21 [a]וְנִקֵּ֖יתִי[b] דָּמָ֣ם [c]לֹא־נִקֵּ֑יתִי[c] וַיהוָ֖ה שֹׁכֵ֥ן בְּצִיּֽוֹן[a]׃

סכום הפסוקים
שבעים ושלשה

AMOS עמוס

1 1 דִּבְרֵ֣י עָמ֔וֹס אֲשֶׁר־הָיָ֥ה בַנֹּקְדִ֖ים מִתְּק֑וֹעַ אֲשֶׁר֩ חָזָ֨ה עַל־יִשְׂרָאֵ֜ל ל̇ . ל̇
בִּימֵ֣י ׀ עֻזִּיָּ֣ה מֶֽלֶךְ־יְהוּדָ֗ה וּבִימֵ֞י יָרָבְעָ֤ם בֶּן־יוֹאָשׁ֙ מֶ֣לֶךְ יִשְׂרָאֵ֔ל שְׁנָתַ֖יִם
לִפְנֵ֥י הָרָֽעַשׁ׃ 2 וַיֹּאמַ֓ר ׀ צא̇ יט̇ מנה̇ ר״פ וחד מן ז̇[1] בטע̇ מרעימין בליש
יְהוָה֙ מִצִּיּ֣וֹן יִשְׁאָ֔ג וּמִירוּשָׁלִַ֖ם יִתֵּ֣ן קוֹל֑וֹ
וְאָֽבְלוּ֙ נְא֣וֹת הָרֹעִ֔ים וְיָבֵ֖שׁ רֹ֥אשׁ הַכַּרְמֶֽל׃ פ ה̇

[12] Mm 3046. [13] Mm 3278. [14] Mm 3047. [15] Mm 3048. [16] Mm 907. [17] Mm 3049.
Cp 1 [1] Mm 705.

18 [a] nonn add חַיִּים ‖ **19** [a] dl m cs? cf 𝔖; al dl שְׁמָמָה ‖ [b] add? ‖ **21** [a–a] add? ‖ [b] 𝔊(𝔖) *καὶ ἐκδικήσω* (vel *ἐκζητήσω*), prb l וְנִקַּמְתִּי ‖ [c–c] 𝔊(𝔖) *καὶ οὐ μὴ ἀθῳώσω*, frt l וְלֹא־אֲנַקֶּה.

4 וְגַם
מָה־אַתֶּם לִי֙ צֹר וְצִידוֹן וְכֹל גְּלִילוֹת פְּלָשֶׁת
הַגְּמוּל אַתֶּם֙ מְשַׁלְּמִים עָלָי וְאִם־גֹּמְלִים אַתֶּם֙ עָלַי
קַל מְהֵרָה אָשִׁיב גְּמֻלְכֶם בְּרֹאשְׁכֶם׃ [לְהֵיכְלֵיכֶם׃
5 אֲשֶׁר־כַּסְפִּי וּזְהָבִי לְקַחְתֶּם וּמַחֲמַדַּי֙ הַטֹּבִים הֲבֵאתֶם
6 וּבְנֵי יְהוּדָה֙ וּבְנֵי יְרוּשָׁלִַם מְכַרְתֶּם לִבְנֵי הַיְּוָנִים
לְמַעַן הַרְחִיקָם מֵעַל גְּבוּלָם׃
7 הִנְנִי מְעִירָם מִן־הַמָּקוֹם אֲשֶׁר־מְכַרְתֶּם אֹתָם שָׁמָּה
וַהֲשִׁבֹתִי גְמֻלְכֶם בְּרֹאשְׁכֶם׃
8 וּמָכַרְתִּי אֶת־בְּנֵיכֶם וְאֶת־בְּנוֹתֵיכֶם בְּיַד֙ בְּנֵי יְהוּדָה
וּמְכָרוּם לִשְׁבָאיִם אֶל־גּוֹי רָחוֹק
כִּי יְהוָה דִּבֵּר׃ ס

9 קִרְאוּ־זֹאת֙ בַּגּוֹיִם קַדְּשׁוּ מִלְחָמָה
הָעִירוּ֙ הַגִּבּוֹרִים [a]יִגְּשׁוּ יַעֲלוּ[a] כֹּל אַנְשֵׁי הַמִּלְחָמָה׃
10 כֹּתּוּ אִתֵּיכֶם֙ לַחֲרָבוֹת וּמַזְמְרֹתֵיכֶם לִרְמָחִים
הַחַלָּשׁ יֹאמַר גִּבּוֹר אָנִי׃
11 עוּשׁוּ[a] וָבֹאוּ כָל־הַגּוֹיִם מִסָּבִיב [b]וְנִקְבָּצוּ שָׁמָּה[b]
[c]הַנְחַת יְהוָה גִּבּוֹרֶיךָ[c]׃
12 יֵעוֹרוּ֙ וְיַעֲלוּ הַגּוֹיִם אֶל־עֵמֶק יְהוֹשָׁפָט
כִּי שָׁם אֵשֵׁב לִשְׁפֹּט אֶת־כָּל־הַגּוֹיִם מִסָּבִיב׃
13 שִׁלְחוּ מַגָּל כִּי בָשַׁל קָצִיר
בֹּאוּ רְדוּ֙ כִּי־מָלְאָה גַּת
הֵשִׁיקוּ֙ הַיְקָבִים כִּי רַבָּה רָעָתָם׃
14 הֲמוֹנִים הֲמוֹנִים בְּעֵמֶק הֶחָרוּץ
כִּי קָרוֹב֙ יוֹם יְהוָה בְּעֵמֶק הֶחָרוּץ׃

ה ר״פ בסיפ וכל וגם אני וגם אנכי בסיפ דכות[6]
ל
ל זקף קמ . ב וחס[7]
ב וחס]ל[9]
ה חס . ג[8]
ל
ב וחס
ג בנביא
ל
ז מל
ל
ל
ג[10]
ב חד פת וחד קמ
ג ב חס וחד מל[11] . ג
ב
ל
ב . ב . ב
ב

[6]Mm 3167. [7]Mm 3045. [8]Mm 1650. [9]Mp sub loco. [10]Mm 2954. [11]Mm 3484.

9 [a–a] prp גֹּשׁוּ וַעֲלוּ cf 𝔊 ‖ **11** [a] crrp? prp עורו vel חושו ‖ [b–b] prb l הִקָּבְצוּ שָׁמָּה ‖ [c–c] crrp? nonn add hab, sed cf 𝔊 ὁ πραῢς ἔστω μαχητής; frt l וְהַנּוֹחַ יִהְיֶה גבור (mansuetus) et tr post 10b.

מוֹרֶה[c] וּמַלְקוֹשׁ בָּרִאשׁוֹן[d]׃ — ח̇[24]
24 וּמָלְאוּ הַגֳּרָנוֹת בָּר וְהֵשִׁיקוּ הַיְקָבִים תִּירוֹשׁ וְיִצְהָר׃ — ב. ל
25 וְשִׁלַּמְתִּי לָכֶם [a]אֶת־הַשָּׁנִים[a] אֲשֶׁר אָכַל הָאַרְבֶּה
הַיֶּלֶק וְהֶחָסִיל וְהַגָּזָם חֵילִי הַגָּדוֹל אֲשֶׁר שִׁלַּחְתִּי בָּכֶם׃ — ג
26 וַאֲכַלְתֶּם אָכוֹל וְשָׂבוֹעַ וְהִלַּלְתֶּם אֶת־שֵׁם יְהוָה אֱלֹהֵיכֶם — י מל. ב ומל
אֲשֶׁר־עָשָׂה עִמָּכֶם לְהַפְלִיא [a]וְלֹא־יֵבֹשׁוּ עַמִּי לְעוֹלָם[a]׃ — ב
27 וִידַעְתֶּם כִּי בְקֶרֶב יִשְׂרָאֵל אָנִי — ס̄ה̇[25]
וַאֲנִי יְהוָה אֱלֹהֵיכֶם וְאֵין עוֹד וְלֹא־יֵבֹשׁוּ עַמִּי לְעוֹלָם׃ ס — ב. ב. ב

3 1 וְהָיָה אַחֲרֵי־כֵן
אֶשְׁפּוֹךְ אֶת־רוּחִי עַל־כָּל־בָּשָׂר וְנִבְּאוּ בְּנֵיכֶם וּבְנוֹתֵיכֶם — ד מל
זִקְנֵיכֶם חֲלֹמוֹת יַחֲלֹמוּן בַּחוּרֵיכֶם חֶזְיֹנוֹת יִרְאוּ׃ [רוּחִי׃
2 וְגַם עַל־הָעֲבָדִים וְעַל־הַשְּׁפָחוֹת בַּיָּמִים הָהֵמָּה אֶשְׁפּוֹךְ אֶת־ — ה ר״פ בסיפ וכל וגם אני וגם אנכי בסיפ דכות[1]. ח̇[2]. יב̇[3]. ד מל
3 וְנָתַתִּי מוֹפְתִים בַּשָּׁמַיִם וּבָאָרֶץ דָּם וָאֵשׁ וְתִימֲרוֹת עָשָׁן׃ — ב קמ̇[4]. ב מל[5]
4 הַשֶּׁמֶשׁ יֵהָפֵךְ לְחֹשֶׁךְ וְהַיָּרֵחַ לְדָם — ב
לִפְנֵי בּוֹא יוֹם יְהוָה הַגָּדוֹל וְהַנּוֹרָא׃ — יד̇[6] מל וכל שמואל וכתיב דכות ב מ ה
5 וְהָיָה כֹּל אֲשֶׁר־יִקְרָא בְּשֵׁם יְהוָה יִמָּלֵט — יג̇[7]
כִּי בְּהַר־צִיּוֹן וּבִירוּשָׁלִַם[a] תִּהְיֶה פְלֵיטָה כַּאֲשֶׁר אָמַר יְהוָה — כא
וּבַשְּׂרִידִים[b] אֲשֶׁר יְהוָה קֹרֵא׃ — ב בליש

4 1 כִּי הִנֵּה בַּיָּמִים הָהֵמָּה וּבָעֵת הַהִיא אֲשֶׁר[a] אָשׁוּב אֶת־שְׁבוּת — ח̇[1]. יב̇[2]. ח̇[3]. אשיב חד מן ג̇[4] כת כן ק̇
2 וְקִבַּצְתִּי אֶת־כָּל־הַגּוֹיִם [יְהוּדָה וִירוּשָׁלִָם׃
וְהוֹרַדְתִּים אֶל־עֵמֶק יְהוֹשָׁפָט וְנִשְׁפַּטְתִּי עִמָּם שָׁם
עַל־עַמִּי וְנַחֲלָתִי יִשְׂרָאֵל אֲשֶׁר פִּזְּרוּ בַגּוֹיִם — ג. ל
וְאֶת־אַרְצִי חִלֵּקוּ׃ 3 וְאֶל־עַמִּי יַדּוּ גוֹרָל — ל. ל. ל[5]. ג
וַיִּתְּנוּ הַיֶּלֶד בַּזּוֹנָה וְהַיַּלְדָּה מָכְרוּ בַיַּיִן וַיִּשְׁתּוּ[a]׃ — ל

[24] Mm 2909. [25] Mp sub loco. **Cp 3** [1] Mm 3167. [2] Mm 2738. [3] Mm 891. [4] Mm 3043. [5] Mp sub loco. [6] Mm 169. [7] Mm 3044. **Cp 4** [1] Mm 2738. [2] Mm 891. [3] Mm 1482. [4] Mm 2736. [5] Mm 364.

23 [c] mlt Mss יורה ‖ [d] prb l c Ms 𝔊𝔖𝔙 כְּבָרִאשׁוֹן ‖ **25** [a–a] prp שְׁנַיִם את־ ‖ **26** [a–a] dl? cf 27b ‖ **Cp 3,5** [a] tr ad bγ? cf [b] ‖ [b] prp ובירושלם שְׂרִידִים cf [a] ‖ **Cp 4,1** [a] > pc Mss, dl? ‖ **3** [a] add?

[a]מִנְחָה וָנֶסֶךְ לַיהוָה אֱלֹהֵיכֶם׃ פ — ג קמ̇[12]

15 תִּקְעוּ שׁוֹפָר בְּצִיּוֹן — ד בטע ר״פ[12]
קַדְּשׁוּ־צוֹם קִרְאוּ עֲצָרָה׃
16 [a]אִסְפוּ־עָם[a] [b]קַדְּשׁוּ קָהָל[b] קִבְצוּ זְקֵנִים — ו. יז וכל זקף אתנח וס״פ דכות[13]. ב[14]
אִסְפוּ עוֹלָלִים וְיֹנְקֵי שָׁדָיִם — ו
יֵצֵא חָתָן מֵחֶדְרוֹ וְכַלָּה מֵחֻפָּתָהּ׃
17 בֵּין הָאוּלָם וְלַמִּזְבֵּחַ יִבְכּוּ הַכֹּהֲנִים — ב[15]
[a]מְשָׁרְתֵי יְהוָה[a] וְיֹאמְרוּ חוּסָה יְהוָה עַל־עַמֶּךָ — ט רפי[16]. ל[17]
וְאַל־תִּתֵּן נַחֲלָתְךָ לְחֶרְפָּה לִמְשָׁל־בָּם גּוֹיִם — ג[12]
לָמָּה יֹאמְרוּ בָעַמִּים אַיֵּה אֱלֹהֵיהֶם׃

18 וַיְקַנֵּא יְהוָה לְאַרְצוֹ וַיַּחְמֹל עַל־עַמּוֹ׃ — ה[18]
19 וַיַּעַן יְהוָה וַיֹּאמֶר לְעַמּוֹ הִנְנִי שֹׁלֵחַ לָכֶם
אֶת־הַדָּגָן וְהַתִּירוֹשׁ וְהַיִּצְהָר וּשְׂבַעְתֶּם אֹתוֹ — ג[19]
וְלֹא־אֶתֵּן אֶתְכֶם עוֹד חֶרְפָּה בַּגּוֹיִם׃ — ב
20 [a]וְאֶת־הַצְּפוֹנִי[a] אַרְחִיק מֵעֲלֵיכֶם — ב בתרי לישנ[20]
וְהִדַּחְתִּיו אֶל־אֶרֶץ צִיָּה וּשְׁמָמָה[b]
אֶת־פָּנָיו אֶל־הַיָּם הַקַּדְמֹנִי וְסֹפוֹ אֶל־הַיָּם הָאַחֲרוֹן — ג חס[21]. ל וחס
וְעָלָה בָאְשׁוֹ וְתַעַל[c] צַחֲנָתוֹ — ל. ל. ל
כִּי הִגְדִּיל[d] לַעֲשׂוֹת׃
21 אַל־תִּירְאִי אֲדָמָה גִּילִי וּשְׂמָחִי כִּי־הִגְדִּיל יְהוָה לַעֲשׂוֹת׃ — יא[22]. ל
22 אַל־תִּירְאוּ בַּהֲמוֹת שָׂדַי כִּי דָשְׁאוּ נְאוֹת מִדְבָּר — ל
כִּי־עֵץ נָשָׂא פִרְיוֹ תְּאֵנָה וָגֶפֶן נָתְנוּ חֵילָם׃ — ל
23 וּבְנֵי צִיּוֹן גִּילוּ וְשִׂמְחוּ בַּיהוָה אֱלֹהֵיכֶם — ל
כִּי־נָתַן לָכֶם [a]אֶת־הַמּוֹרֶה[b] לִצְדָקָה וַיּוֹרֶד לָכֶם גֶּשֶׁם[a] — ו[23]

[12] Mp sub loco. [13] Mm 2120. [14] Mm 3041. [15] Ex 40,33. [16] Mm 1233. [17] וחד וחוסה Neh 13,22. [18] Mm 1593. [19] Mm 3002. [20] Mm 980. [21] Mm 100. [22] Mm 512. [23] Mm 3042.

14 [a] exc vb? ‖ **16** [a–a] et [b–b] var lect? ‖ **17** [a–a] tr post ויאמרו? ‖ **20** [a–a] prp וְאֶת־הַצַּפְצְפֹנִי ‖ [b] 𝔊 *καὶ ἀφανιῶ* ‖ [c] prp וְעָלְתָה ‖ [d] prb ins יְהוָה ‖ **23** [a–a] l אֶת־הַגֶּשֶׁם? ‖ [b] 𝔊(𝔖) *τὰ* (> $𝔊^L$) *βρώματα*.

3 לְפָנָיו אָכְלָה אֵשׁ וְאַחֲרָיו תְּלַהֵט לֶהָבָה | ד דקדים אחריו
כְּגַן־עֵדֶן הָאָרֶץ לְפָנָיו וְאַחֲרָיו מִדְבַּר שְׁמָמָה | ז
ᵃוְגַם־פְּלֵיטָה לֹא־הָיְתָה לּוֹᵃ׃
4 כְּמַרְאֵה סוּסִים מַרְאֵהוּ וּכְפָרָשִׁים כֵּן יְרוּצוּן׃ | ל מל
5 כְּקוֹל מַרְכָּבוֹתᵃ עַל־רָאשֵׁי הֶהָרִים יְרַקֵּדוּן | ⁴ל. עה. ה. ב⁵
כְּקוֹל לַהַב אֵשׁ אֹכְלָה קָשׁ | ⁴ל. ה⁶
כְּעַם עָצוּם עֱרוּךְ מִלְחָמָה׃ | ל
6 מִפָּנָיו יָחִילוּ עַמִּים כָּל־פָּנִים קִבְּצוּ פָארוּר׃ | כג. ב וחד מן מח⁷ כת א לא קר
7 כְּגִבּוֹרִים יְרֻצוּן כְּאַנְשֵׁי מִלְחָמָה יַעֲלוּ חוֹמָהᵃ | ל⁸
וְאִישׁ בִּדְרָכָיו יֵלֵכוּן וְלֹא יְעַבְּטוּן אֹרְחוֹתָם׃ | ג. ל
8 וְאִישׁ אָחִיו לֹא יִדְחָקוּן גֶּבֶר בִּמְסִלָּתוֹ יֵלֵכוּן | ל. ג
וּבְעַד הַשֶּׁלַח יִפֹּלוּ ᵃלֹא יִבְצָעוּᵃ׃ | ל
9 בָּעִירᵃ יָשֹׁקּוּ בַּחוֹמָה יְרֻצוּן בַּבָּתִּים יַעֲלוּ
בְּעַד הַחַלּוֹנִים יָבֹאוּ כַּגַּנָּב׃ | ג
10 לְפָנָיו רָגְזָה אֶרֶץ רָעֲשׁוּ שָׁמָיִם
שֶׁמֶשׁ וְיָרֵחַ קָדָרוּ וְכוֹכָבִים אָסְפוּ נָגְהָם׃ | ט. ו
11 וַיהוָה נָתַן קוֹלוֹ לִפְנֵי חֵילוֹᵃ | ו⁹ בטע ר״פ וחד מן ה בליש ר״פ בסיפ
כִּי רַב מְאֹד מַחֲנֵהוּ כִּי עָצוּם עֹשֵׂה דְבָרוֹ | ב
כִּי־גָדוֹל יוֹם־יְהוָה וְנוֹרָא מְאֹד וּמִי יְכִילֶנּוּ׃ | ז¹⁰
12 וְגַם־עַתָּה נְאֻם־יְהוָה | ה ר״פ בסיפ וכל וגם אני וגם אנכי בסיפ דכות¹¹
שֻׁבוּ עָדַי בְּכָל־לְבַבְכֶם וּבְצוֹם וּבִבְכִיᵃ וּבְמִסְפֵּד׃ | ה חס. ל
13 וְקִרְעוּ לְבַבְכֶם וְאַל־בִּגְדֵיכֶם
וְשׁוּבוּ אֶל־יְהוָה אֱלֹהֵיכֶם כִּי־חַנּוּן וְרַחוּם הוּא
אֶרֶךְ אַפַּיִם וְרַב־חֶסֶד וְנִחָם עַל־הָרָעָה׃
14 מִי יוֹדֵעַ יָשׁוּב וְנִחָם וְהִשְׁאִיר אַחֲרָיו בְּרָכָה

[4] Mm 2772. [5] Mm 3502. [6] Mm 1128. [7] Mm 898. [8] Mm 3039. [9] Mm 3567. [10] Mm 3040. [11] Mm 3167.

3 ᵃ⁻ᵃ add? ‖ **5** ᵃ prb ins קוֹלָם ‖ **7** ᵃ tr post ירצון? ‖ **8** ᵃ⁻ᵃ crrp? prp יִבְקְעוּ et cj c **בעיר** 9 (cf 9ᵃ); tr **לא** ante **יפלו**? ‖ **9** ᵃ tr ad fin 8 (cf 8ᵃ⁻ᵃ)? tunc scandendum, **ישקו בחומה**, **ירצון בבתים. יעלו בעד החלונים, יבאו כגנב.** ‖ **11** ᵃ exc vb? ‖ **12** ᵃ sic L, mlt Mss Edd **וּבְב׳**.

בֹּאוּ לִינוּ בַשַּׂקִּים מְשָׁרְתֵי אֱלֹהָיa — ל
כִּי נִמְנַע מִבֵּית אֱלֹהֵיכֶם מִנְחָה וָנָסֶךְ׃ — ג ול בליש
14 קַדְּשׁוּ־צוֹם קִרְאוּ עֲצָרָה
אִסְפוּ זְקֵנִים כֹּל יֹשְׁבֵי הָאָרֶץ — ו
בֵּית יְהוָהa אֱלֹהֵיכֶם וְזַעֲקוּ אֶל־יְהוָה׃ — ג פת[11]
15 אֲהָהּa לַיּוֹם — ל[12]
כִּי קָרוֹב יוֹם יְהוָה וּכְשֹׁד מִשַּׁדַּיb יָבוֹא׃
16 הֲלוֹא נֶגֶד עֵינֵינוּ אֹכֶל נִכְרָת
מִבֵּית אֱלֹהֵינוּ שִׂמְחָה וָגִיל׃
17 עָבְשׁוּ פְרֻדוֹת aתַּחַת מֶגְרְפֹתֵיהֶםa — ב וכת כן[13] . ל
נָשַׁמּוּ אֹצָרוֹת נֶהֶרְסוּ מַמְּגֻרוֹתb כִּי הֹבִישׁ דָּגָן׃ — ל
18 מַה־נֶּאֶנְחָה בְהֵמָה נָבֹכוּ עֶדְרֵי בָקָר — ב . ל[14]
כִּי אֵין מִרְעֶה לָהֶם גַּם־עֶדְרֵי הַצֹּאן נֶאְשָׁמוּa׃
19 אֵלֶיךָ יְהוָה אֶקְרָא
כִּי אֵשׁ אָכְלָה נְאוֹת מִדְבָּר
וְלֶהָבָה לִהֲטָה כָּל־עֲצֵי הַשָּׂדֶה׃ — ג
20 גַּם־בַּהֲמוֹתa שָׂדֶה תַּעֲרוֹגb אֵלֶיךָ — ג ב חס וחד מל[15]
כִּי יָבְשׁוּ אֲפִיקֵי מָיִם — ב[16] זקף קמ וכל אתנח וס״פ דכות ב מ ג
וְאֵשׁ אָכְלָה נְאוֹת הַמִּדְבָּר׃ פ

2 1 תִּקְעוּ שׁוֹפָר בְּצִיּוֹן וְהָרִיעוּ בְּהַר קָדְשִׁי — ד בטע ר״פ . ל
יִרְגְּזוּ כֹּל יֹשְׁבֵי הָאָרֶץ כִּי־בָא יוֹם־יְהוָה aכִּי קָרוֹבa׃
2 יוֹם חֹשֶׁךְ וַאֲפֵלָה יוֹם עָנָן וַעֲרָפֶל
כְּשַׁחַרa פָּרֻשׂ עַל־הֶהָרִים עַם רַב וְעָצוּם — ב . ל
כָּמֹהוּ לֹא נִהְיָה מִן־הָעוֹלָם — ח[1]
וְאַחֲרָיו לֹא יוֹסֵף עַד־שְׁנֵי דּוֹר וָדוֹר׃ — ג[2] מל וכל שם ברנש דכות וחד מן ד[3] בליש וכל אורית דכות ב מ ב

[11] Mm 1464. [12] Mm 875. [13] Mm 2770. [14] Mp sub loco. [15] Mm 3272. [16] Mm 1097. **Cp 2** [1] Mm 3609. [2] Mm 3038 א. [3] Mm 3038 ב.

13 a 𝔊 θεῷ ‖ **14** a > 𝔊* ‖ **15** a 𝔊*𝔙 ter 𝔖 bis ‖ b sic L, mlt Mss Edd מִשׁ׳ ‖ **17** a–a prb l חַתּוּ גָּרְנֹתֵיהֶם ‖ b prb l מְגֻרוֹת (מ dttg) ‖ **18** a = נָשַׁמּוּ cf Vrs ‖ **20** a prp בְּהֶמַת, sed cf 2,22 ‖ b frt l תַּעֲרֹגְנָה ‖ **Cp 2,1** a–a 𝔖 cj c 2 ‖ **2** a prp כְּשְׁחֹר.

JOEL יואל

1 1 דְּבַר־יְהוָה אֲשֶׁר הָיָה אֶל־יוֹאֵל בֶּן־פְּתוּאֵל׃ | ל̇

2 שִׁמְעוּ־זֹאת הַזְּקֵנִים וְהַאֲזִינוּ כֹּל יוֹשְׁבֵי הָאָרֶץ | ג̇[1] . ל̇ד מל̇

הֶהָיְתָה זֹּאת בִּימֵיכֶם וְאִם בִּימֵי אֲבֹתֵיכֶם׃ | ל̇

3 עָלֶיהָ לִבְנֵיכֶם סַפֵּרוּ וּבְנֵיכֶם [a]לִבְנֵיהֶם | ל̇

וּבְנֵיהֶם[a] לְדוֹר אַחֵר׃

4 יֶתֶר הַגָּזָם אָכַל הָאַרְבֶּה וְיֶתֶר הָאַרְבֶּה אָכַל הַיָּלֶק | ל̇ ר״פ[2]

וְיֶתֶר הַיֶּלֶק אָכַל הֶחָסִיל׃

5 הָקִיצוּ שִׁכּוֹרִים וּבְכוּ וְהֵילִלוּ כָּל־שֹׁתֵי יָיִן | ב̇[3]

עַל־עָסִיס כִּי נִכְרַת מִפִּיכֶם׃

6 כִּי־גוֹי עָלָה עַל־אַרְצִי עָצוּם וְאֵין מִסְפָּר | ב̇[4] . ד̇[5]

שִׁנָּיו שִׁנֵּי אַרְיֵה וּמְתַלְּעוֹת לָבִיא לוֹ׃ | ל̇

7 שָׂם גַּפְנִי לְשַׁמָּה וּתְאֵנָתִי לִקְצָפָה | ל̇

[a]חָשֹׂף חֲשָׂפָהּ וְהִשְׁלִיךְ[a] הִלְבִּינוּ שָׂרִיגֶיהָ׃ | ל̇ . ל̇

8 אֱלִי כִּבְתוּלָה חֲגֻרַת־שַׂק עַל־בַּעַל נְעוּרֶיהָ׃ | ל̇

9 הָכְרַת מִנְחָה וָנֶסֶךְ מִבֵּית יְהוָה | ג̇

אָבְלוּ הַכֹּהֲנִים מְשָׁרְתֵי יְהוָה׃

10 שֻׁדַּד שָׂדֶה אָבְלָה אֲדָמָה | ה̇ . יא̇[6]

כִּי שֻׁדַּד דָּגָן הוֹבִישׁ תִּירוֹשׁ אֻמְלַל יִצְהָר׃ | ב̇ מל̇ וכל יהושע דכות̇[7]

11 הֹבִישׁוּ אִכָּרִים הֵילִילוּ כֹּרְמִים

עַל־חִטָּה וְעַל־שְׂעֹרָה כִּי אָבַד קְצִיר שָׂדֶה׃

12 הַגֶּפֶן הוֹבִישָׁה וְהַתְּאֵנָה אֻמְלָלָה | ל̇ ומל̇ . ב̇ . ב̇

רִמּוֹן גַּם־תָּמָר וְתַפּוּחַ כָּל־עֲצֵי הַשָּׂדֶה יָבֵשׁוּ | ג̇ ב̇ מל̇ וחד חס̇[8]

כִּי־הֹבִישׁ שָׂשׂוֹן מִן־בְּנֵי אָדָם׃ ס | ד̇[9] וכל לשון ארמית וכל ד״ה דכות̇ ב̇ מ̇ ז̇ . ו̇ וכל תלים ומשלי דכות̇ ב̇ מ̇ ב̇[10]

13 חִגְרוּ וְסִפְדוּ הַכֹּהֲנִים הֵילִילוּ מְשָׁרְתֵי מִזְבֵּחַ

Cp 1 [1]Mm 2531. [2]Mm 978. [3]Mm 3036. [4]Mm 2950. [5]Mm 3037. [6]Mm 512. [7]Mm 2852. [8]Mm 4013. [9]Mm 665. [10]Cf Mp sub loco, Ps 33,13 et 145,13.

Cp 1,3 [a–a] prp add ‖ **7** [a–a] prp חֲשָׂפָהּ חָשֹׂף וְהִשְׁלִךְ.

הוּא [e]יִשְׁסֶה אוֹצַר[e] כָּל־כְּלִי חֶמְדָּה׃

14 1 תֶּאְשַׁם שֹׁמְרוֹן כִּי מָרְתָה בֵּאלֹהֶיהָ

בַּחֶרֶב יִפְּלוּ עֹלְלֵיהֶם יְרֻטָּשׁוּ [a]וְהָרִיּוֹתָיו יְבֻקָּעוּ[a]׃ פ — ג . ל . ל

2 שׁוּבָה יִשְׂרָאֵל עַד [a]יְהוָה אֱלֹהֶיךָ[a] כִּי כָשַׁלְתָּ בַּעֲוֺנֶךָ׃ — ה[1]

3 קְחוּ עִמָּכֶם דְּבָרִים וְשׁוּבוּ אֶל־יְהוָה [a]אִמְרוּ אֵלָיו[a] — ה ר״פ[2]

כָּל־[b]תִּשָּׂא עָוֺן

וְקַח[c]־טוֹב וּנְשַׁלְּמָה פָרִים[d] שְׂפָתֵינוּ׃ — יג[3]

4 אַשּׁוּר ׀ לֹא יוֹשִׁיעֵנוּ עַל־סוּס לֹא נִרְכָּב — ב זקף קמ

וְלֹא־נֹאמַר עוֹד אֱלֹהֵינוּ לְמַעֲשֵׂה יָדֵינוּ [a]אֲשֶׁר־בְּךָ יְרֻחַם [יָתוֹם[a]׃ — ו מל

5 אֶרְפָּא מְשׁוּבָתָם אֹהֲבֵם נְדָבָה — ל

[a]כִּי שָׁב אַפִּי מִמֶּנּוּ[a]׃

6 אֶהְיֶה כַטַּל לְיִשְׂרָאֵל יִפְרַח כַּשּׁוֹשַׁנָּה — ב . ד ב קמ וב פת[4] — ס[5]

וְיַךְ[a] שָׁרָשָׁיו כַּלְּבָנוֹן׃ 7 יֵלְכוּ יֹנְקוֹתָיו — ל . ד . ב וכת כן[6]

וִיהִי כַזַּיִת הוֹדוֹ וְרֵיחַ[a] לוֹ כַּלְּבָנוֹן[b]׃ — לב . ה[7] ג מנה בסיפ . ה[8] . ד

8 יָשֻׁבוּ יֹשְׁבֵי[a] בְצִלּוֹ[b] יְחַיּוּ דָגָן — ז חס . ב[9]

[c]וְיִפְרְחוּ כַגָּפֶן[c] זִכְרוֹ כְּיֵין לְבָנוֹן׃ ס — י בליש

9 אֶפְרַיִם מַה־לִּי[a] עוֹד לָעֲצַבִּים אֲנִי [b]עָנִיתִי וַאֲשׁוּרֶנּוּ[b] — ב . ל

אֲנִי כִּבְרוֹשׁ רַעֲנָן מִמֶּנִּי פֶּרְיְךָ[c] נִמְצָא׃ — ו כת כן[10] . נז וכל תלים דכות ב מ י א

10 מִי חָכָם וְיָבֵן אֵלֶּה נָבוֹן וְיֵדָעֵם — ג[11]

כִּי־יְשָׁרִים דַּרְכֵי יְהוָה וְצַדִּקִים יֵלְכוּ בָם — ג[12] חס בנביא וחד מן ד בליש . ח[13] דמטע ב מנה בפסוק וחד מן ו פסוק בם בם

וּפֹשְׁעִים יִכָּשְׁלוּ בָם׃ — ח[13] דמטע ב מנה בפסוק

סכום הפסוקים
מאה ותשעים
ושבעה

Cp 14 [1]Mm 1076. [2]Mm 3588. [3]Mm 936. [4]Mm 937. [5]Mp sub loco. [6]Mm 2846. [7]Mm 3121. [8]Mm 3817. [9]Gn 12,12. [10]Mm 1237. [11]Mm 2502. [12]Mm 2097. [13]Mm 1404.

15 [e–e] 𝔊 *καταξηρανεῖ τὴν γῆν αὐτοῦ καί*, frt l יַשְׁאֶה אַרְצוֹ וְ(כל) || **Cp 14,1** [a–a] add? || **2** [a–a] alterum vb add? || **3** [a–a] add? cf 𝔖 4.9 𝔗 9 || [b] crrp (cf 𝔊𝔖𝔗)? frt nonn vb exc || [c] l וּנְקַח cf 𝔗 || [d] 𝔊(𝔖) *καρπόν*, l פְּרִי || **4** [a–a] add || **5** [a–a] add? || **6** [a] prp ויט vel ויר || [b] l כַּלִּבְנֶה? || **7** [a] sic L, mlt Mss Edd וְרֵיחַ || [b] prp כלבְנָה || **8** [a] prb l (וְ)יֵשְׁבוּ cf 𝔊𝔖 || [b] frt l בְּצִלִּי || [c–c] frt l וְיִפְרְחוּ גֶפֶן || **9** [a] 𝔊 *αὐτῷ*, frt l לוֹ, sed cf 𝔖 *wn'mr 'prjm* = וְיֹאמַר אפרים || [b–b] 𝔊 *ἐταπείνωσα αὐτόν, καὶ ἐγὼ κατισχύσω αὐτόν*, prp (וְאשִׁיבנו vel) עֲנִיתִיו וְאַאַשְּׁרֶנּוּ || [c] frt l פִּרְיוֹ.

13,4—15 HOSEA 1007

כְּמֹץ֙ יְסֹעֵ֣ר[b] מִגֹּ֔רֶן וּכְעָשָׁ֖ן מֵאֲרֻבָּֽה׃ ל

4 וְאָנֹכִ֛י יְהוָ֥ה אֱלֹהֶ֖יךָ[a] מֵאֶ֣רֶץ מִצְרָ֑יִם יב. ד[4]

וֵאלֹהִ֤ים זֽוּלָתִי֙ לֹ֣א תֵדָ֔ע וּמוֹשִׁ֥יעַ אַ֖יִן בִּלְתִּֽי׃ ה[5]. ב

5 אֲנִ֥י יְדַעְתִּ֖יךָ[a] בַּמִּדְבָּ֑ר בְּאֶ֖רֶץ תַּלְאֻבֽוֹת׃ ל[6]

6 כְּמַרְעִיתָם֙[a] וַיִּשְׂבָּ֔עוּ שָׂבְע֖וּ[b] וַיָּ֣רָם לִבָּ֑ם ל. ב

עַל־כֵּ֖ן שְׁכֵחֽוּנִי׃

7 וָאֱהִ֥י[a] לָהֶ֖ם כְּמוֹ־שָׁ֑חַל כְּנָמֵ֖ר עַל־דֶּ֥רֶךְ אָשֽׁוּר[b]׃ ה וכל על הדרך דכות[7]. ל

8 אֶפְגְּשֵׁם֙ כְּדֹ֣ב שַׁכּ֔וּל וְאֶקְרַ֖ע סְג֣וֹר לִבָּ֑ם ג[8]. ג מל[9]

וְאֹכְלֵ֥ם[a] שָׁם֙ כְּלָבִ֔יא[b] [c]חַיַּ֥ת הַשָּׂדֶ֖ה תְּבַקְּעֵֽם[c]׃ ל

9 שִׁחֶתְךָ֥[a] יִשְׂרָאֵ֖ל [b]כִּֽי־בִ֥י[b] בְעֶזְרֶֽךָ׃ ל. ב[10]

10 אֱהִ֤י[a] מַלְכְּךָ֙ אֵפ֔וֹא וְיוֹשִֽׁיעֲךָ֖ [b]בְּכָל־עָרֶ֑יךָ[c] ל ומל

[d]וְשֹׁ֣פְטֶ֔יךָ[b] אֲשֶׁ֣ר אָמַ֔רְתָּ תְּנָה־לִּ֖י מֶ֥לֶךְ וְשָׂרִֽים[d]׃ ב[11]. ב

11 אֶֽתֶּן־לְךָ֥ מֶ֙לֶךְ֙ בְּאַפִּ֔י וְאֶקַּ֖ח בְּעֶבְרָתִֽי׃ ס ט. ל

12 צָרוּר֙ עֲוֺ֣ן אֶפְרָ֔יִם צְפוּנָ֖ה חַטָּאתֽוֹ׃ ד קמ וכל אתנח וס״פ דכות[12]. ל

13 חֶבְלֵ֥י יוֹלֵדָ֖ה יָבֹ֣אוּ ל֑וֹ הוּא[a]־בֵן֙ לֹ֣א חָכָ֔ם ל

[b]כִּֽי־עֵ֥ת[b] לֹֽא־יַעֲמֹ֖ד בְּמִשְׁבַּ֥ר בָּנִֽים׃

14 מִיַּ֤ד שְׁאוֹל֙ אֶפְדֵּ֔ם מִמָּ֖וֶת אֶגְאָלֵ֑ם ב

אֱהִ֨י[a] דְבָרֶ֜יךָ[b] מָ֗וֶת אֱהִ֤י[a] קָטָבְךָ֙ שְׁא֔וֹל ל

נֹ֖חַם יִסָּתֵ֥ר מֵעֵינָֽי׃ ל. ד[13]

15 כִּ֣י ה֔וּא [a][b]בֵּ֥ן אַחִ֖ים[b] יַפְרִ֑יא[a] יָב֣וֹא קָדִ֡ים ל. ל[6]

ר֩וּחַ֩ יְהוָ֨ה מִמִּדְבָּ֜ר עֹלֶ֗ה

וְיֵב֤וֹשׁ[c] מְקוֹרוֹ֙ וְיֶחֱרַ֣ב[d] מַעְיָנ֔וֹ ב מל

[4] Mm 2399. [5] Mm 371. [6] Mp sub loco. [7] Mm 3032. [8] Mm 3033. [9] Mm 3034. [10] Mm 3035. [11] Dt 21,2. [12] Mm 906. [13] Mm 2446.

3 [b] l יסַעֵר ‖ **4** [a] 𝔊 + *στερεῶν οὐρανὸν καὶ κτίζων γῆν, οὗ αἱ χεῖρες ἔκτισαν πᾶσαν τὴν στρατιὰν τοῦ οὐρανοῦ, καὶ οὐ παρέδειξά σοι αὐτὰ τοῦ πορεύεσθαι ὀπίσω αὐτῶν* ‖ **5** [a] 𝔊(𝔖) *ἐποίμαινόν σε*, frt l רְעִיתִיךָ ‖ **6** [a] prp כְּמוֹ רְעִיתִים ‖ [b] add (dttg)? ‖ **7** [a] 𝔊 *καὶ ἔσομαι*, l וְאֶהְיֶה ‖ [b] 𝔊(𝔖𝔙) *Ἀσσυρίων* = אַשּׁוּר; prp אֶשְׁקֹד ‖ **8** [a] 𝔊 *καὶ καταφάγονται αὐτούς* = וַאֲכָלוּם ‖ [b] prp כלבים ‖ [c–c] prp כְּחית השדה אֲבקעם ‖ **9** [a] l aut שִׁחַתִּיךָ (cf 𝔖) aut אֲשַׁחֶתְךָ ‖ [b–b] 𝔊(𝔖) *τίς*, l מִי ‖ **10** [a] l אַיֵּה cf Vrs et 14[a] ‖ [b–b] prp וְכל־שָׂרֶיךָ וְיִשְׁפְּטוּךָ ‖ [c] frt l צָרֶיךָ ‖ [d–d] add? ‖ **13** [a] prp c pc Mss וְהוּא ‖ [b–b] prb l כְּעִתּוֹ ‖ **14** [a] 𝔊(𝔖) *ποῦ*, l אַיֵּה cf 10[a] ‖ [b] mlt Mss דברך (= דַּבְּרְךָ?); 𝔊(𝔖) *ἡ δίκη σου* ‖ **15** [a–a] 𝔊(𝔖𝔙) *ἀνὰ μέσον ἀδελφῶν διαστελεῖ* = בין אחים יפרִיד ‖ [b–b] frt l כְּאָחוּ ‖ [c] 𝔊(𝔖𝔙) *καὶ ἀναξηρανεῖ*, prb l וְיוֹבִישׁ ‖ [d] 𝔊(𝔖𝔙) *ἐξερημώσει* ($𝔊^{L}$ pr *καί*), prb l וְיַחֲרִיב.

בֵּֽית־אֵל֙ יִמְצָאֶ֔נּוּ וְשָׁ֖ם יְדַבֵּ֥ר עִמָּֽנוּ[b]׃

6 [a]וַֽיהוָ֖ה אֱלֹהֵ֣י הַצְּבָא֑וֹת יְהוָ֖ה זִכְרֽוֹ׃ ה

7 וְאַתָּ֖ה בֵּאלֹהֶ֣יךָ[a] תָשׁ֑וּב

חֶ֤סֶד וּמִשְׁפָּט֙ שְׁמֹ֔ר וְקַוֵּ֥ה אֶל־אֱלֹהֶ֖יךָ תָּמִֽיד׃ ב̇[6]

8 כְּנַ֗עַן בְּיָד֛וֹ מֹאזְנֵ֥י מִרְמָ֖ה לַעֲשֹׁ֥ק[a] אָהֵֽב׃ ט̇[7]

9 וַיֹּ֣אמֶר אֶפְרַ֔יִם אַ֣ךְ עָשַׁ֔רְתִּי מָצָ֥אתִי א֖וֹן לִ֑י יב̇ סביר. ג̇ מל

כָּל־יְגִיעַ֕י[a] לֹ֥א יִמְצְאוּ־[b]לִ֖י עָוֺ֥ן[b] אֲשֶׁר־חֵֽטְא[c]׃

10 וְאָנֹכִ֛י יְהוָ֥ה אֱלֹהֶ֖יךָ מֵאֶ֣רֶץ מִצְרָ֑יִם יב̇. ד̇[8]

עֹ֛ד אוֹשִֽׁיבְךָ֥ בָאֳהָלִ֖ים כִּימֵ֥י מוֹעֵֽד׃ יד̇ חס̇[9]. ד̇[10]

11 וְדִבַּ֙רְתִּי֙ עַל־[a]הַנְּבִיאִ֔ים וְאָנֹכִ֖י חָז֣וֹן הִרְבֵּ֑יתִי

וּבְיַ֥ד הַנְּבִיאִ֖ים אֲדַמֶּֽה[b]׃ ב̇

12 אִם־[a]גִּלְעָ֥ד אָ֙וֶן֙ אַךְ־[b]שָׁ֣וְא הָי֔וּ[b] בַּגִּלְגָּ֖ל שְׁוָרִ֣ים[c] זִבֵּ֑חוּ ל̇

גַּ֤ם מִזְבְּחוֹתָם֙ כְּגַלִּ֔ים עַ֖ל תַּלְמֵ֥י שָׂדָֽי׃

13 וַיִּבְרַ֥ח יַעֲקֹ֖ב שְׂדֵ֣ה אֲרָ֑ם וַיַּעֲבֹ֤ד יִשְׂרָאֵל֙ בְּאִשָּׁ֔ה וּבְאִשָּׁ֖ה שָׁמָֽר׃ ב̇. ל̇

14 וּבְנָבִ֕יא הֶעֱלָ֥ה יְהוָ֛ה אֶת־יִשְׂרָאֵ֖ל מִמִּצְרָ֑יִם וּבְנָבִ֖יא נִשְׁמָֽר׃ ב̇. ב̇

15 הִכְעִ֥יס אֶפְרַ֖יִם תַּמְרוּרִ֑ים[a]

וְדָמָיו֙ עָלָ֣יו יִטּ֔וֹשׁ וְחֶ֨רְפָּת֔וֹ יָשִׁ֥יב ל֖וֹ אֲדֹנָֽיו׃ ל̇. כ̇ד בליש[11]

13 1 כְּדַבֵּ֤ר אֶפְרַ֙יִם֙ רְתֵ֔ת[a] נָשָׂ֥א[b] ה֖וּא בְּיִשְׂרָאֵ֑ל ל̇[1]

וַיֶּאְשַׁ֥ם בַּבַּ֖עַל וַיָּמֹֽת׃

2 וְעַתָּ֣ה ׀ יוֹסִ֣פוּ לַחֲטֹ֗א וַיַּעֲשׂ֣וּ לָהֶם֩ מַסֵּכָ֨ה כ̇ו̇ פסוק דאית בהון א״ב. ט̇ ד̇[1] מנה כת̇ כן

מִכַּסְפָּ֤ם כִּתְבוּנָם֙[a] עֲצַבִּ֔ים מַעֲשֵׂ֥ה חָרָשִׁ֖ים כֻּלֹּ֑ה ל̇. כת̇ כן[2]

לָהֶם֙[b] הֵ֣ם אֹמְרִ֔ים זֹבְחֵ֣י[c] אָדָ֔ם עֲגָלִ֖ים יִשָּׁקֽוּן׃ ב̇[3]. ל̇

3 [a]לָכֵ֗ן יִֽהְיוּ֙ כַּעֲנַן־בֹּ֔קֶר וְכַטַּ֖ל מַשְׁכִּ֣ים הֹלֵ֑ךְ[a]

[6]Ps 27,14. [7]Mm 3212. [8]Mm 2399. [9]Mm 62. [10]Mm 2664. [11]Mm 1685. **Cp 13** [1]Mm 3031. [2]Cf Mp sub loco, Mm 2264 et 2480. [3]Dt 18,3.

5 [b] l עִמּוֹ cf 𝔊$^{L Mss}$𝔖 || **6** [a] tot v add || **7** [a] frt l בְּאֹהָלֶיךָ || **8** [a] prp לַעֲקֹשׁ, al לַעֲקֹב || **9** [a] 𝔊 *οἱ πόνοι αὐτοῦ*, prb l יְגִיעָיו || [b–b] prb l לוֹ לְעָוֹן cf 𝔊 || [c] 𝔊 *ἥμαρτεν*, prb l חָטָא || **11** [a] 𝔊 *πρός* || [b] exc nonn vb? || **12** [a] crrp; prp עִם־ vel בְּ׳ || [b–b] crrp || [c] prb l לַשֵּׁדִים || **15** [a] 𝔊(𝔖) *καὶ παρώργισε*; exc nonn vb? || **Cp 13,1** [a] 𝔊 *δικαιώματα*, prp תּוֹרוֹת vel תּוֹרָתִי || [b] prb l נָשִׂיא vel נִשָּׂא cf 𝔖𝔗 || **2** [a] 𝔊(𝔙) *κατ' εἰκόνα*, prb l כְּתַבְנִית || [b] frt l אֱלֹהִים || [c] prb l זִבְחִים vel זָבְחוּ; al l זִבְחוּ et cj c bα || **3** [a–a] cf 6,4.

[b]וְאָכָ֖לָה מִֽמֹּעֲצ֥וֹתֵיהֶֽם[b]׃ — ב[4] כת כן וחד מן ד[5] בטע ס״פ

7 וְעַמִּ֥י [a]תְלוּאִ֖ים לִמְשֽׁוּבָתִ֑י[a] — יא . ב חד מל וחד חס[6]

[b]וְאֶל־עַל֙ יִקְרָאֻ֔[c]הוּ[b] יַ֖חַד לֹ֥א יְרוֹמֵֽם[c]׃ — ב וחס . ל

8 אֵ֞יךְ אֶתֶּנְךָ֣ אֶפְרַ֗יִם אֲמַגֶּנְךָ֙ יִשְׂרָאֵ֔ל — ל

אֵ֚יךְ אֶתֶּנְךָ֣ כְאַדְמָ֔ה אֲשִֽׂימְךָ֖ כִּצְבֹאיִ֑ם — ל . ל כת א[7]

נֶהְפַּ֤ךְ עָלַי֙ לִבִּ֔י יַ֖חַד נִכְמְר֥וּ נִחוּמָֽי[a]׃ — ג[8] . ל

9 לֹ֤א אֶֽעֱשֶׂה֙ חֲר֣וֹן אַפִּ֔י לֹ֥א אָשׁ֖וּב לְשַׁחֵ֣ת אֶפְרָ֑יִם

כִּ֣י אֵ֤ל אָֽנֹכִי֙ וְלֹא־אִ֔ישׁ — ב

בְּקִרְבְּךָ֣ קָד֔וֹשׁ וְלֹ֥א [a]אָב֖וֹא בְּעִֽיר[a]׃

10 [a]אַחֲרֵ֧י יְהוָ֛ה יֵלְכ֖וּ כְּאַרְיֵ֣ה יִשְׁאָ֑ג

[b]כִּֽי־ה֣וּא יִשְׁאַ֔ג[b] וְיֶחֶרְד֥וּ בָנִ֖ים מִיָּֽם׃

11 יֶחֶרְד֤וּ כְצִפּוֹר֙ מִמִּצְרַ֔יִם וּכְיוֹנָ֖ה מֵאֶ֣רֶץ אַשּׁ֑וּר — ל

וְהוֹשַׁבְתִּ֥ים[c] עַל־בָּתֵּיהֶ֖ם נְאֻם־יְהוָֽה[a]׃ ס — ב חד מל וחד חס[9]

12 1 סְבָבֻ֤נִי בְכַ֙חַשׁ֙ אֶפְרַ֔יִם וּבְמִרְמָ֖ה בֵּ֣ית יִשְׂרָאֵ֑ל — ל חס . ד בסיפ[1]

וִֽיהוּדָ֗ה[a] עֹ֥ד רָד֙ עִם־אֵ֔ל[b] וְעִם־קְדוֹשִׁ֖ים[c] נֶאֱמָֽן׃ — יד חס[2] . ל . ג מל בליש[3]

2 אֶפְרַ֜יִם רֹעֶ֥ה ר֙וּחַ֙ וְרֹדֵ֣ף קָדִ֔ים כָּל־הַיּ֕וֹם — ג

[a]כָּזָ֥ב וָשֹׁ֖ד יַרְבֶּ֑ה[a]

וּבְרִית֙ עִם־אַשּׁ֣וּר יִכְרֹ֔תוּ וְשֶׁ֖מֶן לְמִצְרַ֥יִם יוּבָֽל[b]׃ — ב

3 וְרִ֥יב[a] לַֽיהוָ֖ה עִם־יְהוּדָ֑ה[b] — ד

וְלִפְקֹ֤ד[c] עַֽל־יַעֲקֹב֙ כִּדְרָכָ֔יו כְּמַעֲלָלָ֖יו יָשִׁ֥יב לֽוֹ׃ — ל . ל . כד בליש[4]

4 בַּבֶּ֖טֶן עָקַ֣ב אֶת־אָחִ֑יו וּבְאוֹנ֖וֹ שָׂרָ֥ה אֶת־אֱלֹהִֽים׃ — ג דגש[5] . ל וכל שם ברנש דכות

5 וַיָּ֤שַׂר אֶל־[a]מַלְאָךְ֙ וַיֻּכָ֔ל בָּכָ֖ה וַיִּתְחַנֶּן־ל֑וֹ — ג כת ש . ל וחס

[4]Mm 3028. [5]Mm 4015. [6]Mm 3029. [7]Mp sub loco. [8]Mm 1889. [9]Mm 2648. **Cp 12** [1]Mm 953. [2]Mm 62. [3]Mm 3030. [4]Mm 1685. [5]Mm 3534.

6 [b–b] var lect ad aβ? prp וַאֲכָלָתַם ממ׳, al ואכלה בְּמְצוּדוֹתָיו ‖ **7** [a–a] crrp? prp נִלְאָה מִמְּשׁוּבָתוֹ (cf 𝔊), al חוּלְאִים לִמשובתם, al תלואים לַעֲצַבִּים ‖ [b–b] prb l ואל־בַּעַל יִקְרָא (וְהוּא) ‖ [c–c] prp הַאֶחְדַּל אֲרַחֵם ‖ **8** [a] prb l רַחֲמָי cf 𝔖𝔗 ‖ **9** [a–a] prb l אֲבָעֵר, prp אוֹבֶה בָעֵר ‖ **10/11** [a–a] add? ‖ [b–b] > pc Mss ‖ [c] 𝔊 *καὶ ἀποκαταστήσω αὐτούς*, prb l וַהֲשִׁיבֹתִים ‖ **Cp 12,1** [a] add ‖ [b] prb l אֵלִים cf bβ, prp בַּעַל ‖ [c] prp קְדֵשִׁים, l 𝔐 ‖ **2** [a–a] add (gl)? ‖ [b] l יוֹבִלוּ cf 3[a] ‖ **3** [a] l רִיב cf 2[b] ‖ [b] prb l יִשְׂרָאֵל; exc hemist? ‖ [c] l aut לפקד (cf 𝔊) aut יִפְקֹד ‖ **5** [a] prp אֶת־ cf 4b; al l אֵל et dl מלאך (gl).

נִירוּ לָכֶם נִיר וְעֵת[b] לִדְרוֹשׁ אֶת־יְהוָה | ח̇[18]. ב מל בנביא[19]
עַד־יָבוֹא וְיֹרֶה צֶדֶק לָכֶם׃
13 חֲרַשְׁתֶּם[a]־רֶשַׁע עַוְלָתָה קְצַרְתֶּם | ב̇. יז[20]. ג̇[21]
אֲכַלְתֶּם[b] פְּרִי־כָחַשׁ
כִּי־בָטַחְתָּ בְדַרְכְּךָ[c] בְּרֹב גִּבּוֹרֶיךָ׃
14 וְקָאם שָׁאוֹן בְּעַמֶּךָ[a] וְכָל־מִבְצָרֶיךָ יוּשַּׁד[b] | מח[22] כת א לא קר ול בליש. ל̇
כְּשֹׁד שַׁלְמַן בֵּית אַרְבֵאל בְּיוֹם מִלְחָמָה | ל̇. מח[22] כת א לא קר ול בליש
[c]אֵם עַל־בָּנִים רֻטָּשָׁה[c]׃ | ב̇
15 כָּכָה עָשָׂה[a] לָכֶם [b]בֵּית־אֵל[b] [c]מִפְּנֵי רָעַת רָעַתְכֶם[c]
בַּשַּׁחַר[d] נִדְמֹה נִדְמָה מֶלֶךְ יִשְׂרָאֵל׃ | ל̇. ד̇

11 1 כִּי נַעַר יִשְׂרָאֵל וָאֹהֲבֵהוּ וּמִמִּצְרַיִם קָרָאתִי לִבְנִי[a]׃ | ל̇. ב̇
2 קָרְאוּ[a] לָהֶם כֵּן הָלְכוּ מִפְּנֵיהֶם[b]
לַבְּעָלִים יְזַבֵּחוּ וְלַפְּסִלִים יְקַטֵּרוּן׃ | ל̇
3 וְאָנֹכִי תִרְגַּלְתִּי לְאֶפְרַיִם קָחָם[a] עַל־זְרוֹעֹתָיו[b] | ל̇. ל̇. ל̇ כת כן
וְלֹא יָדְעוּ כִּי רְפָאתִים׃ | ג̇[1]. ב ומל[2]
4 בְּחַבְלֵי אָדָם[a] אֶמְשְׁכֵם בַּעֲבֹתוֹת אַהֲבָה
וָאֶהְיֶה לָהֶם [b]כִּמְרִימֵי עֹל[b] עַל לְחֵיהֶם[c] | ל̇
[d]וְאַט אֵלָיו אוֹכִיל׃ 5 לֹא[d] | ל̇[3]
יָשׁוּב אֶל־אֶרֶץ מִצְרַיִם וְאַשּׁוּר הוּא מַלְכּוֹ
[e]כִּי מֵאֲנוּ לָשׁוּב[e]׃
6 וְחָלָה חֶרֶב בְּעָרָיו וְכִלְּתָה בַדָּיו[a]

[18] Mm 2469. [19] Mm 4226. [20] Mm 1667. [21] Mm 3026. [22] Mm 898. **Cp 11** [1] Mm 3027. [2] Mm 2654. [3] Mp sub loco.

12 [b] prp כִּי עֵת cf 𝔊[L] *(ὡς ἔτι καιρός)* 𝔖 Hier *(quoniam est tempus)*, al לָדַעַת (cf 𝔊 *γνώσεως*) ‖ **13** [a] 𝔊 + *ἵνα τί*, frt ins לָמָּה (hpgr) ‖ [b] frt l וַא׳ ‖ [c] l בְּרִכְבְּךָ cf 𝔊 ‖ **14** [a] prp בְּעָרֶיךָ ‖ [b] prb l יוּשַּׁדּוּ ‖ [c–c] add? ‖ **15** [a] 𝔊 *ποιήσω*; prb l c Ms יֵעָשֶׂה ‖ [b–b] prb l בֵּית־יִשְׂרָאֵל cf 𝔊 ‖ [c–c] add? ‖ [d] prb l בַּשַּׂעַר = בסער ‖ **Cp 11,1** [a] 𝔊 *τὰ τέκνα αὐτοῦ* cf 𝔗; prp לוֹ cf 2[a] ‖ **2** [a] 𝔊 *καθὼς μετεκάλεσα*, l כְּקָרְאִי cf 𝔖; prp כְּדֵי קָרְאִי ‖ [b] 𝔊(𝔖) *ἐκ προσώπου μου αὐτοί*, l מִפָּנַי הֵם et cj הם c sq ‖ **3** [a] 𝔊 *ἀνέλαβον αὐτόν* = לְקַחְתִּיו?; 𝔖(𝔗) *wqblt ʾnwn*, frt l וָאֶקָּחֵם ‖ [b] l c pc Mss (𝔊)𝔖𝔙 זרועתָי ‖ **4/5** [a] crrp? prp אֱמֶת vel חֶסֶד ‖ [b–b] prb l כְּמֵרִים עוּל ‖ [c] prb l לְחָיָיו cf 𝔊* ‖ [d–d] prb l וָאֵט אליו וָאוכיל לוֹ׃ cf 𝔊 *δυνήσομαι αὐτῷ* ‖ [e–e] add? ‖ **6** [a] prp בָּנָיו et huc tr ‸.

3 כִּי עַתָּה יֹאמְרוּ אֵין מֶלֶךְ לָנוּ
ᵃכִּי לֹא יָרֵאנוּ אֶת־יְהוָהᵃ וְהַמֶּלֶךְ מַה־יַּעֲשֶׂה־לָּנוּ׃
4 דִּבְּרוּᵃ דְבָרִים אָלוֹת שָׁוְא כָּרֹת בְּרִית
וּפָרַח כָּרֹאשׁ מִשְׁפָּט עַל תַּלְמֵי שָׂדָי׃
5 לְעֶגְלוֹתᵃ בֵּית אָוֶן יָגוּרוּ שְׁכַןᵇ שֹׁמְרוֹן
כִּי־אָבַלᶜ עָלָיו עַמּוֹ וּכְמָרָיו עָלָיוᵈ
יָגִילוּᵉ עַל־כְּבוֹדוֹ כִּי־גָלָה מִמֶּנּוּ׃
6 גַּם־אוֹתוֹ לְאַשּׁוּר יוּבָלᵃ מִנְחָה ᵇלְמֶלֶךְ יָרֵבᵇ
בָּשְׁנָה אֶפְרַיִם יִקָּח וְיֵבוֹשׁ יִשְׂרָאֵל מֵעֲצָתוֹᶜ׃
7 ᵃנִדְמֶה שֹׁמְרוֹן מַלְכָּהᵃ כְּקֶצֶף עַל־פְּנֵי־מָיִם׃
8 וְנִשְׁמְדוּ בָּמוֹתᵃ אָוֶן חַטַּאת יִשְׂרָאֵל
קוֹץ וְדַרְדַּר יַעֲלֶה עַל־מִזְבְּחוֹתָם
וְאָמְרוּ לֶהָרִים כַּסּוּנוּ וְלַגְּבָעוֹת נִפְלוּ עָלֵינוּ׃ ס
9 מִימֵי הַגִּבְעָה חָטָאתָᵃ יִשְׂרָאֵל שָׁם עָמָדוּᵇ
לֹא־ᶜתַשִּׂיגֵם בַּגִּבְעָה מִלְחָמָה עַל־בְּנֵי עַלְוָהᵈ׃
10 בְּאַוָּתִיᵃ וְאֶסֳּרֵםᵇ וְאֻסְּפוּ עֲלֵיהֶם עַמִּים
בְּאָסְרָםᶜ לִשְׁתֵּי עֹינֹתָםᵈ׃
11 וְאֶפְרַיִם עֶגְלָה מְלֻמָּדָה אֹהַבְתִּי לָדוּשׁ
וַאֲנִי עָבַרְתִּיᵃ עַל־טוּב צַוָּארָהּ
אַרְכִּיב אֶפְרַיִם יַחֲרוֹשׁ יְהוּדָהᵇ יְשַׂדֶּד־לוֹ יַעֲקֹב׃
12 זִרְעוּ לָכֶם לִצְדָקָה קִצְרוּ ᵃלְפִי־חֶסֶדᵃ ס̇[ג]

יב[3] יא מנה בנביא
ל[4]
ל
ג
כד מל ד[5] מנה בתרי עשר . ב זקף קמ . כט וכל משיחה מצרים אשור ישראל דכות[6]
ל . ג קמ וכל אתנח וס״פ דכות[7] . ב מל
ה
ל ר״פ חד מן כו פסוק דאית בהון א״ב
ב[8] . ל . ב[9]
ל . ל
ג[10]
ב
ל . עונתם[11] ק
ה וכל מנשה ואפרים דכות[12] . ב[13] . ל .
ב חד חס וחד מל[14]
ל . יט בליש[15]
ב מל[16] . ג בליש[17]

[3] Mm 230. [4] וחד וכרות Neh 9,8. [5] Mp sub loco. [6] Mm 958. [7] Mm 1566. [8] Mm 2330. [9] Gn 3,18. [10] Mm 3024. [11] Mm 832. [12] Mm 1396. [13] Jes 29,13. [14] Mm 3025. [15] Mm 335. [16] Mm 3069. [17] Mm 2310.

3 ᵃ⁻ᵃ tr ad fin 2 (homark c 3a) et l יָרְאוּ pro יראנו? ‖ **4** ᵃ l דַּבֵּר ‖ **5** ᵃ l לְעֵגֶל cf 𝔊θ′𝔖 (cf עליו bα) ‖ ᵇ prb l שֹׁכְנֵי cf 𝔊𝔖 ‖ ᶜ frt l יֶאֱבַל cf σ′ *πενθήσει* ‖ ᵈ huc tr ׃ ‖ ᵉ prb l יֵילִילוּ ‖ **6** ᵃ prb l יוֹבִלוּ cf 𝔊𝔖𝔗 ‖ ᵇ⁻ᵇ l לְמַלְכִּי רָב cf 5,13ᶜ⁻ᶜ ‖ ᶜ prp מֵעֲצַבּוֹ vel מֵעָצְבּוֹ ‖ **7** ᵃ⁻ᵃ l נִדְמָה שֹׁמְרוֹן מלכה ‖ **8** ᵃ prb ins c Ms בֵּית־ ‖ **9** ᵃ 𝔊(𝔙) *ἥμαρτεν* = חָטָא; frt l c pc Mss חַטַּאת ‖ ᵇ prp מָרְדוּ ‖ ᶜ frt l הֲלֹא ‖ ᵈ mlt Mss עַוְלָה ‖ **10** ᵃ 𝔊* *ἦλθον* = בָּאתִי, frt l וּבָאתִי ‖ ᵇ 𝔊 *παιδεῦσαι αὐτούς*, prp (וַ)אֲיַסְּרֵם ‖ ᶜ 𝔊(𝔖𝔙) *ἐν τῷ παιδεύεσθαι αὐτούς* = בְּהִוָּסְרָם vel בְּיָסְּרָם, prp לְיַסְּרָם ‖ ᵈ mlt Mss 𝔊𝔖𝔙 ut Q, K עינתם ‖ **11** ᵃ l הֶעֱבַרְתִּי עֹל ‖ ᵇ dl ‖ **12** ᵃ⁻ᵃ 𝔊 *εἰς καρπὸν ζωῆς*.

הֵ֚מָּה בָּ֣אוּ בַֽעַל־פְּע֗וֹר וַיִּנָּֽזְרוּ֙ לַבֹּ֔שֶׁת ל̇ . ב וחס[16]
וַיִּהְי֥וּ שִׁקּוּצִ֖ים כְּאָהֳבָֽם׃ ל̇
11 אֶפְרַ֕יִם כָּע֖וֹף יִתְעוֹפֵ֣ף כְּבוֹדָ֑ם ל̇ . ל̇
מִלֵּדָ֥ה וּמִבֶּ֖טֶן וּמֵהֵרָיֽוֹן׃ ב . ל̇
12 כִּ֤י אִם־יְגַדְּלוּ֙ אֶת־בְּנֵיהֶ֔ם וְשִׁכַּלְתִּ֖ים מֵאָדָ֑ם ל̇
כִּֽי־גַם־א֥וֹי לָהֶ֖ם בְּשׂוּרִ֥י[a] מֵהֶֽם׃ י̇[17] כת ש ול בליש
13 אֶפְרַ֛יִם [a]כַּאֲשֶׁר־רָאִ֥יתִי[a] [b]לְצ֖וֹר שְׁתוּלָ֣ה בְנָוֶ֑ה[b] י̇ מל̇[18]
וְ[c]אֶפְרַ֕יִם לְהוֹצִ֥יא אֶל־הֹרֵ֖ג בָּנָֽיו׃ ה̇ וכל מנשה ואפרים דכות[19]
14 [a]תֵּן־לָהֶ֥ם יְהוָ֖ה מַה־תִּתֵּ֑ן
תֵּן־לָהֶם֙ רֶ֣חֶם מַשְׁכִּ֔יל וְשָׁדַ֖יִם צֹמְקִֽים׃ ב . ל̇

15 כָּל־רָעָתָ֤ם בַּגִּלְגָּל֙ כִּי־שָׁ֣ם שְׂנֵאתִ֔ים
עַ֚ל רֹ֣עַ מַֽעַלְלֵיהֶ֔ם מִבֵּיתִ֖י אֲגָרְשֵׁ֑ם
לֹ֤א אוֹסֵף֙ אַהֲבָתָ֔ם כָּל־שָׂרֵיהֶ֖ם סֹרְרִֽים׃ ג̇
16 [a]הֻכָּ֣ה אֶפְרַ֔יִם ג̇ ב̇ חס וחד מל̇[20]
שָׁרְשָׁ֥ם יָבֵ֖שׁ פְּרִ֣י בְלִי[b]־יַעֲשׂ֑וּן בל̇ ק̇ . ה̇[21]
גַּ֚ם כִּ֣י יֵֽלֵד֔וּן וְהֵמַתִּ֖י מַחֲמַדֵּ֥י בִטְנָֽם׃ ס ב̇ . ב̇[22]
17 יִמְאָסֵ֣ם אֱלֹהַ֔י[a] כִּ֛י לֹ֥א שָׁמְע֖וּ ל֑וֹ
וְיִהְי֥וּ נֹדְדִ֖ים בַּגּוֹיִֽם׃ ס י̇א רפי̇[23]

10 1 גֶּ֤פֶן בּוֹקֵק֙ יִשְׂרָאֵ֔ל פְּרִ֖י יְשַׁוֶּה[a]־לּ֑וֹ ב̇
כְּרֹ֣ב לְפִרְי֗וֹ[b] הִרְבָּה֙ לַֽמִּזְבְּח֔וֹת[c] ח̇[1]
כְּט֣וֹב לְאַרְצ֔וֹ[d] הֵיטִ֖יבוּ[e] מַצֵּבֽוֹת׃ ד̇[2]
2 חָלַ֥ק[a] לִבָּ֖ם[b] עַתָּ֣ה יֶאְשָׁ֑מוּ
ה֚וּא יַעֲרֹ֣ף מִזְבְּחוֹתָ֔ם יְשֹׁדֵ֖ד מַצֵּבוֹתָֽם׃ ב . ג̇

[16] Mm 2514. [17] Mm 1411. [18] Mm 1897. [19] Mm 1396. [20] Mm 979. [21] Mm 500. [22] Thr 2,4. [23] Mm 417.
Cp 10 [1] Mp sub loco. [2] Mm 1772.

12 [a] = בסורי? prp בשׁורי in ulciscendo meo cf 𝔖 ‖ **13** [a–a] prb l אַיֶּלֶת vel al bestia; cf 11 ‖ [b–b] 𝔊 *εἰς θήραν παρέστησαν* (𝔊[OL] *παρέστη*) *τὰ τέκνα αὐτῶν* (𝔊[L] *αὐτοῦ*), prp לַצַּיָּד שָׁתְלָה (הִשְׁפִּילָה) בָנֶיהָ; frt l לְצַיִד שָׁתוּ לָהֶם (שָׁת לֹה) בָּנֶיהָ vel sim ‖ [c] prb exc vb; prp וְכֵן ‖ **14** [a] tot v add? ‖ **16** [a] exc hemist? ‖ [b] K בְּלִי ‖ **17** [a] 𝔊 *ὁ θεός*, prp אֱלֹהֵיהֶם ‖ **Cp 10,1** [a] prp יַשְׂגֶּה ‖ [b] prp לוֹ פריו ‖ [c] frt l מזבחות ‖ [d] prp לוֹ ארצו ‖ [e] frt l היטיב ‖ **2** [a] prp חֻלַּק (cf α′σ′𝔖𝔗𝔙) vel לֻקַּח ‖ [b] prb ins מֵיְהוָה.

9 1 אַל־תִּשְׂמַ֨ח יִשְׂרָאֵ֤ל׀ ᵃאֶל־גִּיל֙ᵃ כָּֽעַמִּ֔ים   ג̇¹. ל̇
ᵇכִּ֥י זָנִ֖יתָ מֵעַ֣ל אֱלֹהֶ֑יךָᵇ
אָהַ֣בְתָּ אֶתְנָ֔ן עַ֖ל כָּל־גָּרְנ֥וֹת דָּגָֽן׃
2 גֹּ֥רֶן וָיֶ֖קֶב לֹ֣א יִרְעֵ֑םᵃ וְתִיר֖וֹשׁ יְכַ֥חֶשׁ בָּֽהּᵇ׃   ג̇². ו̇ דמטע³
3 ᵃלֹ֥א יֵשְׁב֖וּ בְּאֶ֣רֶץ יְהוָ֑הᵃ   כ̇⁴
וְשָׁ֤ב אֶפְרַ֙יִם֙ מִצְרַ֔יִם וּבְאַשּׁ֖וּר טָמֵ֥א יֹאכֵֽלוּ׃   ל̇
4 לֹא־יִסְּכ֨וּ לַיהוָ֜ה׀ יַ֗יִן וְלֹ֣א יֶעֶרְבוּᵃ־לוֹ֮ זִבְחֵיהֶם֒   ג̇ ר״פ לא ולא לא⁵
כְּלֶ֤חֶם אוֹנִים֙ לָהֶ֔םᵇ כָּל־אֹכְלָ֖יו יִטַּמָּ֑אוּᶜ   ב̇
כִּֽי־לַחְמָ֣ם לְנַפְשָׁ֔ם לֹ֥א יָב֖וֹא בֵּ֥ית יְהוָֽה׃
5 מַֽה־תַּעֲשׂ֖וּ לְי֣וֹם מוֹעֵ֑ד וּלְי֖וֹם חַג־יְהוָֽה׃   ל̇. ד̇⁶
6 כִּֽי־הִנֵּ֤ה ᵃהָֽלְכוּ֙ מִשֹּׁ֔דᵃ מִצְרַ֣יִם תְּקַבְּצֵ֔ם מֹ֖ף תְּקַבְּרֵ֑ם   ל̇
ᵇמַחְמַ֣ד לְכַסְפָּ֗םᵇ קִמּוֹשׂ֙ יִירָשֵׁ֔ם ח֖וֹחַ בְּאָהֳלֵיהֶֽם׃
7 בָּ֣אוּ׀ יְמֵ֣י הַפְּקֻדָּ֗ה בָּ֚אוּ יְמֵ֣י הַשִּׁלֻּ֔םᵃ ᵇיֵדְע֖וּᶜ יִשְׂרָאֵ֑לᵇ   ב̇ ר״פ⁷. ג̇ חס בליש. יב̇⁸
אֱוִ֣יל הַנָּבִ֗יא מְשֻׁגָּע֙ אִ֣ישׁ הָר֔וּחַ   ג̇ חס⁹
ᵈעַ֚ל רֹ֣ב עֲוֺנְךָᵉ ᶠוְרַבָּ֖ה מַשְׂטֵמָֽהᶠ׃   ד̇¹⁰
8 צֹפֶ֣ה אֶפְרַ֔יִם ᵃעִם־אֱלֹהָ֖י נָבִ֑יאᵃ   ה̇¹¹
פַּ֤ח יָקוֹשׁ֙ עַל־כָּל־דְּרָכָ֔יו   ל̇
מַשְׂטֵמָ֖הᵇ בְּבֵ֥ית אֱלֹהָֽיו׃   ב̇¹²
9 הֶעְמִֽיקוּ־שִׁחֵ֖תוּᵃ כִּימֵ֣י הַגִּבְעָ֑ה
ᵇיִזְכּ֣וֹר עֲוֺנָ֔ם יִפְק֖וֹד חַטֹּאותָֽםᵇ׃ ס   ל̇ מל̇. ט̇ בליש וכל בחטאתם ובחטאתם דכות̇¹³

10 כַּעֲנָבִ֣ים בַּמִּדְבָּ֗ר מָצָ֙אתִי֙ יִשְׂרָאֵ֔ל   ל̇¹⁴. ל̇. ז̇¹⁵ מל̇ ג̇ מנה בסיפ̇ וכל יהושע שפטים מלכים ירמיה יחזק וכתיב̇ דכות̇ ב̇ מ̇ ח̇
כְּבִכּוּרָ֤ה בִתְאֵנָה֙ בְּרֵ֣אשִׁיתָ֔הּᵃ רָאִ֖יתִי אֲבֽוֹתֵיכֶ֑םᵇ

Cp 9 [1]Mm 3020. [2]Mm 3007. [3]Mm 1404. [4]Mm 534. [5]Mm 3021. [6]Mm 435. [7]Mm 3022. [8]Mm 801. [9]Mm 2622. [10]Mm 533. [11]Mm 2923. [12]Mm 3023. [13]Mm 759 et Mm 929. [14]וחד כְּבִכּוּרָהּ Jes 28,4. [15]Mm 1586.

Cp 9,1 a–a l (וְ)אַל־תָּגֵל cf Vrs ‖ b–b add? ‖ **2** a prb l יֵדָעֵם cf 𝔊 ‖ b l c mlt Mss Vrs בם ‖ **3** a–a add (gl ad 2)? ‖ **4** a prp c 2 Mss יַעַרְכוּ ‖ b prb l לַחְמָם ‖ c sic L, mlt Mss Edd יט׳ ‖ **6** a–a prb l יֵלְכוּ אַשּׁוּר ‖ b–b frt l מַחְמַדֵּי כספם ‖ **7** a sic L, mlt Mss Edd הש׳ ‖ b–b tr ante bγ? cf d ‖ c 𝔊 *καὶ κακωθήσεται*, prb l וְיָרֵעוּ vel (ישראל)וְיֵרַע לְ; prp יָרִעוּ ‖ d prb huc tr b–b ‖ e prb l עוֹנָם ‖ f–f cf 8b ‖ **8** a–a tr ‸ et prb l עִם־אֹהֶל נבִ‸יא ‖ b prb dl et huc tr 7f–f ‖ **9** a prb l שַׁחֲתוּ ‖ b–b add ex 8,13 ‖ **10** a prb dl cf 𝔖 ‖ b prp יהם— cf 𝔊.

4 [a]הֵ֤ם הִמְלִ֙יכוּ֙[b] וְלֹ֣א מִמֶּ֔נִּי הֵשִׂ֖ירוּ וְלֹ֣א יָדָ֑עְתִּי[a] — נׄזׄ וכל תלים דכות בׄ מׄ יׄאׄ. יׄ² כתׄ ש ול בליש. הׄ³
כַּסְפָּ֣ם וּזְהָבָ֗ם עָשׂ֤וּ לָהֶם֙ עֲצַבִּ֔ים [c]לְמַ֖עַן יִכָּרֵֽת[c]׃
5 זָנַח֙[a] עֶגְלֵ֣ךְ שֹׁמְר֔וֹן חָרָ֥ה אַפִּ֖י בָּ֑ם
עַד־מָתַ֕י לֹ֥א יוּכְל֖וּ נִקָּיֹֽן׃ 6 [a]כִּ֤י מִיִּשְׂרָאֵל֙[a] — יׄאׄ⁴. גׄ בליש⁵
[b]וְה֔וּא חָרָ֣שׁ עָשָׂ֔הוּ וְלֹ֥א אֱלֹהִ֖ים ה֑וּא[b] — חׄ פסוק והוא הוא. לׄ
כִּֽי־שְׁבָבִ֣ים יִֽהְיֶ֔ה עֵ֖גֶל שֹׁמְרֽוֹן׃
7 כִּ֛י ר֥וּחַ יִזְרָ֖עוּ וְסוּפָ֣תָה יִקְצֹ֑רוּ — לׄ. גׄ⁶
קָמָ֣ה אֵֽין־לוֹ֩[a] צֶ֨מַח בְּלִ֣י יַֽעֲשֶׂה־[b]קֶּ֔מַח
אוּלַ֣י יַעֲשֶׂ֔ה[c] זָרִ֖ים יִבְלָעֻֽהוּ׃ — לׄ
8 נִבְלַ֖ע יִשְׂרָאֵ֑ל[a]
עַתָּה֙ הָי֣וּ בַגּוֹיִ֔ם כִּכְלִ֖י אֵֽין־חֵ֥פֶץ בּֽוֹ׃
9 כִּֽי־הֵ֙מָּה֙ עָל֣וּ אַשּׁ֔וּר [a]פֶּ֖רֶא בּוֹדֵ֣ד ל֑וֹ אֶפְרַ֖יִם[a] הִתְנ֥וּ[b] אֲהָבִֽים׃ — וׄ הׄ מנהׄ כתׄ א וחד כתׄ הׄ⁷. גׄ. לׄ. בׄ⁸
10 גַּ֛ם כִּֽי־יִתְנ֥וּ[a] בַגּוֹיִ֖ם עַתָּ֣ה אֲקַבְּצֵ֑ם[b]
[c]וַיָּחֵ֣לּוּ מְּעָ֔ט מִמַּשָּׂ֖א[c] מֶ֥לֶךְ שָׂרִֽים[d]׃ — דׄ. זׄ קמׄ וכל אתנחׄ וס״פ דכותׄ⁹. לׄ
11 כִּֽי־הִרְבָּ֥ה אֶפְרַ֛יִם מִזְבְּחֹ֖ת [a]לַחֲטֹ֑א הָיוּ־ל֥וֹ[a] [b]מִזְבְּח֖וֹת לַחֲטֹֽא[b]׃
12 אֶכְתָּוב־ל֔וֹ [a]רֻבֹּ֖ו[b] תּוֹרָתִ֑י[a] כְּמוֹ־זָ֖ר נֶחְשָֽׁבוּ׃ — אכתב קׄ חד מן הׄ¹⁰ מלׄ בליש. רבי קׄ חד מן מחׄ¹¹ כתׄ ו וקרׄ י
13 [a]זִבְחֵ֣י הַבְהָבַ֗י יִזְבְּח֤וּ[a] בָשָׂר֙ וַיֹּאכֵ֔לוּ [b]יְהוָ֖ה לֹ֣א רָצָ֑ם[b] — לׄ
עַתָּ֞ה יִזְכֹּ֤ר[c] עֲוֺנָם֙ וְיִפְקֹ֣ד[d] חַטֹּאותָ֔ם [e]הֵ֖מָּה מִצְרַ֥יִם יָשֽׁוּבוּ[e]׃ — בׄ. טׄ בליש וכל בחטאתם ובחטאתם דכותׄ¹²
14 [a]וַיִּשְׁכַּ֨ח יִשְׂרָאֵ֜ל אֶת־עֹשֵׂ֗הוּ וַיִּ֙בֶן֙ הֵיכָל֔וֹת — לׄ
[b]וִֽיהוּדָ֔ה הִרְבָּ֖ה עָרִ֣ים בְּצֻר֑וֹת[b]
וְשִׁלַּחְתִּי־אֵ֣שׁ בְּעָרָ֔יו וְאָכְלָ֖ה אַרְמְנֹתֶֽיהָ[c]׃ ס — דׄ חסׄ¹³

²Mm 1411. ³Mm 1248. ⁴Mm 2545. ⁵Mm 3320. ⁶Mm 3422. ⁷Mm 3560. ⁸Mm 3019. ⁹Mm 1208. ¹⁰Mm 2651. ¹¹Mm 3811. ¹²Mm 759 et Mm 929. ¹³Mm 2340.

4 [a–a] nonn tr ante 8 ‖ [b] sic L, mlt Mss Edd הִמְלִ֙יכוּ ‖ [c–c] prb add, gl ‖ **5** [a] l זָנַחְתִּי; prp זָנֵחַ cf 𝔊 α′θ′ ‖ **6** [a–a] frt l בְּנֵי יִשְׂרָאֵל et cj c 5b ‖ [b–b] gl ad 6b? ‖ **7** [a] prp לָהּ ‖ [b] prp תעשה ‖ [c] prp תַּעֲשֶׂהוּ ‖ **8** [a] cf 9[a–a] ‖ **9** [a–a] frt tr post 8a ‖ [b] prp נָתְנוּ ‖ **10** [a] prp c nonn Mss יתנו ‖ [b] crrp? prp אֲפִיצֵם ‖ [c–c] prb l וְיֶחְדְּלוּ מְעַט מִמְּשֹׁחַ cf 𝔊 ‖ [d] l c mlt Mss 𝔊𝔖𝔗[Mss]ע וְשָׂרִים ‖ **11** [a–a] cj לְחֵטְא היו־לו cf 𝔊 ‖ [b–b] > 𝔊[L], dl (dttg) ‖ **12** [a–a] prb l רֹב תּוֹרֹתָ֑י cf 𝔊𝔖 ‖ [b] K רִבּוֹ ‖ **13** [a–a] l זֶבַח אָהֵבוּ וַיִּזבחו ‖ [b–b] dl, gl ‖ [c] l אֶזְכֹּר cf 12 ‖ [d] l וְאֶפְקֹד ‖ [e–e] frt add; cf 𝔊* + *καὶ ἐν Ἀσσυρίοις ἀκάθαρτα φάγονται* ex 9,3 ‖ **14** [a] tot v add? ‖ [b–b] al aγ vel sol ויהודה add hab ‖ [c] prp ארמנתָיו, sed cf Am 1,7.10.14.

כָּל־מַלְכֵיהֶ֣ם נָפָ֔לוּ אֵין־קֹרֵ֥א בָהֶ֖ם אֵלָֽי׃

8 אֶפְרַ֫יִם בָּעַמִּ֣ים ה֣וּא יִתְבּוֹלָ֑ל — ל̇

אֶפְרַ֛יִם הָיָ֥ה עֻגָ֖ה בְּלִ֥י הֲפוּכָֽה׃ — ל̇

9 אָכְל֤וּ זָרִים֙ כֹּח֔וֹ וְה֖וּא לֹ֣א יָדָ֑ע — ז̇ פסוק והוא והוא[3]

גַּם־שֵׂיבָה֙ זָ֣רְקָה בּ֔וֹ וְה֖וּא לֹ֥א יָדָֽע׃ — כל ליש כת כן . ל̇

10 וְעָנָ֥ה[a] גְאוֹן־יִשְׂרָאֵ֖ל בְּפָנָ֑יו — ה̇[4]

וְלֹֽא־שָׁ֙בוּ֙ אֶל־יְהוָ֣ה אֱלֹהֵיהֶ֔ם וְלֹ֥א בִקְשֻׁ֖הוּ בְּכָל־זֹֽאת׃ — ג̇[5] . ב̇ וחס

11 וַֽיְהִ֣י אֶפְרַ֔יִם כְּיוֹנָ֥ה פוֹתָ֖ה אֵ֣ין לֵ֑ב — ב̇[6] . ל̇

מִצְרַ֥יִם קָרָ֖אוּ אַשּׁ֥וּר הָלָֽכוּ׃

12 כַּאֲשֶׁ֣ר יֵלֵ֗כוּ אֶפְר֤וֹשׂ עֲלֵיהֶם֙ רִשְׁתִּ֔י — ל̇ מל

כְּע֥וֹף הַשָּׁמַ֖יִם אוֹרִידֵ֑ם אַיְסִרֵ֕ם[a] [b]כְּשֵׁ֖מַע[c] לַעֲדָתָֽם[b]׃ ס — ב̇[7]

13 א֤וֹי לָהֶם֙ כִּֽי־נָדְד֣וּ מִמֶּ֔נִּי שֹׁ֥ד לָהֶ֖ם כִּֽי־פָ֣שְׁעוּ בִ֑י — נ̇ז̇ וכל תלים דכות ב̇ מ̇ י̇א̇

וְאָנֹכִ֣י אֶפְדֵּ֔ם וְהֵ֕מָּה דִּבְּר֥וּ עָלַ֖י כְּזָבִֽים׃ — ב̇

14 וְלֹֽא־זָעֲק֤וּ אֵלַי֙ בְּלִבָּ֔ם כִּ֥י יְיֵלִ֖ילוּ[a] עַל־מִשְׁכְּבוֹתָ֑ם[b] — ג̇ ר״פ . ט̇ . כ̇א̇ פסוק על על ומילה חדה ביניה[8] . ד̇ ומל[9]

עַל־דָּגָ֧ן וְתִיר֛וֹשׁ יִתְגּוֹרָ֖רוּ[c] יָס֥וּרוּ[d] בִֽי׃ — ב̇ מל[10]

15 וַאֲנִ֣י יִסַּ֔רְתִּי[a] חִזַּ֖קְתִּי זְרוֹעֹתָ֑ם וְאֵלַ֖י יְחַשְּׁבוּ־רָֽע׃ — ס̇ו̇ ר״פ . ג̇[11] . ב̇[12]

16 יָשׁ֣וּבוּ ׀ [a]לֹ֣א עָ֗ל[a] הָיוּ֙ כְּקֶ֣שֶׁת רְמִיָּ֔ה — ב̇ קמ̇[13]

יִפְּל֥וּ בַחֶ֛רֶב שָׂרֵיהֶ֖ם מִזַּ֣עַם לְשׁוֹנָ֑ם

[b]ז֥וֹ לַעְגָּ֖ם[b] בְּאֶ֥רֶץ מִצְרָֽיִם׃ — ,[14] ב̇[15] מנה כת כן . ל̇

8 1 אֶל־חִכְּךָ֣ שֹׁפָ֔ר[a] כַּנֶּ֖שֶׁר[b] עַל־בֵּ֣ית יְהוָ֑ה — ב̇[1] חס וכל אוריתא דכות ב̇ מ̇ ב̇

יַ֚עַן עָבְר֣וּ בְרִיתִ֔י וְעַל־תּוֹרָתִ֖י פָּשָֽׁעוּ׃

2 לִ֖י[a] יִזְעָ֑קוּ [b]אֱלֹהַ֥י יְדַעֲנ֖וּךָ יִשְׂרָאֵֽל[b]׃

3 זָנַ֥ח יִשְׂרָאֵ֖ל ט֑וֹב אוֹיֵ֖ב יִרְדְּפֽוֹ[a]׃

[3]Mm 2017. [4]Mm 3008. [5]Mm 3982. [6]Mm 2724. [7]Mm 206. [8]Mm 686. [9]Mm 3446. [10]Mm 3015. [11]Mm 3016. [12]Mm 3017. [13]Mm 3018. [14]Mm 2963. [15]Mm 3426. **Cp 8** [1]Mp sub loco.

10 [a] aut v a (cf 5,5) aut tot v add ‖ **12** [a] = אאס׳ id est אֲאֶסְרֵם ‖ [b–b] crrp? prp מִשָּׁם ‖ [c] frt l כְּשֵׁמַע ‖ עַל־רָעָתָם ‖ **14** [a] l יְיֵלִילוּ ‖ [b] prp (עַל־)מִזְבְּחוֹתָם ‖ [c] l c nonn Mss 𝔊 (*κατετέμνοντο*) יתגודדו ut 1R 18,28 ‖ [d] 𝔗(𝔖) *mrdw* cf 𝔊, prb l יָסֹרוּ ‖ **15** [a] > 𝔊, dl ‖ **16** [a–a] 𝔊(𝔖) *εἰς οὐθέν*, prp לַבְּלִיַּעַל; frt l לַבַּעַל ‖ [b–b] crrp? prp לַעֲגָם (et desiit) וְזָל cf 8,13b ‖ **Cp 8,1** [a] prb exc stich ‖ [b] prp כַּנֹּצֵר vel כַּשֹּׁמֵר ‖ **2** [a] prp אֵלַי; exc vb? ‖ [b–b] frt l ידענוך אֱלֹהֵי ישראל; al dl ישראל (cf 𝔊𝔖) et l אֱלֹהִים ‖ **3** [a] sic L, mlt Mss Edd יִרְדְּפוֹ.

7 וְהֵ֕מָּה[a] כְּאָדָ֖ם[b] עָבְר֣וּ בְרִ֑ית שָׁ֖ם בָּ֥גְדוּ בִֽי׃ — י ר״פ[8]. ג[9]
8 גִּלְעָ֕ד קִרְיַ֖ת פֹּ֣עֲלֵי אָ֑וֶן [a]עֲקֻבָּ֖ה מִדָּֽם[a]׃ — ל
9 וּכְחַכֵּ֨י[a] אִ֜ישׁ גְּדוּדִ֗ים חֶ֚בֶר[b] כֹּהֲנִ֔ים — ל
דֶּ֖רֶךְ יְרַצְּחוּ־שֶׁ֑כְמָה כִּ֥י זִמָּ֖ה עָשֽׂוּ׃ — ל
10 [a]בְּבֵית֙ יִשְׂרָאֵ֔ל[a] רָאִ֖יתִי שַׁעֲרִֽירִיָּ֑ה[b] — ל. שעריריה ק[10]
[c]שָׁ֚ם זְנ֣וּת לְאֶפְרַ֔יִם נִטְמָ֖א יִשְׂרָאֵֽל[c]׃
11 [a]גַּם־יְהוּדָ֕ה שָׁ֥ת קָצִ֖יר לָ֑ךְ[b] — ד קמ[11]
בְּשׁוּבִ֖י[c] שְׁב֥וּת עַמִּֽי׃ פ

7 1 כְּרָפְאִ֣י לְיִשְׂרָאֵ֗ל — ל[1]
וְנִגְלָ֨ה עֲוֺ֤ן אֶפְרַ֙יִם֙ וְרָע֣וֹת[a] שֹׁמְר֔וֹן — ג
כִּ֥י פָעֲל֖וּ שָׁ֑קֶר[b] — ב
וְגַנָּ֣ב יָב֔וֹא[c] פָּשַׁ֥ט[d] גְּד֖וּד בַּחֽוּץ׃
2 וּבַל־יֹאמְרוּ֙ לִלְבָבָ֔ם כָּל־[a]רָעָתָ֖ם זָכָ֑רְתִּי — ל
עַתָּה֙ סְבָב֣וּם מַֽעַלְלֵיהֶ֔ם נֶ֥גֶד פָּנַ֖י הָיֽוּ׃
3 בְּרָעָתָ֖ם יְשַׂמְּחוּ[a]־מֶ֑לֶךְ וּבְכַחֲשֵׁיהֶ֖ם שָׂרִֽים׃ — ב. ל
4 כֻּלָּם֙ מְנָ֣אֲפִ֔ים[a] כְּמ֣וֹ תַנּ֔וּר [b]בֹּעֵ֖רָה
מֵ[b][c]אֹפֶ֑ה יִשְׁבּ֣וֹת מֵעִ֔יר מִלּ֥וּשׁ בָּצֵ֖ק עַד־חֻמְצָתֽוֹ[c]׃ — ל. ל. ל
5 [a]י֣וֹם מַלְכֵּ֔נוּ[a] הֶחֱל֥וּ[b] שָׂרִ֖ים [c]חֲמַ֣ת מִיָּ֑יִן[c][d]
[e]מָשַׁ֥ךְ יָד֖וֹ[e] אֶת־לֹצְצִֽים׃ — ל
6 כִּֽי־קֵרְב֧וּ כַתַּנּ֛וּר[a] לִבָּ֖ם בְּאָרְבָּ֑ם — ב[2]. ג. ל
כָּל־הַלַּ֙יְלָה֙ יָשֵׁ֣ן אֹֽפֵהֶ֔ם[b] — ל
בֹּ֕קֶר ה֥וּא בֹעֵ֖ר כְּאֵ֥שׁ לֶהָבָֽה׃
7 כֻּלָּ֤ם יֵחַ֙מּוּ֙ כַּתַּנּ֔וּר וְאָכְל֖וּ אֶת־שֹׁ֣פְטֵיהֶ֑ם — ג

[8] Mm 1249. [9] Mm 3013. [10] Mm 832. [11] Mm 3014. **Cp 7** [1] Mp sub loco. [2] Mm 2937.

7 [a] prb add ‖ [b] prb l באדם ‖ **8** [a–a] prp עִקְּבֵיהֶם דם ‖ **9** [a] frt l כְּחֻבָּא vel כְּחֶבֶר ‖ [b] 𝔊 ἔκρυψαν, frt l חָבְאוּ cf Hi 24,4 ‖ **10** [a–a] prp בבית־אֵל ‖ [b] mlt Mss ut Q ‖ [c–c] prb add cf 5,3b ‖ **11** [a] al tot v al sol v a vel aα add hab ‖ [b] prp c pc Mss 𝔊^L לה ‖ [c] frt l כְּשׁוּבִי et cj c 7,1 ‖ **Cp 7,1** [a] prp ורעַת cf 𝔊𝔖𝔙 ‖ [b] exc hemist? ‖ [c] frt ins הַבַּיְתָה (יִפְשֹׁט) ‖ [d] prp פּשֵׁט cf 𝔊 (ἐκδιδύσκων) 𝔖 ‖ **2** [a] prp כִּי־ ‖ **3** [a] prb l יְמַשְּׁחוּ ‖ **4** [a] prp אֹנְפִים; frt ins כַּתַּנּוּר ex 6 cf 6[a] ‖ [b–b] prp בֹּעֵר הֵם ‖ [c–c] gl ad 6? ‖ **5** [a–a] frt l בְּיוֹם מלכָּם cf 𝔗 ‖ [b] pc Mss 𝔊𝔖𝔙 הֶחֱלוּ ‖ [c–c] frt l חֲמָתָם י׳ ‖ [d] var lect ad ידו(ו)? cf [e–e] ‖ [e–e] frt l יֵינוֹ (= מסך) משך ‖ **6** [a] frt tr post (מנאפים) אנפים 4a ‖ [b] 𝔖(𝔗) *rwgzhwn*, l אַפְּהֶם.

11 [a]עָשׁ֥וּק אֶפְרַ֖יִם רְצ֣וּץ מִשְׁפָּ֑ט[a] — ד̇ ג̇ מל וחד חס[9]
כִּ֣י הוֹאִ֔יל הָלַ֖ךְ אַחֲרֵי־צָֽו[b]׃ — ג̇ ומל[10]. ל̇
12 וַאֲנִ֥י[a] כָעָ֖שׁ לְאֶפְרָ֑יִם וְכָרָקָ֖ב לְבֵ֥ית יְהוּדָֽה׃ — סז̇ ר״פ. ג̇. ל̇
13 וַיַּ֨רְא אֶפְרַ֜יִם אֶת־חָלְי֗וֹ וִֽיהוּדָה֙[a] אֶת־מְזֹר֔וֹ — ל̇
וַיֵּ֤לֶךְ אֶפְרַ֙יִם֙ אֶל־אַשּׁ֔וּר וַיִּשְׁלַ֖ח[b] אֶל־[c]מֶ֣לֶךְ יָרֵ֑ב[c]
וְה֗וּא לֹ֤א יוּכַל֙ לִרְפֹּ֣א לָכֶ֔ם[d] וְלֹֽא־יִגְהֶ֥ה[e] מִכֶּ֖ם[d] מָזֽוֹר׃ — ב̇ חד חס וחד מל[11]
14 כִּ֣י אָנֹכִ֤י כַשַּׁ֙חַל֙ לְאֶפְרַ֔יִם וְכַכְּפִ֖יר לְבֵ֣ית יְהוּדָ֑ה — ל̇[12]
אֲנִ֨י אֲנִ֤י אֶטְרֹף֙ וְאֵלֵ֔ךְ אֶשָּׂ֖א וְאֵ֥ין מַצִּֽיל׃ — ג̇. כג̇
15 [a]אֵלֵ֤ךְ אָשׁ֙וּבָה֙ אֶל־מְקוֹמִ֔י — ל̇
עַ֥ד אֲשֶֽׁר־יֶאְשְׁמ֖וּ וּבִקְשׁ֣וּ פָנָ֑י
[b]בַּצַּ֥ר לָהֶ֖ם יְשַׁחֲרֻֽנְנִי׃ — ב̇
6 1 לְכוּ֙ וְנָשׁ֣וּבָה אֶל־יְהוָ֔ה — ז̇[1]
כִּ֛י ה֥וּא טָרָ֖ף וְיִרְפָּאֵ֑נוּ יַ֖ךְ[a] וְיַחְבְּשֵֽׁנוּ׃ — ב̇ קמ̇[2]. ל̇
2 יְחַיֵּ֖נוּ מִיֹּמָ֑יִם בַּיּוֹם֙ הַשְּׁלִישִׁ֔י יְקִמֵ֖נוּ — ז̇ פסוק מן ז̇ מילין כל מילה אית בהון י̇. ה̇ ג̇ מל וב̇ חס[3]. ל̇ — ס̄[ב]
וְנִחְיֶ֥ה לְפָנָֽיו׃ 3 וְנֵדְעָ֣ה[a] — ו̇
נִרְדְּפָ֗ה לָדַ֙עַת֙ אֶת־יְהוָ֔ה [b]כְּשַׁ֖חַר נָכ֣וֹן מֹצָא֑וֹ[b] — ב̇. ב̇ חד מל וחד חס[4]
וְיָב֤וֹא כַגֶּ֙שֶׁם֙ לָ֔נוּ כְּמַלְק֖וֹשׁ י֥וֹרֶה[c] אָֽרֶץ׃ — יא̇[5]
4 מָ֤ה אֶֽעֱשֶׂה־לְּךָ֙ אֶפְרַ֔יִם מָ֥ה אֶעֱשֶׂה־לְּךָ֖ יְהוּדָ֑ה
וְחַסְדְּכֶם֙ כַּעֲנַן־בֹּ֔קֶר וְכַטַּ֖ל מַשְׁכִּ֥ים הֹלֵֽךְ׃
5 עַל־כֵּ֗ן חָצַ֙בְתִּי֙[a] בַּנְּבִיאִ֔ים[b] הֲרַגְתִּ֖ים[c] בְּאִמְרֵי־פִ֑י — ה̇[6]
[ed]וּמִשְׁפָּטֶ֖יךָ א֥וֹר[e] יֵצֵֽא׃
6 כִּ֛י חֶ֥סֶד חָפַ֖צְתִּי וְלֹא־זָ֑בַח וְדַ֥עַת אֱלֹהִ֖ים מֵעֹלֽוֹת׃ — ל̇[7]. ג̇

[9] Mm 3009. [10] Mm 1044. [11] Mm 3695. [12] Mm 3622. Cp 6 [1] Mm 2714. [2] Mm 3010. [3] Mm 517. [4] Mm 3011 contra textum. [5] Mm 2300. [6] Mm 3012. [7] Mp sub loco.

11 a–a 𝔊 *κατεδυνάστευσεν Εφραιμ τὸν ἀντίδικον αὐτοῦ, κατεπάτησε κρίμα*; l 𝔐 cf 𝔖𝔗𝔙 ‖ b prb l צָרוֹ (= צו + ו init 12?); prp שָׁוְא cf 𝔊𝔖(𝔗) ‖ **12** a frt l אני cf 11b ‖ **13** a prp וּבֵית יְהוּדה m cs ‖ b prb ins (בֵּית) יְהוּדָה cf aβ et 14aβ ‖ c–c prb l מַלְכֵּי רָב vel מלך רָב cf 10,6b–b ‖ d aut dl aut l להם et מֵהֶם ‖ e prb l יַגְהֵה ‖ **15** a tot v add? ‖ b 𝔊𝔙 hinc incip cp 6 ‖ **Cp 6,1** a frt l וַיַּךְ vel וְהוּא נָכָה ‖ **3** a prb exc nonn vb; al dl ‖ b–b prp כְּשַׁחֲרֵנוּ כֵּן נִמְצָאֵנוּ, l 𝔐 ‖ c l יַרְוֶה cf 𝔖𝔗 ‖ **5** a prp חֲצבתיך ‖ b frt l בָּאֲבָנִים cf Ex 31,18 ‖ c prp הרגתיך; frt l הוֹדַעְתִּי ‖ d exc hemist? al vix recte cj 5b c 3aγ ‖ e–e 𝔊*(𝔖𝔗) *καὶ τὸ κρίμα μου ὡς φῶς*, l וּמשפטִי כָאוֹר.

[c]הַזְנֵה הִזְנוּ[c] [d]אָהֲבוּ הֵבוּ[d] קָלוֹן מָגִנֶּיהָ[e]׃ ל̇ . ל̇

19 צָרַר רוּחַ אוֹתָהּ[a] בִּכְנָפֶיהָ וְיֵבֹשׁוּ מִזִּבְחוֹתָם[b]׃ ס יב̇[13] מל̇ וכל יהושע שפטים ויחזק דכות̇ ב̇ מ̇ ג̇ . ל̇

5 1 שִׁמְעוּ־זֹאת הַכֹּהֲנִים וְהַקְשִׁיבוּ ׀ בֵּית[a] יִשְׂרָאֵל וּבֵית הַמֶּלֶךְ הַאֲזִינוּ ד̇ . ד̇ בסיפ̇[1] . ג̇[2] . ח̇
כִּי לָכֶם הַמִּשְׁפָּט
כִּי־פַח הֱיִיתֶם לְמִצְפָּה וְרֶשֶׁת פְּרוּשָׂה עַל־תָּבוֹר׃ 2 [a]וְשַׁחֲטָה ל̇ . ל̇
וַאֲנִי [c]מוּסָר לְכֻלָּם[c]׃ [שֵׂטִים[a] הֶעְמִיקוּ[b] ב̇[3]

3 אֲנִי יָדַעְתִּי אֶפְרַיִם וְיִשְׂרָאֵל לֹא־נִכְחַד מִמֶּנִּי ל̇ג̇ . נ̇ז̇ וכל תלים דכות̇ ב̇ מ̇ י̇א̇
כִּי עַתָּה הִזְנֵיתָ[a] אֶפְרַיִם נִטְמָא יִשְׂרָאֵל׃ י̇ב̇[4] י̇א̇ מנה̇ בנביא . ל̇
4 לֹא יִתְּנוּ[a] מַעַלְלֵיהֶם לָשׁוּב אֶל־אֱלֹהֵיהֶם
כִּי רוּחַ זְנוּנִים בְּקִרְבָּם וְאֶת־יְהוָה לֹא יָדָעוּ׃ ו̇[5]
5 וְעָנָה[a] גְאוֹן־יִשְׂרָאֵל בְּפָנָיו וְיִשְׂרָאֵל[b] וְאֶפְרַיִם [c]יִכָּשְׁלוּ בַּעֲוֺנָם[c] ה̇[6] . ל̇ג̇ . ה̇ וכל מנשה ואפרים דכות̇[7]
[d]כָּשַׁל גַּם־יְהוּדָה עִמָּם[d]׃
6 בְּצֹאנָם וּבִבְקָרָם יֵלְכוּ לְבַקֵּשׁ אֶת־יְהוָה
וְלֹא יִמְצָאוּ חָלַץ מֵהֶם׃ ל̇
7 בַּיהוָה בָּגָדוּ כִּי־בָנִים זָרִים יָלָדוּ
עַתָּה [a]יֹאכְלֵם חֹדֶשׁ[b] אֶת[a]־חֶלְקֵיהֶם׃ ס כ̇ בטע̇ . ל̇

8 תִּקְעוּ שׁוֹפָר בַּגִּבְעָה חֲצֹצְרָה בָּרָמָה ד̇ בטע̇ ר״פ
הָרִיעוּ בֵּית אָוֶן אַחֲרֶיךָ[a] בִּנְיָמִין׃ י̇ז̇ מל̇[8]
9 אֶפְרַיִם לְשַׁמָּה תִהְיֶה בְּיוֹם תּוֹכֵחָה
בְּשִׁבְטֵי יִשְׂרָאֵל הוֹדַעְתִּי נֶאֱמָנָה׃
10 הָיוּ שָׂרֵי יְהוּדָה כְּמַסִּיגֵי גְּבוּל ג̇ ר״פ
עֲלֵיהֶם אֶשְׁפּוֹךְ כַּמַּיִם עֶבְרָתִי׃ ד̇ מל̇

[13] Mm 1009. **Cp 5** [1] Mm 953. [2] Mm 2118. [3] Mm 3364. [4] Mm 230. [5] Mm 2323. [6] Mm 3008. [7] Mm 1396. [8] Mm 262.

18 [c–c] exc vb? ‖ [d–d] dl הבו, dttg (cf 𝔊) vel potius l אָהֹב אָהֲבוּ (cf σ′) ‖ [e] 𝔊 *ἐκ φρυάγματος αὐτῆς* (vel *αὐτῶν*), prp מִגְּאוֹנָם; frt l (קְלוֹן) גֵּוִיהֶם ‖ **19** [a] prb l אותם cf v b ‖ [b] prb l מִמִּזְבְּחוֹתָם cf 𝔊𝔖𝔗 ‖ **Cp 5,1** [a] prp שָׂרֵי ‖ **2** [a–a] crrp; prp וְשַׁחַת הַשִּׁטִּים, prb l וְשַׁחַת בַּשִּׁטִּים ‖ [b] prp תַּעֲמִיקוּ, sed l 𝔐 ‖ [c–c] 𝔊(𝔙) *παιδευτὴς ὑμῶν*, prb l מְיַסֵּר לָכֶם; prp מוּסֵר לכ(ל)ם ‖ **3** [a] l הִזְנָה cf Vrs ‖ **4** [a] prp יתנום (מ hpgr) ‖ **5** [a] prp ענה (ו dttg) ‖ [b] dl, var lect ad ואפרים ‖ [c–c] prb l יכשׁל בעונו ‖ [d–d] dl m cs, gl ‖ **7** [a–a] prp יֹאכַל מַשְׁחִית vel יְאָכְלוּ מְחַרְשִׁית ‖ [b] 𝔊 *ἡ ἐρυσίβη καί* ‖ **8** [a] 𝔊 *ἐξέστη*; prp יֶחֱרַד vel הַחֲרִדוּ, l 𝔐.

כִּֽי־אַתָּה הַדַּעַת מָאַסְתָּ וְאֶמְאָֽסְאךָ[b] מִכַּהֵן לִי
וַתִּשְׁכַּח תּוֹרַת אֱלֹהֶיךָ אֶשְׁכַּח בָּנֶיךָ גַּם־אָנִי׃
7 כְּרֻבָּם כֵּן חָֽטְאוּ־לִי כְּבוֹדָם[a] בְּקָלוֹן אָמִיר[b]׃
8 חַטַּאת עַמִּי יֹאכֵלוּ וְאֶל־עֲוֺנָם יִשְׂאוּ נַפְשׁוֹ[a]׃
9 [a]וְהָיָה כָעָם כַּכֹּהֵן
וּפָקַדְתִּי עָלָיו דְּרָכָיו וּמַעֲלָלָיו אָשִׁיב לוֹ׃
10 וְאָֽכְלוּ וְלֹא יִשְׂבָּעוּ הִזְנוּ[a] וְלֹא יִפְרֹצוּ
[b]כִּֽי־[c]אֶת־יְהוָה[c] עָזְבוּ לִשְׁמֹר[b]׃ 11 [a]זְנוּת וְיַיִן
וְ[a]תִירוֹשׁ יִֽקַּֽח־לֵב׃ 12 עַמִּי[a]
בְּעֵצוֹ יִשְׁאָל וּמַקְלוֹ יַגִּיד לוֹ
כִּי רוּחַ זְנוּנִים הִתְעָה[b] וַיִּזְנוּ מִתַּחַת אֱלֹהֵיהֶם׃
13 עַל־רָאשֵׁי הֶהָרִים יְזַבֵּחוּ וְעַל־הַגְּבָעוֹת יְקַטֵּרוּ
תַּחַת אַלּוֹן וְלִבְנֶה וְאֵלָה כִּי טוֹב צִלָּהּ
עַל־כֵּן תִּזְנֶינָה בְּנוֹתֵיכֶם[a] וְכַלּוֹתֵיכֶם[a] תְּנָאַפְנָה׃ [תְּנָאַפְנָה[a]
14 [a]לֹֽא־אֶפְקוֹד עַל־בְּנוֹתֵיכֶם[b] כִּי תִזְנֶינָה וְעַל־כַּלּֽוֹתֵיכֶם[b] כִּי
כִּי־הֵם עִם־הַזֹּנוֹת יְפָרֵדוּ[c] וְעִם־הַקְּדֵשׁוֹת יְזַבֵּחוּ
וְעָם לֹא־יָבִין יִלָּבֵט׃
15 [a]אִם־זֹנֶה אַתָּה יִשְׂרָאֵל אַל־יֶאְשַׁם יְהוּדָה [יְהוָה׃
וְאַל־[b]תָּבֹאוּ הַגִּלְגָּל וְאַל־תַּֽעֲלוּ בֵּית אָוֶן וְאַל־תִּשָּׁבְעוּ חַי־
16 כִּי כְּפָרָה סֹרֵרָה סָרַר יִשְׂרָאֵל
עַתָּה יִרְעֵם יְהוָה כְּכֶבֶשׂ בַּמֶּרְחָב׃
17 חֲבוּר עֲצַבִּים אֶפְרָיִם [a]הַֽנַּֽח־לוֹ[a]׃ 18 [a]סָר[b] סָבְאָם[a]

מח[3] כת א לא קר ול בליש . ב
ל
ל . ב
כ . ג דמטע
ב[4]
ב[5]
ל
ל זקף קמ . ל
עה . ה
ג . ל[6] . ב
ב ומל
ב מל . ב ומל
ל . ל
ג[7] . ג
ב חד חס וחד מל[8] . יח פסוק דמיין[9]
ל
ל וחד מן ד[10] בחד לשון . ל[6]
ג[11] . ב . ג
ד קמ וכל אתנח וס״פ דכות[12] . ל

[3] Mm 898. [4] Mm 3004. [5] Prv 3,10. [6] Mp sub loco. [7] Mm 3005. [8] Mm 3006. [9] Mm 3911. [10] Mm 1347. [11] Mm 3007. [12] Mm 906.

6 [b] mlt Mss ואמאסך; crrp ex ואמאסך אֲנִי (𝔊 *κἀγὼ ἀπώσομαι σέ*)? || **7** [a] Tiq soph כבודי || [b] 𝔗𝔖 3 pl, prp הֵמִירוּ (Tiq soph) || **8** [a] nonn Mss Vrs נַפְשָׁם, prb l || **9** [a] tot v add? || **10** [a] prp c 2 Mss וְהִזְנוּ, al יזנו || [b–b] prb add || [c–c] frt l אִתִּי || **11** [a–a] prb l זְנוּנִים et cj c 10 cf 𝔊𝔖 || **12** [a] cj c 11 cf 𝔊 || [b] prb l c pc Mss עַם– cf 𝔗𝔖𝔙 || **13** [a] prp –יהם || **14** [a–a] add? || [b] cf 13[a] || [c] l יְפָרֵדוּ || **15** [a] tot v prb add cf Am 5,5 8,14 || [b] nonn Mss 𝔗[Mss] אל; 𝔊 *(καὶ Ἰούδα) μή* || **17** [a–a] frt l וַיַּנַּח בְּ et cj c 18 || **18** [a–a] cj c 17 || [b] prb l סֹד.

ד וחס — 25 וּזְרַעְתִּ֫יהָ[a] לִּי בָּאָרֶץ וְרִחַמְתִּי אֶת־לֹא רֻחָמָה
יא[19] . ב . כו מלעיל — וְאָמַרְתִּי לְלֹא־עַמִּי עַמִּי־אַתָּה וְהוּא יֹאמַר אֱלֹהָי׃ פ

ל . ל[1] . ל — **3** 1 וַיֹּאמֶר יְהוָה אֵלַי עוֹד לֵךְ אֱהַב־אִשָּׁה אֲהֻבַת[a] רֵעַ וּמְנָאָפֶת [b]כְּאַהֲבַת **3**
ד[2] . ל — יְהוָה[b] אֶת־בְּנֵי יִשְׂרָאֵל וְהֵם פֹּנִים אֶל־אֱלֹהִים אֲחֵרִים וְאֹהֲבֵי אֲשִׁישֵׁי
ל — עֲנָבִים׃ 2 וָאֶכְּרֶהָ לִּי בַּחֲמִשָּׁה עָשָׂר כָּסֶף וְחֹמֶר שְׂעֹרִים [a]וְלֶתֶךְ 2
שְׂעֹרִים[a]׃ 3 וָאֹמַר אֵלֶיהָ יָמִים רַבִּים תֵּשְׁבִי לִי לֹא תִזְנִי וְלֹא תִהְיִי 3
ה[3] . יא ס״פ[4] . כט . כ[5] — לְאִישׁ וְגַם־אֲנִי[a] אֵלָיִךְ׃ 4 כִּי ׀ יָמִים רַבִּים יֵשְׁבוּ בְּנֵי יִשְׂרָאֵל אֵין מֶלֶךְ 4
ל[6] . ב זקף קמ . ז חס — וְאֵין שָׂר וְאֵין זֶבַח וְאֵין מַצֵּבָה וְאֵין אֵפוֹד וּתְרָפִים׃ 5 אַחַר יָשֻׁבוּ בְּנֵי 5
ב — יִשְׂרָאֵל וּבִקְשׁוּ אֶת־יְהוָה אֱלֹהֵיהֶם [a]וְאֵת דָּוִד מַלְכָּם[a] וּפָחֲדוּ אֶל־יְהוָה
ג ומל[7] — וְאֶל־טוּבוֹ [a]בְּאַחֲרִית הַיָּמִים[a]׃ פ

4 1 שִׁמְעוּ דְבַר־יְהוָה בְּנֵי יִשְׂרָאֵל
לד מל — כִּי רִיב לַיהוָה עִם־יוֹשְׁבֵי הָאָרֶץ
ג — כִּי אֵין־אֱמֶת וְאֵין־חֶסֶד וְאֵין־דַּעַת אֱלֹהִים בָּאָרֶץ׃
ל — 2 אָלֹה וְכַחֵשׁ וְרָצֹחַ וְגָנֹב וְנָאֹף
ב[1] — פָּרָצוּ[a] וְדָמִים בְּדָמִים נָגָעוּ׃
מט מל בנביא — 3 עַל־כֵּן ׀ תֶּאֱבַל הָאָרֶץ וְאֻמְלַל[a] כָּל־יוֹשֵׁב בָּהּ
ג . כג פסוק וגם ובתר תלת מילין[2] . ב — בְּחַיַּת הַשָּׂדֶה[b] וּבְעוֹף הַשָּׁמָיִם וְגַם־דְּגֵי הַיָּם יֵאָסֵפוּ׃
ל — 4 אַךְ אִישׁ אַל־יָרֵב וְאַל־יוֹכַח אִישׁ
[a]וְעַמְּךָ כִּמְרִיבֵי כֹהֵן[a]׃
5 וְכָשַׁלְתָּ הַיּוֹם[a] [b]וְכָשַׁל גַּם־נָבִיא עִמְּךָ לָיְלָה[b]
ל . ל — [c]וְדָמִיתִי[d] אִמֶּךָ[c]׃ 6 נִדְמוּ[a] עַמִּי מִבְּלִי הַדָּעַת

[19] Mm 2442. Cp 3 [1] וחד מנאפת Prv 30,20. [2] Mm 3093. [3] Mm 2449. [4] Okhl 357. [5] Mm 534. [6] וחד אין שר Gn 39,23. [7] Mm 3499. Cp 4 [1] Mm 4140. [2] Mm 1629.

25 [a] prp –הוּ || Cp 3,1 [a] prb l אֹהֶבֶת cf 𝔊𝔖𝔗 || [b–b] prp כאהבתי, sed cf 1,2 || 2 [a–a] 𝔊 *καὶ νεβελ οἴνου* || 3 [a] prb ins לֹא אָבוֹא || 5 [a–a] nonn add hab, sed l 𝔐 || Cp 4,2 [a] 𝔊 *κέχυται ἐπὶ τῆς γῆς* = פרצו בָּאָרֶץ? prp וּפָ֫רֶץ, frt l פֶּרֶץ פָּרָצוּ (hpgr) || 3 [a] > 𝔊* *(σὺν πᾶσι)*, frt l (כָּל) עִם־ vel (כֹּל) בְּ || [b] 𝔊* + *καὶ σὺν τοῖς ἑρπετοῖς τῆς γῆς* = וּבְרֶמֶשׂ הָאֲדָמָה cf 2,20, frt ins m cs; al dl aγb || 4 [a–a] crrp; frt l וְעַמְּךָ רִיבֵי (הַ)כֹּהֵן vel וְעִמְּךָ אֲנִי רָב (הַ)כֹּהֵן || 5 [a] 𝔊 *ἡμέρας*, prp ביום vel יוֹמָם || [b–b] dl gl? al aβ add hab || [c–c] prp ודמית אֶת־עַמֶּךָ || [d] frt l וְדִמִּיתָ cf 𝔙 || 6 [a] prp נִדְמָה.

12 וְעַתָּה אֲגַלֶּה אֶת־נַבְלֻתָהּ לְעֵינֵי מְאַהֲבֶיהָ וְאִישׁ לֹא־יַצִּילֶנָּה מִיָּדִי׃ כ בטע. ב. ל

13 וְהִשְׁבַּתִּי כָּל־מְשׂוֹשָׂהּ חַגָּהּ חָדְשָׁהּ וְשַׁבַּתָּהּ וְכֹל מוֹעֲדָהּ׃ יג[12]. ל. ל. ל. ל

14 וַהֲשִׁמֹּתִי גַּפְנָהּ וּתְאֵנָתָהּ אֲשֶׁר אָמְרָה

אֶתְנָה[a] הֵמָּה לִי אֲשֶׁר נָתְנוּ־לִי מְאַהֲבָי ל

וְשַׂמְתִּים לְיַעַר וַאֲכָלָתַם חַיַּת הַשָּׂדֶה׃ ב

15 וּפָקַדְתִּי עָלֶיהָ אֶת־יְמֵי הַבְּעָלִים אֲשֶׁר תַּקְטִיר[a] לָהֶם

וַתַּעַד נִזְמָהּ וְחֶלְיָתָהּ וַתֵּלֶךְ אַחֲרֵי מְאַהֲבֶיהָ ל. ל. ל

וְאֹתִי שָׁכְחָה נְאֻם־יְהוָה׃ פ

16 לָכֵן הִנֵּה אָנֹכִי מְפַתֶּיהָ וְהֹלַכְתִּיהָ הַמִּדְבָּר וְדִבַּרְתִּי עַל־לִבָּהּ׃ ל. ו[13] חס ו ול בליש

17 וְנָתַתִּי לָהּ אֶת־כְּרָמֶיהָ מִשָּׁם וְאֶת־עֵמֶק עָכוֹר לְפֶתַח תִּקְוָה ל. ל

וְעָנְתָה שָּׁמָּה כִּימֵי נְעוּרֶיהָ וּכְיוֹם[a] עֲלֹתָהּ מֵאֶרֶץ־מִצְרָיִם׃ ס ד. יא[14] ול בליש. ג ב מל וחד חס[15]

18 וְהָיָה בַיּוֹם־הַהוּא נְאֻם־יְהוָה

תִּקְרְאִי[a] אִישִׁי וְלֹא־תִקְרְאִי[b]־לִי עוֹד בַּעְלִי׃ ח[16]

19 [a]וַהֲסִרֹתִי אֶת־שְׁמוֹת הַבְּעָלִים מִפִּיהָ וְלֹא־יִזָּכְרוּ עוֹד בִּשְׁמָם׃

20 וְכָרַתִּי לָהֶם בְּרִית בַּיּוֹם הַהוּא

עִם־חַיַּת הַשָּׂדֶה וְעִם־עוֹף הַשָּׁמַיִם וְרֶמֶשׂ הָאֲדָמָה

וְקֶשֶׁת וְחֶרֶב וּמִלְחָמָה אֶשְׁבּוֹר מִן־הָאָרֶץ ג מל בליש

וְהִשְׁכַּבְתִּים לָבֶטַח׃

21 [a]וְאֵרַשְׂתִּיךְ לִי לְעוֹלָם ג

וְאֵרַשְׂתִּיךְ לִי בְּצֶדֶק וּבְמִשְׁפָּט וּבְחֶסֶד וּבְרַחֲמִים׃ ג. ב

22 וְאֵרַשְׂתִּיךְ לִי בֶּאֱמוּנָה וְיָדַעַתְּ אֶת־[a]יְהוָה׃ ס ג. ז[17]

23 וְהָיָה ׀ בַּיּוֹם הַהוּא אֶעֱנֶה[a] נְאֻם־יְהוָה ו בטע בסיפ

אֶעֱנֶה אֶת־הַשָּׁמָיִם וְהֵם יַעֲנוּ אֶת־הָאָרֶץ׃

24 וְהָאָרֶץ תַּעֲנֶה אֶת־הַדָּגָן וְאֶת־הַתִּירוֹשׁ וְאֶת־הַיִּצְהָר ח ר"פ[18]. יח פסוק את ואת ואת את

וְהֵם יַעֲנוּ אֶת־יִזְרְעֶאל׃

[12] Mm 815. [13] Mm 1871. [14] Mm 1630. [15] Mm 1530 contra textum. [16] Mm 1776. [17] Mm 2392. [18] Mm 4.

14 [a] prp אתנַן ‖ **15** [a] prp תְּקַטֵּר cf 4,13 11,2 ‖ **17** [a] sic L = וּכ׳ + וְכ׳, mlt Mss Edd וּכ׳ ‖ **18** [a] prp תקרָא לִי cf 𝔊𝔖𝔙 ‖ [b] prp תקרָא cf 𝔊𝔖𝔙 ‖ **19** [a] excipit 17? ‖ **21** [a] excipit 18? ‖ **22** [a] mlt Mss 𝔙 כִּי אֲנִי ‖ **23** [a] > 𝔊𝔖.

2 1 וְהָיָה מִסְפַּר בְּנֵֽי־יִשְׂרָאֵל כְּחוֹל הַיָּם — ג בטע ר״פ בסיפ[1]
אֲשֶׁר לֹֽא־יִמַּד וְלֹא יִסָּפֵר — יז מ״פ לא ולא לא[2]. ל
וְהָיָה בִּמְקוֹם אֲשֶׁר־יֵאָמֵר לָהֶם לֹֽא־עַמִּי אַתֶּם
יֵאָמֵר לָהֶם בְּנֵי אֵֽל־חָֽי׃
2 וְנִקְבְּצוּ בְּנֵֽי־יְהוּדָה וּבְנֵֽי־יִשְׂרָאֵל יַחְדָּו — ה וכל ר״פ דכות[3]
וְשָׂמוּ לָהֶם רֹאשׁ אֶחָד וְעָלוּ מִן־הָאָרֶץ
כִּי גָדוֹל יוֹם יִזְרְעֶאל׃
3 אִמְרוּ לַאֲחֵיכֶם עַמִּי וְלַאֲחוֹתֵיכֶם רֻחָמָה׃ — ל. ד וחס

4 רִיבוּ בְאִמְּכֶם רִיבוּ כִּֽי־הִיא לֹא אִשְׁתִּי [a]וְאָנֹכִי לֹא אִישָׁהּ[a] — כה[4]
וְתָסֵר זְנוּנֶיהָ מִפָּנֶיהָ[b] וְנַאֲפוּפֶיהָ מִבֵּין שָׁדֶיהָ׃ — ל. ל
5 פֶּן־אַפְשִׁיטֶנָּה עֲרֻמָּה וְהִצַּגְתִּיהָ כְּיוֹם הִוָּלְדָהּ — ל. ל. יא[5]
וְשַׂמְתִּיהָ כַמִּדְבָּר וְשַׁתִּהָ כְּאֶרֶץ צִיָּה [a]וַהֲמִתִּיהָ בַּצָּמָא[a]׃ — ו[6]. ל. ה[7]
6 וְאֶת־בָּנֶיהָ לֹא אֲרַחֵם כִּֽי־בְנֵי זְנוּנִים הֵמָּה׃
7 כִּי זָנְתָה אִמָּם הֹבִישָׁה הוֹרָתָם — ל
כִּי אָמְרָה אֵלְכָה אַחֲרֵי מְאַהֲבַי
נֹתְנֵי לַחְמִי וּמֵימַי צַמְרִי וּפִשְׁתִּי שַׁמְנִי וְשִׁקּוּיָי׃ — ב. ב. ל
8 לָכֵן[a] הִנְנִי־שָׂךְ אֶת־[a]דַּרְכֵּךְ[b] בַּסִּירִים — ל
וְגָדַרְתִּי אֶת־גְּדֵרָהּ וּנְתִיבוֹתֶיהָ לֹא תִמְצָא׃ — ל
9 וְרִדְּפָה אֶת־מְאַהֲבֶיהָ וְלֹֽא־תַשִּׂיג אֹתָם — ל
וּבִקְשָׁתַם וְלֹא תִמְצָא[a] וְאָמְרָה אֵלְכָה — ל. ח[8]
וְאָשׁוּבָה אֶל־אִישִׁי הָרִאשׁוֹן כִּי טוֹב לִי אָז מֵעָתָּה׃ — ח[9]. סד
10 וְהִיא לֹא יָדְעָה כִּי אָנֹכִי נָתַתִּי לָהּ הַדָּגָן וְהַתִּירוֹשׁ וְהַיִּצְהָר — ג[10]
[a]וְכֶסֶף הִרְבֵּיתִי לָהּ וְזָהָב עָשׂוּ לַבָּעַל[a]׃
11 לָכֵן אָשׁוּב וְלָקַחְתִּי דְגָנִי בְּעִתּוֹ וְתִירוֹשִׁי בְּמוֹעֲדוֹ — ל. ג מל[11]
וְהִצַּלְתִּי צַמְרִי וּפִשְׁתִּי[a] לְכַסּוֹת אֶת־עֶרְוָתָהּ׃ — ב. ב

Cp 2 [1]Mp sub loco. [2]Mm 1613. [3]Mm 470. [4]Mm 1506. [5]Mm 1630. [6]Mm 2503. [7]Mm 1114. [8]Mm 3001. [9]Mm 1776. [10]Mm 3002. [11]Mm 3003.

Cp 2,4 [a–a] nonn add hab, sed l 𝔐 ‖ [b] sic L, mlt Mss Edd נֶיהָ– ‖ **5** [a–a] cf 4[a–a] ‖ **8** [a] add? ‖ [b] l **דַּרְכָּהּ** cf 𝔊𝔖 ‖ **9** [a] 𝔊(𝔖) + *αὐτούς* ‖ **10** [a–a] add? ‖ **11** [a] frt hemist exc.

HOSEA הושע

[סא
1 1 דְּבַר־יְהוָה ׀ אֲשֶׁר הָיָה אֶל־הוֹשֵׁעַ בֶּן־בְּאֵרִי בִּימֵי עֻזִּיָּה יוֹתָם ב[1]
אָחָז יְחִזְקִיָּה מַלְכֵי יְהוּדָה וּבִימֵי יָרָבְעָם בֶּן־יוֹאָשׁ מֶלֶךְ יִשְׂרָאֵל׃ ב[2]
2 תְּחִלַּת דִּבֶּר־[a]יְהוָה בְּהוֹשֵׁעַ פ ג ור״פ[3]. ב[4]
וַיֹּאמֶר יְהוָה אֶל־הוֹשֵׁעַ
לֵךְ קַח־לְךָ אֵשֶׁת זְנוּנִים וְיַלְדֵי זְנוּנִים ל
כִּי־זָנֹה תִזְנֶה הָאָרֶץ מֵאַחֲרֵי יְהוָה׃ ל וכת ה
3 וַיֵּלֶךְ וַיִּקַּח אֶת־גֹּמֶר בַּת־דִּבְלָיִם וַתַּהַר וַתֵּלֶד־לוֹ בֵּן׃ 4 וַיֹּאמֶר ל. ב. ו ר״פ[5]
יְהוָה אֵלָיו
קְרָא שְׁמוֹ יִזְרְעֶאל כִּי־עוֹד מְעַט
וּפָקַדְתִּי אֶת־דְּמֵי יִזְרְעֶאל עַל־בֵּית יֵהוּא יב
וְהִשְׁבַּתִּי מַמְלְכוּת בֵּית יִשְׂרָאֵל׃ יג[6]. ד וכל יהושע דכות[7]. ד בסיפ[8]
5 וְהָיָה בַּיּוֹם הַהוּא
וְשָׁבַרְתִּי אֶת־קֶשֶׁת יִשְׂרָאֵל בְּעֵמֶק יִזְרְעֶאל׃
6 וַתַּהַר עוֹד וַתֵּלֶד בַּת וַיֹּאמֶר לוֹ
קְרָא שְׁמָהּ לֹא רֻחָמָה כִּי לֹא אוֹסִיף עוֹד ד וחס. יט
אֲרַחֵם אֶת־בֵּית יִשְׂרָאֵל כִּי־[a]נָשֹׂא אֶשָּׂא[a] לָהֶם׃ ד בסיפ[8]. כג
7 [a]וְאֶת־בֵּית יְהוּדָה אֲרַחֵם וְהוֹשַׁעְתִּים בַּיהוָה אֱלֹהֵיהֶם וְלֹא ג מיחד[9]. ל
אוֹשִׁיעֵם בְּקֶשֶׁת וּבְחֶרֶב וּבְמִלְחָמָה בְּסוּסִים וּבְפָרָשִׁים[a]׃ ב. ל[10]. ג[11]
8 וַתִּגְמֹל אֶת־לֹא רֻחָמָה וַתַּהַר וַתֵּלֶד בֵּן׃ 9 וַיֹּאמֶר ד וחס
קְרָא שְׁמוֹ לֹא עַמִּי כִּי אַתֶּם לֹא עַמִּי מז פסוק לא לא לא
וְאָנֹכִי לֹא־[a]אֶהְיֶה לָכֶם[a]׃ ס

Cp 1 [1]Gn 26,34. [2]Mm 2997. [3]Mm 2998. [4]Mm 2999. [5]Mm 1931. [6]Mm 815. [7]Mm 1612. [8]Mm 953. [9]Mm 2526. [10]Mm 2903. [11]Mm 3000.

Cp 1,2 [a] 𝔊 *λόγου* cf 𝔖 || **6** [a–a] 𝔊 *ἀντιτασσόμενος ἀντιτάξομαι*, prp **שָׂנֹא אֶשְׂנָא**; frt l **לֹא אֶשָּׂא** || **7** [a–a] add || **9** [a–a] prb l **אֱלֹהֵיכֶם**.

BIBLIA HEBRAICA STUTTGARTENSIA

quae antea cooperantibus A. Alt, O. Eißfeldt, P. Kahle ediderat R. Kittel

EDITIO FUNDITUS RENOVATA

adjuvantibus H. Bardtke, W. Baumgartner, P. A. H. de Boer,
O. Eißfeldt, J. Fichtner, G. Gerleman, J. Hempel, F. Horst, A. Jepsen,
F. Maass, R. Meyer, G. Quell, Th. H. Robinson, D. W. Thomas

cooperantibus H. P. Rüger et J. Ziegler

ediderunt

K. ELLIGER ET W. RUDOLPH

Textum Masoreticum curavit H. P. Rüger
MASORAM ELABORAVIT G. E. WEIL

Editio quinta emendata
opera
A. Schenker

10

ספר תרי עשר

LIBER
XII PROPHETARUM

praeparavit

K. Elliger

DEUTSCHE BIBELGESELLSCHAFT

liber Psalmorum — תלים, תהלים
tres — תלת
agitatio sacrificiorum coram deo (Ex 29,26) — תנופׄ = תנופה
secundus — תנינׄ = תנינא
Targum, lingua targumica — תרגׄ = תרגום
duo, -ae — תריׄ = תרי, תרין, תרתי, תרתין
liber duodecim prophetarum — תרי עשר

audire vocem significans — שמיעה לקול
odium, inimicitia — שנאה
liber Judicum — שפטים
תׄדׄמׄקׄ = תלים, דברי הימים, משלי, קהלת Libri Psalmorum, Chronicorum, Proverbiorum, Qohelet
Pentateuchus (hebr) — תורׄ = תורה
verbum — תיבותא

XI INDEX SIGLORUM MASORAE PARVAE

innixus, -i; conjunctus, -i סמיכׄ = סמיך, סמיכין
finis versus, fines versuum ס״פ = סוף פסוק, סופי פסוקין
finis verbi, fines verborum ס״ת = סוף תיבותא, סופי תיבותא
libri Esrae et Nehemiae עזרא
res עינׄ = עינין
sunt qui aliter legant פלגׄ = פלגין
quidam פלוני
versus פסוק, פסוקׄ = פסוק, פסוקין
signum Paseq פסיקׄ, פסיקתא
Paraša, una de 54 pericopis Pentateuchi פרשׄ = פרשה
Pataḥ vocalis פתׄ = פתח
Qere, legendum (opponitur Ketib textus) קׄ = קרי
liber Qohelet קהלת
Qameṣ vocalis קמׄ = קמץ
Qere, legendum (opponitur כתׄ notae marginalis) קרׄ = קרי
sacra scriptura קריא
urbs קריה
initium verbi ראש תיבותא
initium libri duodecim prophetarum ראש תרי עשר
multi רבים
initium versus, initia versuum ר״פ = ראש פסוק, ריש פסוקא, ראשי פסוקין, רישי פסוקין
Rafe רפׄי = רפי, רפין
initium verbi ר״ת = ראש תיבותא
procella שאה
liber Cantici שיר השירים
tres libri, i. e. Ps, Hi, Prv שלׄש ספרים
nomen שם
nomen mulieris שם איתׄ
nomen hominis שם אנש
nomen putei שם באר
nomen hominis שם ברנש
nomen urbis שם קריה
libri Samuel שמואל

sunt qui aliter legant מחליפין
in errorem inducentes מטׄע = מטעין
peculiares (indicat insolitum usum verbi vel conjunctionis verborum) מיחׄד = מיחדין
verbum, verba מילה, מילין
et (unum) verbum inter eos ומילה (חדה) ביניהׄ
plene scriptum מלׄ = מלא
et plene quidem scriptum ומלׄ
libri Regum מלכים
a superiore parte (indicat accentum in paenultima syllaba poni) מלעיל
ab inferiore parte (indicat accentum in ultima syllaba poni) מלרע
ab iis מנהׄ = מנהון
Occidentales Palaestinae מערבׄ = מערבאי
medium versus מ״פ = מצע פסוק
Mappiq (indicat litteram ita pronuntiandam esse ut auribus percipiatur) מפקׄ = מפיק, מפקין
medium מצעא, מיצעא
accentu Šalšelet instruentes מרעימׄ = מרעימין
liber Proverbiorum משלי
liber Deuteronomii משנה תורה
dupliciter ponentes מתאימין
Gn 46,2, quattuor nomina dupliciter ponentes דׄ שמות מתאימין
indicat hanc vocem eodem modo occurrere iis locis ubi cum נא coniuncta est נא
Prophetae נביׄא = נביאים
litterae Nun minusculae נונין זעירין
Prophetae et Hagiographa נ״ך = נביאים וכתובים
puncta extraordinaria נקוׄד = נקודות
femininum נקיבה
suspicandum est סבירׄ = סביר, סבירין
nota, signum סימן
liber סיפׄ = סיפרא
libri manuscripti emendati סיפׄ מוגה = סיפרי מוגה
summa סכום

איתׄ = איתתא	mulier
אמירה	nomen verbi אמר
אנש	homo
ארמי	aramaicus
את	nota accusativi
אתנׄח = אתנחתא	accentus Atnaḥ
ב	in
בהון	in eis
באר	puteus
ביזה	praeda
ביניׄה = ביניהון	inter eos
בׄ מׄ = בר מן	praeter
בן נפתלי	masoretae Tiberienses ex genere Ben Naftali
ברנש	homo
בתר	post
געיא	Gaʿja
גריש	Gereš
ד	particula relativa
דגׄש = דיגשא	Dageš
ד״ה = דברי הימים	libri Chronicorum
דל	pauper
דמיין	similes
הׄי	numerus 15 (non יׄה, neque טׄו)
ו	et, et ... quidem
זוגין	paria, conjunctio verborum
זכר	masculinum
זעירין	parvi (de litteris minusculis)
זקף קׄמ	Zaqef Qameṣ
חד, חדה	unus, -a; semel
חול	profanum
חומש	Pentateuchus
חׄס = חסר	defective scriptum
וחׄס	et defective quidem scriptum
חׄס את	indicat notam accusativi desiderari
חצי	dimidium, medium
חצי אותיות בתורׄ	Lv 11,42, dimidium litterarum in Pentateucho
חצי הנביאים	Jes 17,3, medium librorum prophetarum (secundum versus)
חצי הספר בפסוקׄ	medium libri secundum versus
חצי הפסוקׄ בתורׄ	Lv 8,8, dimidium versuum in Pentateucho
חצי התיבות בתורׄ	Lv 10,16, dimidium verborum in Pentateucho
טנוף	inquinatio
טׄע, טעׄמ = טעם, טעמין	accentus
יהושע	liber Josuae
יחזׄק = יחזקאל	liber Ezechiel
ירמיה	liber Jeremiae
יׄ שׄ תׄ = יהושע, שפטים, תלים	Jos, Jdc, Ps
יתיר	superfluus
כל	omnis, omnes
כוׄת = כותיה, כותיהון	sicut id, ea
כׄי	numerus 30 (non לׄ)
כן	sic
כפתור דשמשון	Gn 42,24, vinctio Simsonis; pericopam vinctionis Simsonis (Jdc 15,12) indicat
כׄת = כתיב	Ketib, scriptum
כתיׄב = כתיבין	Hagiographa
ל	nota dativi
לׄ = לית	non exstat (indicat hoc verbum vel hanc conjunctionem verborum non occurrere nisi hoc loco)
לגׄר = לגרמיה	accentus Legarmeh
ליׄש, לישׄנ = לישן, לישנין	lingua, -ae; significatio, -ones (aram)
תרׄי לישׄנ = תרי לישנין	duae significationes
לשון	lingua, significatio (hebr)
לשון ארמי	in lingua aramaica, aramaice
לשון ביזה	praedam significans
לשון דל	paupertatem significans
לשון זכר	masculinum
לשון חול	profanum significans
לשון טנוף	rem obscenam significans
לשון נקיבה	femininum
לשון רבים	pluralis
לשון שנאה	inimicitiam significans
לשון תרׄג	in lingua targumica, aramaice
מגלה	liber Esther
מדיׄנ = מדינחאי	Orientales Babyloniae

verb	verbum (quod a grammaticis vocatur), verba etc	>	plus quam, deest in
vid	vide(n)tur etc	*	textus (forma) coniectura probabilis, velut in Jes 5,30[b] prp בָּעֲרִיפֶיהָ (* עֲ׳ i. e. nubes)
+	addit, -unt etc	(𝔊)(𝔖) etc	𝔊, 𝔖 etc secundum rem

qal ni pi pu hit hi ho – pf impf fut imp inf pt act pass – m f(em) – sg pl du – (stat) abs (stat) cstr – gen dat acc abl – suff

Gn Ex Lv Nu Dt Jos Jdc 1S 2S 1R 2R Jes Jer Ez Ho Jo Am Ob Jon Mi Na Hab Zeph Hag Sach Mal Ps Hi Prv Ru Cant Qoh Thr Est Da Esr Neh 1Ch 2Ch Sir Jub
Mt Mc Lc J Act Rm 1Ko 2Ko G E Ph Kol 1Th 2Th 1T 2T Tt Phm Hbr Jc 1P 2P 1J 2J 3J Jd Apc

II. Apparatus masorae

B	editio Bombergiana Iacobi ben Chajjim, Venetiis 1524/5
C	codex prophetarum Cairensis
G	editio C. D. Ginsburgii, The Old Testament, vol. I–IV 1908–1926
L	codex Leningradensis B 19[A]
N	interpretatio masoretica Salomonis Jedidja Norzi, מנחת ש״י, Mantuae 1742
Okhl	interpretatio Okhla weokhla ex codicibus Halensi et Parisino
P	codex Parisinus Hebraicus bibliothecae nationalis 15
Mm	Masora magna
Mp	Masora parva
reliqua sigla	vide I. Apparatus criticus

INDEX SIGLORUM ET ABBREVIATIONUM MASORAE PARVAE

Masorae verba quibus praefixa ב, ד, ו, ל antecedunt, alphabetico ordine sub iis litteris enumerantur quae praefixa sequuntur.

cem ־זכר bis in Psalmis occurrere praeter eos locos ubi coniuncta est cum uno de his tribus verbis

liber Job — איוב

est, exstat — אית

est in eis — אית בהון

sunt in eis omnes alphabeti litterae — אית בהון א״ב

alphabetum — א״ב = אלפא ביתא

litterae hebraicae puncto non ornatae consonantes indicant — א ב ג . . ו . . . י

litterae hebraicae puncto ornatae numeros indicant — אׄ בׄ גׄ . . וׄ . . . יׄ

Pentateuchus (aram) — אורׄ, אוריתׄ = אוריתא

litterae — אותׄ = אותיות

Ps 25,7, indicat vo- — אׄזׄןׄ = אני, זאת, נא

acc	accentus etc	it	item
add	additum etc; addit, -unt etc	jdaram	Iudaeo-aramaicum, -e etc
aeg	Aegyptiacum, -e etc	kopt	Copticum, -e etc
aeth	Aethiopicum, -e etc	l	lege(ndum) etc
akk	Accadicum, -e etc	lect	lectio etc
al	alii, etc	leg	legit, -unt etc
alit	aliter	maj	major etc
arab	Arabicum, -e etc	marg	marginalis, -e etc, in margine
aram	Aramaicum, -e etc	m cs	metri causa
art	articulus etc	min	minor etc
ass	Assyricum, -e etc	mlt	multi etc
ast	asteriscus etc	mtr	metrum etc
bab	Babylonicum, -e etc	neohb	Neohebraicum, -e etc
c	cum	nom	nomen etc
cet	ceteri etc	nonn	nonnulli etc
cf	confer(endum) etc	ob	obelus etc
cj	conjunge(ndum) etc; conjungit, -unt etc	om	omittit, -unt etc
		omn	omnes etc
cod(d)	codex, -ices etc	orig	originalis, -e etc; originaliter
cop	copula etc	p	partim; pars etc
cp	caput etc	par	parallelismus etc
crrp	corruptum etc	pc	pauci etc
dl	dele(ndum) etc; delet, -ent etc	plur	plures etc
dttg	dittographice	pr	praemittit, -unt etc; praemitte(ndum) etc
dub	dubium		
dupl	dupliciter, duplum	prb	probabiliter
etc	et cetera	prp	propositum etc; proponit, -unt etc
exc	excidit, -erunt etc		
extr	extraordinarius etc	punct	punctum etc; punctatio etc
fin	finis etc	pun	Punicum, -e etc
frt	fortasse	raph	raphatum, non dagessatum
gl	glossa(tum) etc	rel	reliqui etc
hab	habet, -ent etc	scl	scilicet
hebr	Hebraicum, -e etc	sec	secundum
hemist	hemistichus etc	sim	similis etc
homark	homoiarkton	sol	solus etc
homtel	homoioteleuton	sq(q)	sequens, -ntes etc
hpgr	haplographice	stich	stichus etc
hpleg	hapax legomenon	syr	Syriacum, -e etc
id	idem etc	tot	totus etc
inc	incertus etc	tr	transpone(ndum) etc; transponit, -unt etc
incip	incipit, -iunt etc		
init	initium etc	ug	Ugariticum, -e etc
ins	insere(ndum) etc; inserit, -unt etc	v	versus etc
interv	intervallum etc	var	varius etc; varia lectio
invers	inverso ordine	vb	verbum etc

SIGLA ET COMPENDIA

$\mathfrak{S}^D$	codex Londini British Museum Add. 14.442 et codex Wadi Natrun (continent 1S 1,1−2,19; 17,57−20,34 et 1S 3,1−15,28); saec. VI−VII
$\mathfrak{S}^L$	versio Syriaca secundum S. Lee, Pentateuchus Syriace, 1821
$\mathfrak{S}^M$	editio Mausiliensis 1891 (1951)
$\mathfrak{S}^{Mss}$	codices manuscripti versionis Syriacae
$\mathfrak{S}^U$	editio Urmiensis 1852 (1954)
$\mathfrak{S}^W$	versio Syriaca secundum polyglottam Londinensem B. Waltonii, voll. I − III 1654 sqq
$\mathfrak{S}^{Jac\,edess}$	fragmenta nonnulla versionis Syriacae Jacobi Edesseni secundum M. H. Gottstein, Neue Syrohexaplafragmente, Biblica 37 (1956) p. 175−183 (continent 1S 7,5−12; 20,11−23. 35−42; 2S 7,1−17; 21,1−7; 23,13−17)
$\mathfrak{S}^{Bar\,Hebr}$	lectiones nonnullae ex Barhebraei Scholiis ed. Sprengling-Graham, vol. I (Chicago 1931)
Sa	versio Sahidica
Samar	pronuntiatio Samaritana secundum P. Kahle, The Cairo Geniza 1959, appendix II p. 318
Seb	Sebir
Sor	codd. Kenn. et de Rossi Soraei
Syh	Syrohexaplaris, i.e. versio Syriaca textus Graeci ex recensione Origenis
$\mathfrak{T}$	Targum secundum A. Sperber, The Bible in Aramaic, voll. I − III 1959 − 1962, vel secundum P. de Lagarde, Hagiographa Chaldaice 1873
$\mathfrak{T}^{Ms(s)\,Ed(d)}$	codex manuscriptus (codices manuscripti) vel editio (editiones) secundum apparatum criticum Sperberi
$\mathfrak{T}^{Buxt}$	editio Buxtorf, Basiliae 1618−1619
$\mathfrak{T}^{ed\,princ}$	editio princeps, Leiriae 1494
$\mathfrak{T}^f$	codex Reuchlinianus (qui olim $\mathfrak{T}^L$ dicebatur) secundum apparatum criticum Sperberi
$\mathfrak{T}^J$	Targum Pseudo-Jonathae secundum M. Ginsburger, Pseudo-Jonathan 1903
$\mathfrak{T}^{J\,II}$	Targum Hierosolymitanum secundum M. Ginsburger, Das Fragmententhargum 1899
$\mathfrak{T}^P$	Targum Palaestinum secundum P. Kahle, Masoreten des Westens II 1930, p. 1*−13*.1−65 et A. Díez Macho, Nuevos fragmentos del Targum palestinense, Sefarad 15, 1955, p. 31−39
Tert	Tertullianus
Tiq soph	Tiqqun sopherim
Tyc	Tyconius
$\mathfrak{V}$	versio Latina vulgata (secundum Biblia Sacra iuxta Latinam Vulgatam versionem ad codicum fidem cura et studio monachorum Abbatiae Pont. S. Hieronymi in Urbe O. S. B. edita 1926 sqq, vel, ubi haec editio deest, secundum M. Hetzenauer, Biblia Sacra Vulgatae editionis 1922)
$\mathfrak{V}^{Ms(s)\,Ed(d)}$	codex manuscriptus (codices manuscripti) vel editio (editiones) secundum apparatum criticum editionis monachorum S. Benedicti
$V^{Ken\,69\,etc}$	varia lectio codicis manuscripti Hebraici 69 etc secundum B. Kennicott
V^P	varia lectio codicis Petropolitani anni 916
V^S	varia lectio secundum H. Strack, Grammatik des Biblisch-Aramäischen ^{6}1921
Vrs	versiones omnes vel plurimae

1/2 S:	Mss = codices manuscripti Hebraici secundum B. Kennicott, Vetus Testamentum Hebraicum (Oxonii 1776) sive secundum J. B. de Rossi, Variae lectiones V. T. librorum vol. II (Parmae 1785) et additionem vol. IV (Parmae 1788) p. 227—229 et eiusdem Scholia Critica in V. T. libros (Parmae 1798) p. 38—42. Fragmenta ex Geniza Cairensi, hodie Cantabrigiae (bibl. universitatis: Taylor-Schechter Collection, Westminster College), Oxonii, Parisii, Londini adservata, perlustrata atque comparata sunt quoad consonantes attinet. Variae lectiones horum Mss numero Kennicottianorum et de Rossianorum additae sunt
pc Mss	pauci i. e. 3—10 (1/2 S: 3—6) codices manuscripti
nonn Mss	nonnulli i. e. 11—20 (1/2 S: 7—15) codices manuscripti
mlt Mss	multi i. e. plus quam 20 (1/2 S: 16—60) codices manuscripti
permlt Mss	1/2 S: permulti i. e. plus quam 60 Mss
Mur	codices manuscripti Hebraici nuper in *wādi murabba'āt* reperti secundum Discoveries in the Judaean Desert II 1960
Naft	ben Naftali
Occ	Occidentales
Or	Orientales
Orig	Origenes
Pes R	Pesiqta rabba, vide cit(t)
Q	Qere
Q^{Mss}, K^{Mss}	1/2 S: Qere et Ketīb in BHK et/aut in Biblia Hebraica ed. N. H. Snaith, Londini 1958, sed non in omnibus codd Kenn. et de Rossi
$Ms(s)^Q$, $Ms(s)^K$	1/2 S: Qere et Ketīb non in BHK et/aut in Biblia Hebraica ed. N. H. Snaith, sed in codd Kenn. et de Rossi
Q^{Occ}	Qere apud Occidentales
Q^{Or}	Qere apud Orientales
ℚ	libri manuscripti Hebraici nuper prope *chirbet qumrān* reperti secundum Discoveries in the Judaean Desert I sqq 1960 sqq
1/2 S:	fragmenta in deserto prope *chirbet qumrān* reperta secundum ed. D. Barthélemy - J. T. Milik, Oxonii 1955 (1 Q) et F. M. Cross Jr., BASOR 132, 1953 et JBL 74, 1955 et secundum reproductiones fragmentorum (4Q Sam^a)
ℚ^a	1Q Is^a secundum The Dead Sea Scrolls of St. Mark's Monastery. Vol. I 1950
ℚ^b	1Q Is^b secundum The Dead Sea Scrolls of the Hebrew University 1955
1Q Gen Ap	1Q Genesis Apokryphon secundum Y. Yadin, N. Avigad, A Genesis Apocryphon. A Scroll from the Wilderness of Judaea 1956
1QM	1Q Milḥāmā secundum The Dead Sea Scrolls of the Hebrew University 1955
4Q Ps^b	Ps 91—118 secundum The Catholic Biblical Quarterly 26, 1964, p. 313—322
S	versio Syriaca consensu testium S^A et S^W constituta
1/2 S:	versio Syriaca consentientibus codicibus et editionibus $S^{ABCD\ Jac\ edess\ Bar\ Hebr}$
S^A	codex Ambrosianus, editus ab A. M. Ceriani 1876 sqq
S^B	codex Londini British Museum Add. 14.431 (hiant 1S 1,26—2,9; 2S 11,11—20); saec. VI
S^C	codex Leningradensis Bibl. publ. N. S. no. 2 (hiant 1S 4,21—6,1; 16,8—17,6); saec. V

Ga	Psalterium Gallicanum
Gn R	Genesis rabba, vide cit(t)
Hier	Hieronymus; in Psalmis: Psalterium iuxta Hebraeos
Hill	codex Hillel
jJeb	Jerušalmi Jebamot, vide cit(t)
Jos Ant	Antiquitates Flavii Josephi
Just	Justinus
K	Ketib
K^{Mss}	vide Q^{Mss}
K^{Occ}	Ketib apud Occidentales
K^{Or}	Ketib apud Orientales
𝔎	versio Coptica
L	codex Leningradensis B 19^A
L*	codicis L prima manus
𝔏	vetus versio Latina (secundum P. Sabatier, Bibliorum Sacrorum latinae versiones antiquae 1739 sqq, vel secundum Vetus Latina. Die Reste der altlateinischen Bibel nach Petrus Sabatier neu gesammelt und herausgegeben von der Erzabtei Beuron [ed. P. Bonifatius Fischer], Beuron 1949 sqq); sigla secundum editionem Beuronensem, pars I (Freiburg 1949)
$𝔏^{91}$	codex Legionensis; vide R. Weber in Miscellaneae G. Mercati pars I (Romae 1946)
$𝔏^{93}$	replica codex Legionensis; sec. editionem C. Vercellone vol. II (Romae 1864)
$𝔏^{94}$	marginalia incunabilis 54 (Venetia 1478)
$𝔏^{115}$	Napoli codex lat. 1 (priusquam Vindob. 17) secundum transcriptionem B. Fischer, nondum editam
$𝔏^{116}$	fragmenta Quedlinburgensia et Magdeburgensia, secundum editionem H. Degering-A. Boeckler (Berolini 1932)
$𝔏^{117}$	fragmenta Vindobonensia, secundum editionem M. Haupt (Vindobonae 1877)
$𝔏^{CY}$	Cyprianus, Testimonia secundum editionem G. Hartel (Vindobonae 1868)
$𝔏^{G}$	codex Parisinus Latinus bibliothecae nationalis 11947
$𝔏^{gl}$	glossarium; D. de Bruyne, Fragments d'anciennes versions latines tirés d'un glossaire biblique, in Archivum Latinitatis Medii Aevi, vol. III Parisi 1927 p. 113−120
$𝔏^{Lg}$	margo codicis Legionensis
$𝔏^{R}$	textus Latinus codicis Veronensis
$𝔏^{S}$	textus Latinus fragmentorum Sangallensium
$𝔏^{TE}$	Tertullianus, Adversus Marcionem secundum editionem E. Kroymann (1906)
𝔐	textus masoreticus
Mm	masora magna
Mp	masora parva
Ms(s)	codex manuscriptus Hebraicus (codices manuscripti Hebraici) secundum B. Kennicott, Vetus Testamentum Hebraicum, voll. I. II (Oxonii 1776. 1780), et J. B. de Rossi, Variae Lectiones V. T. librorum, voll. I−IV (Parmae 1784 sqq) et eiusdem Scholia Critica in V. T. libros (1798), generatim inclusis codicibus, qui prima, exclusis illis, qui secunda manu lectionem tuentur et C. D. Ginsburg, The Old Testament, voll. I−IV (London 1908−1926)

PROLEGOMENA   IV

cit(t)	loci laudati in litteratura rabbinica et in litteratura judaica mediaevali secundum V. Aptowitzer, Das Schriftwort in der rabbinischen Literatur, Prolegomena (Vindobonae 1906); pars II (1908); pars III (1911)
Cyr	Cyrillus
Ed(d)	editio(nes) textus Hebraici secundum Kennicott, de Rossi et Ginsburg cf Ms(s)
Eus	Eusebius Pamphili Caesareensis
Eus Onom	Onomasticon Eusebii Pamphili Caesareensis
𝔊	versio LXX interpretum Graeca (secundum Septuaginta. Vetus Testamentum Graecum auctoritate Societatis Litterarum Gottingensis editum 1931 sqq., vel, ubi haec editio deest, secundum Septuaginta. Edidit A. Rahlfs 1935)
1/2 S:	versio LXX interpretum Graeca consentientibus omnibus (fere) codicibus editionis A. E. Brooke - M. McLean, The Old Testament in Greek II/1 (Cantabrigiae 1927)
𝔊 [nullo signo adiecto]	omnes vel gravissimi codices
𝔊*	textus Graecus originalis
𝔊^A	codex Alexandrinus
𝔊^B	codex Vaticanus
𝔊^C	codex Ephraemi Syri rescriptus
𝔊^C	textus Graecus in genere Catenarum traditus
𝔊^F	codex Ambrosianus
𝔊^L	textus Graecus ex recensione Luciani
𝔊^{lI}	textus Graecus ex recensione sublucianica prima
𝔊^{lII}	textus Graecus ex recensione sublucianica secunda
𝔊^{Lp}	𝔊^L partim
𝔊^{maj}	codices majusculis scripti
𝔊^{min}	codices minusculis scripti
𝔊^M	codex Coislinianus
𝔊$^{Ms(s)}$	codex (codices) versionis Graecae
𝔊^N	codex Basiliano-Vaticanus jungendus cum codice Veneto
𝔊^O	textus Graecus ex recensione Origenis
𝔊^{Op}	𝔊^O partim
𝔊^Q	codex Marchalianus
𝔊^R	codex Veronensis
𝔊^S	codex Sinaiticus
𝔊^U	papyrus Londiniensis Musei Britannici 37
𝔊^V	codex Venetus
𝔊^W	fragmentum 1S 18,8−25 continens, saec. IV, secundum H. Hunger, Ein neues Septuaginta-Fragment ..., Anzeiger d. Österr. Akad. d. Wiss. Phil.-hist. Kl., 93 (1956) p. 188−199
𝔊$^{22.26\ etc}$	codices minusculis scripti in A. Rahlfs, Verzeichnis der griechischen Handschriften des Alten Testaments, MSU vol. II 1914, numeris 22.26 etc signati
𝔊^{B*} etc	codicis Vaticani etc prima manus
𝔊$^{-S}$ etc	textus Graecus excepto codice Sinaitico etc
𝔊^{Qc} etc	codicis Marchaliani etc correctio
𝔊^{Qmg} etc	codicis Marchaliani etc lectio marginalis
𝔊$^{S1.2.3}$	codicis Sinaitici primus, secundus, tertius corrector

PROLEGOMENA

SIGLA ET COMPENDIA APPARATUUM

I. Apparatus criticus

Litterulae $^{a.b\ etc}$, sive adest sive deest linea maqqef, semper ad id verbum solum referendae sunt, quod in textu ante eas positum est. Cum annotatio critica ad duo aut plura verba spectat, ea verba iisdem litterulis circumcluduntur, velut in Jes 2,2, ubi invenies: ^{b}אליו כל־ הגוים^{b}. Cum una litterula ante primum verbum cuiusvis versus posita est, annotatio critica ad totum versum pertinet, velut in Jes 40,7, ubi reperies: ^{a}יבשׁ.

Verba Hebraica, quae *in apparatu critico* afferuntur, punctatione compleri non solent, nisi punctatio in apparatu differt a punctatione consonantium in textum receptarum. Crebro autem eae verborum partes, quae nulla re differunt, notis compendiariis ita designantur, ut lineola transversa (–) primam partem, apostrophus sive cuneolus (′) extremam partem verbi significet. Exempla sunt: ad Jes 5,18^{a} כְּח′ pro כְּחַבְלֵי, ad Jes 2,8^{a} –וֶה pro יִשְׁתַּחֲוֶה.

ɯ	Pentateuchi textus Hebraeo-Samaritanus secundum A. von Gall, Der hebräische Pentateuch der Samaritaner 1914–1918
ɯ$^{Ms(s)}$	codex manuscriptus (codices manuscripti) secundum apparatum criticum Galli
ɯ^{T}	Targum Samaritanum
ɯ^{W}	Pentateuchi textus Hebraeo-Samaritanus secundum polyglottam Londinensem B. Waltonii, vol. I 1654
α′	Aquila
ε′	Quinta, quae dicitur, Origenis
θ′	Theodotion
ο εβρ′	ὁ Ἑβραῖος Origenis
οι γ′	οἱ τρεῖς (ἑρμηνευταί)
οι λ′	οἱ λοιποί (ἑρμηνευταί)
σ′	Symmachus
𝔄	versio Arabica
𝕬	versio Aethiopica
Ambr	Ambrosius
Arm	versio Armenica
𝔅	editio Bombergiana Iacobi ben Chajjim, Venetiis 1524/5
Bo	versio Bohairica
C	codex prophetarum Cairensis
ℭ	fragmentum codicis Hebraici in geniza Cairensi repertum
ℭ$^{2.3\ etc}$	duo (tria etc) fragmenta codicum Hebraicorum, in geniza Cairensi reperta

XII Prophetae
Biblia Hebraica Stuttgartensia
Fünfte, verbesserte Auflage 1997
Gedruckt mit Unterstützung der Deutschen Forschungsgemeinschaft
© 1970/77 Deutsche Bibelgesellschaft, Stuttgart
Gesamtherstellung Biblia-Druck, Stuttgart
Alle Rechte vorbehalten · Printed in Germany
ISBN 3-438-05210-5

תורה נביאים וכתובים

BIBLIA HEBRAICA STUTTGARTENSIA

quae antea cooperantibus
A. Alt, O. Eißfeldt, P. Kahle ediderat
R. Kittel

EDITIO FUNDITUS RENOVATA

adjuvantibus H. Bardtke, W. Baumgartner, P. A. H. de Boer,
O. Eißfeldt, J. Fichtner, G. Gerleman, J. Hempel, F. Horst, A. Jepsen,
F. Maass, R. Meyer, G. Quell, Th. H. Robinson, D. W. Thomas

cooperantibus H. P. Rüger et J. Ziegler
ediderunt
K. ELLIGER ET W. RUDOLPH

Textum Masoreticum curavit H. P. Rüger
MASORAM ELABORAVIT G. E. WEIL

Editio quinta emendata
opera
A. Schenker

DEUTSCHE BIBELGESELLSCHAFT